国家社科基金艺术学青年项目
"文化旅游情景中阿诗玛传统文化的创新发展研究"（14CH138）成果

昆明理工大学"南方丝绸之路影像志"创新团队成果

阿诗玛文化研究丛书
巴胜超 杨文何 主编

遇见阿诗玛

文化旅游情境中阿诗玛文化创新发展研究

巴胜超 著

中国社会科学出版社

图书在版编目（CIP）数据

遇见阿诗玛：文化旅游情境中阿诗玛文化创新发展研究/巴胜超著.
—北京：中国社会科学出版社，2019.4
ISBN 978-7-5203-4173-8

Ⅰ.①遇… Ⅱ.①巴… Ⅲ.①彝族—民族文化—研究—石林彝族自治县 Ⅳ.①K281.7

中国版本图书馆 CIP 数据核字（2019）第 048405 号

出 版 人	赵剑英
责任编辑	郭晓鸿
特约编辑	王顺兰
责任校对	李　莉
责任印制	戴　宽

出　　版	中国社会科学出版社
社　　址	北京鼓楼西大街甲 158 号
邮　　编	100720
网　　址	http://www.csspw.cn
发 行 部	010-84083685
门 市 部	010-84029450
经　　销	新华书店及其他书店
印　　刷	北京明恒达印务有限公司
装　　订	廊坊市广阳区广增装订厂
版　　次	2019 年 4 月第 1 版
印　　次	2019 年 4 月第 1 次印刷
开　　本	710×1000　1/16
印　　张	21.25
插　　页	2
字　　数	294 千字
定　　价	68.00 元

凡购买中国社会科学出版社图书，如有质量问题请与本社营销中心联系调换
电话：010-84083683
版权所有　侵权必究

印有"美神"和阿诗玛头像的茶叶包装盒

撒尼人过去常唱的那句歌,不知是否被人遗忘:
白天我们在山里,晚上山里是我们。①

---

① 周良沛:《阿诗玛在哪里》,云南人民出版社2014年版,第157页。

石林 旅游示意图

SHILIN

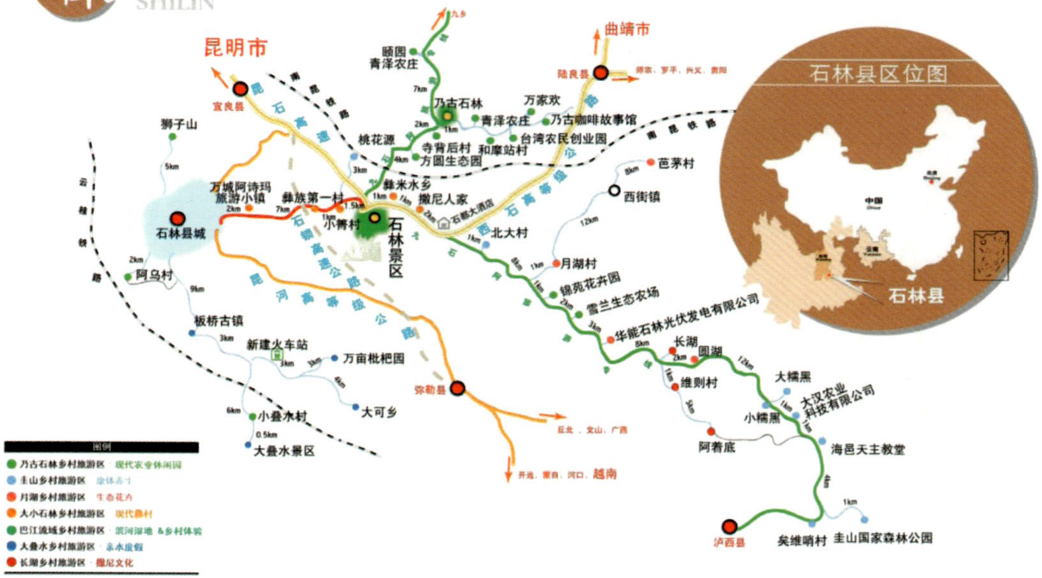

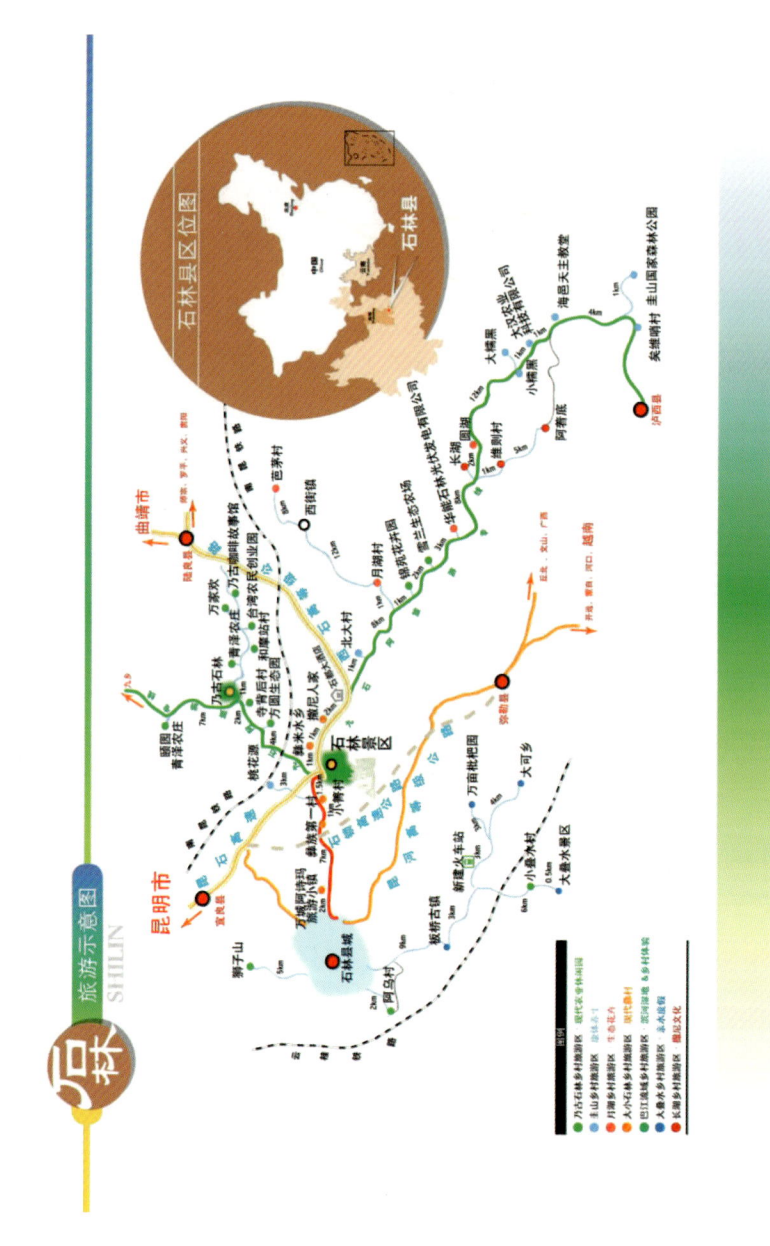

目 录

第一章　导论：阿诗玛文化树 ··· 1
　　阿黑哥与"石头"的故事 ··· 1
　　阿诗玛文化树 ··· 5
　　文化旅游与文化创新 ··· 13
　　本书的章节概要 ··· 16

第二章　传承：阿诗玛，我们撒尼人的歌 ······························· 22
　　"阿诗玛"，我们民族的歌 ··· 22
　　原生形态的《阿诗玛》 ··· 33
　　传承人的传与承 ··· 39
　　《阿诗玛》文化体系的传与承 ····································· 43
　　遗产运动中《阿诗玛》的传与承 ··································· 47
　　《阿诗玛》文化遗产保护的反思 ··································· 52

第三章　汉话（化）有限：阿诗玛文化的村寨实践 ······················· 59
　　故事："汉话（化）有限"公司 ····································· 59

· 1 ·

简史："彝王宴"老板记忆中大糯黑村的乡村旅游 …………… 61

景观：大糯黑村"吃住行游购娱"的元素 …………… 66

经验：文化自信与旅游实践的主动权 …………… 98

第四章 百变阿诗玛：文化旅游情境中"阿诗玛文化"的发明 ……… 103

"阿诗玛诞生地807周年庆"文艺展演活动 …………… 103

阿诗玛故乡"阿着底"的命名 …………… 118

阿诗玛导游 …………… 127

阿诗玛文化一日游 …………… 138

阿诗玛旅游小镇 …………… 147

撒尼人眼中的"摇滚版"《阿诗玛》 …………… 155

阿诗玛与石林彩玉的新故事 …………… 165

唐先生的阿诗玛家园 …………… 170

阿诗玛文化节的玩法 …………… 174

阿诗玛文化的资本化 …………… 194

第五章 《阿诗玛》文化遗产传承人口述影音的采录与使用 ………… 199

《阿诗玛》文化遗产传承人的口述记录 …………… 200

活在民间的"阿诗玛" …………… 208

《阿诗玛》传承人口述影音的使用 …………… 223

从"信息传递"到"文化共享" …………… 231

附录一　大型原生态民族歌舞《阿诗玛秘地》文学脚本 ………… 236

附录二　大型原创音乐剧《阿诗玛》剧本 ……………………… 243

附录三　云南省石林彝族自治县阿诗玛文化传承与保护条例

（征求意见稿，2017）………………………………………… 276

附录四　阿诗玛文化研究文献篇目汇编（1950—2018）………… 285

寻找阿诗玛的颠倒梦想（后记）……………………………… 327

第一章　导论：阿诗玛文化树

阿黑哥与"石头"的故事

云南省昆明市石林彝族自治县撒尼民间有一个关于石头的故事：

从前，有一个勤劳善良的小伙子，家境贫寒，父母早逝，被迫在地主家当长工，地主家养了很多牛羊，他每天都要上山去放牧，但是草场很少，水草并不丰美，到冬季，草木枯萎，牛羊根本吃不饱。一天，他在一处陡峭的石崖上看到一大片绿草，于是爬上石崖，将绿草割下来给牛羊吃。第二天，他再次到石崖下放牧，奇怪的是，石崖上又长出了新鲜的绿草。这样日复一日，被割掉的绿草总是在第二天再次长出，小伙子再也不用为寻找放牧的草场发愁，牛羊也被喂得膘肥体壮。地主心生疑惑，小伙子道出了石崖上不断长草的秘密。地主想，这肯定是个生财的宝地，于是叫小伙子带着家丁来到石崖，在石崖上挖到了一个石头做的盆，在这个盆中放入任何东西，第一天取出后，第二天又长出一模一样的东西。于是地主将金银财宝放入盆中，第二天石盆中又长出同样多的金银财宝，而地主为了独占宝盆，将小伙子杀害。之后，当地主将所有的家财放入宝盆，等待第二天能取出更多财富时，宝盆不再显灵，所有的金银也变成了不值钱的石头。①

二十多年前,笔者笃信在石林喀斯特地貌的某个石崖上,肯定有这样一个具有"复制"功能的石盆。2009年至2011年,笔者将这个具有复制功能的石盆与通过各种媒介形态进行传播的"阿诗玛文化"进行类比,完成了题为《阿诗玛@传媒:一个民族符号的文化变迁》的博士论文,文中主要回答了这些问题:

> 在民族文化发展、变迁进程中,"阿诗玛"作为一个文化符号被不断创造和利用,有哪些媒介形式介入其中?各种媒介是如何对"阿诗玛"进行塑造的?这些传媒形态的传播者是谁?接受者是谁?传播的内容是什么?一个少女是如何进入彝族撒尼支系的口头传说?她为什么会被命名为"阿诗玛"?阿诗玛是什么意思?她长什么样子?她如何成为叙事长诗的主角?在诗中她经历了怎样的生活?撒尼人、毕摩、来自异乡的传教士、汉族知识分子、影视工作者等人群是如何来描述"阿诗玛"的?"阿诗玛"如何从撒尼民间走向汉人组织,从少数民族文学进入中国现当代文学的视野?其进入后的境遇是如何的?当本属于撒尼人的传说被异文化介入后,在《阿诗玛》叙事长诗文本、电影文本、绘画文本、电视剧文本、广告文本、戏剧文本、网络文本等文本形态中,《阿诗玛》发生了哪些变化?不变的又是什么?在旅游经济的社会背景下,阿诗玛是如何从一块石头变成穿着撒尼传统服饰为游客导引的阿诗玛导游的?②

2013年8月,论文修改后以《象征的显影:彝族撒尼人阿诗玛文化的传媒人类学研究》之名出版。遗憾的是,图书出版前5个月,在田野调研

---

① 巴胜超:《象征的显影:彝族撒尼人阿诗玛文化的传媒人类学研究》,北京大学出版社2013年版,第1—2页。
② 同上书,第2—3页。

中遇见的彝族撒尼语口传叙事长诗《阿诗玛》国家级传承人毕华玉，于2013年3月26日不幸去世。从2014年开始，我们陆续到石林各村寨进行"阿诗玛文化传承"的主题调研，在调研过程中，我们发现："阿诗玛文化传承人"缺乏基本的口述史记录，普遍存在"有传承人，无传承人口述史"的情况。于是我们开始了"阿诗玛文化传承人"的口述问答记录。

经过2014、2015、2016年持续不间断地寻访和记录，我们获得了多次访谈"阿诗玛文化传承人"的口述材料[①]，2016年12月《阿诗玛文化遗产传承人口述史》出版，石林彝族自治县史志办主任刘世生这样评价：

> 《阿诗玛》原始版本的搜集，据2002年出版的《阿诗玛原始资料汇编》统计，共有古彝文版本8份、汉文口头记录稿18份、故事传说7份、音乐记录稿7份。这些原始资料，由于各个方面的原因，都没有交代搜集记录的情况，演唱者、讲述者、记录者的身份和经历也不清楚，这就使得这些资料的利用研究价值受到了限制。
>
> 《阿诗玛文化遗产传承人口述史》对石林境内的《阿诗玛》文化遗产传承人进行访谈，形成了11份口述史料，其中每一篇口述史料都由口述情景、人物简介、问答记录、田野日志四个部分构成，并辅之以有关的新闻报道等既有信息，让读者可以比较全面地知晓每一次访谈的缘起、被访谈人基本情况、访谈中问与答的详细内容、访谈人在访谈中的所作所为。这种让调研过程完全公开的"阳光史学"制作方式，让历史承载者完全自主讲述"我的历史和我的观点"的表述方式，正是后现代主义、后现代史学的精髓所在。这是之前其他各种调研成果中只见作品不见人，也看不到调研过程和各种访谈细节和内容的作品无法比拟的。它在过去专家学者记录的《阿诗玛》原始资料之

[①] 参见巴胜超、杨文何主编《阿诗玛文化遗产传承人口述史》，云南人民出版社2016年版，第16—17页。

外,填补了阿诗玛文化研究的一项空白。①

在当地知识精英和村民的认同和鼓励下,我们继续调研、整理、写作,将对"阿诗玛文化"调研所形成的四种文本——田野日志、调研报告、研究论文和影音文本——集结成册,以《寻找阿诗玛:人类学写作的四种文本》出版:

> 在《寻找阿诗玛》的学术之旅中,我们提出"两种温度交织、四种文本互动"的人类学写作理念。
>
> "两种温度交织",指作者在田野调研、文本写作中,以感性的沸点和理性的冰点在认识、阐述他者文化,存在着"冰点与沸点"两种温度的交织,存在着"我"与"非我"的"马林诺夫斯基难题"。
>
> 如何将"冰点与沸点""非我"与"我""知性主体"与"观念主体"进行相对客观、相对真实、相对完整的民族志呈现?"四种文本互动"是可供选择的方式之一。
>
> "四种文本互动",指作者在文献综述、田野调研、文本写作过程中,对同一调研对象,进行田野日志、调研报告、研究论著和影音文本的互动书写。在这四种文本的对比阅读中,对"田野与书斋""人类学者与他者""作者与文本"等"之间"关系进行开放性解读。②

2017年,当笔者开始写作《遇见阿诗玛——文化旅游情境中阿诗玛文化创新发展研究》时,翻阅之前的研究和资料,重读石头的故事,"阿黑哥与石头的故事"在脑中浮现:

一种说法,在石林景区或村寨旅游,导游大都会和游客说:我们撒尼

---

① 刘世生:《镜子的蕴义和历史的制作》,《阿诗玛文化遗产传承人口述史》,云南人民出版社2016年版,第8—11页。

② 巴胜超等:《寻找阿诗玛:人类学写作的四种文本》,民族出版社2018年版,第11页。

人，女的都是阿诗玛，男的都叫阿黑哥。以性别而论，笔者便也可叫"阿黑哥"，这些年的研究论题，基本围绕着石林彝族撒尼人进行，故可称为"阿黑哥与石头的故事"。

另一种说法，2009年第一次见到的曾大哥，这些年一直致力于"开发"（曾大哥语）村寨的阿诗玛文化、撒尼文化，比如组建了阿诗玛文化传承文艺队，发明了"糯黑瓷砖"——用糯黑村特有的分层石片贴在家屋外墙上进行视觉装饰，也可称为"阿黑哥与石头的故事"。

无论是"外来的阿黑哥"（笔者）还是"本地的阿黑哥"（曾大哥），都与开篇石头的故事中放羊小伙子有同样的"命运"：年复一年，日复一日地"放牧"（学术研究、文化开发）。

"文化旅游情境中阿诗玛文化创新发展研究"，在某种程度上，好像将不同的"创新思路"放入"阿诗玛传统文化"的石盆，期待石盆能长出同样多的"创新成果"，只是我们都不知道"宝盆何时不再显灵"。

为了规避地主、小伙子的遭遇，使"阿诗玛传统文化"与"文化旅游""创新发展"在一种相对和谐的步调中进行文化调适与变迁，让我们追根溯源，梳理思路，一起回到这些词汇的原点。

阿诗玛文化树

阿诗玛，原本是民间传说中一个出生于阿着底的撒尼姑娘，在经过媒体传播后，形成了"狭义阿诗玛文化"（即以叙事长诗《阿诗玛》为核心的民间文学文本体现出的文化特征）和"广义阿诗玛文化"（即包括叙事长诗在内，囊括了影视、舞台艺术、图像、旅游、网络等以阿诗玛文化之名进行的文化事项）。各传媒文本中，阿诗玛以撒尼人的化身、杨丽坤、乡村女教师、舞剧演员、声音形象、导游、形象大使、地理概念、景观概念、香烟品牌、地产广告代言人、非物质文化遗产等所指符号，轮番亮相。生发于石林县撒尼人族群的阿诗玛,在媒体传播中,文化归属与认同空间逐渐扩大,演变为云南省的阿诗玛文化、中国的阿诗玛文化、世界的阿诗玛文化,并以各种名义,创造着经济价值。①

如今,以"阿诗玛"为名进行的文化事项纷繁复杂、枝繁叶茂,仅以"狭义阿诗玛文化"和"广义阿诗玛文化"对阿诗玛文化进行类别划分,还略显粗糙,唯有深描"阿诗玛文化树",方能看清这些文化事项传承、创新、嫁接与发明的逻辑关系。

阿诗玛文化树,并非人们熟悉的一根主干、形如伞盖的进化树,而更像热带的榕树。榕树的枝杈交错绞结,生长出不定根和气生根,由此长成扎根地下的附生树干。虽然榕树向四周伸展成长,直至变成一片微型的丛林②,但是它仍然是一棵大树,众多的枝杈和附生根依然可以追溯到亲体的主干。可见,尽管文化演进过程有传播、假借和分歧的发展方向,可是它仍然可以追溯到史前的源头中去。③ 当我们探讨"文化旅游情境中阿诗玛传统文化创新发展研究"时,顺着"阿诗玛文化"的枝叶、枝杈、附生根往回追溯,方能在"阿诗玛文化"的微型树林中,亲抚到她的主干,清楚其来龙去脉,重现"阿诗玛文化"的知识谱系。

首先需要明确一个视域:阿诗玛文化树,附着于"彝族撒尼文化"的主干上。用热带榕树作比喻,看似枝繁叶茂的"阿诗玛文化树",其实只是"彝族撒尼文化"的"不定根和气生根"。《石林撒尼人》④ 一书所呈现的内容,基本勾勒出"彝族撒尼文化"的主干,如表1-1所示:

---

① 参见巴胜超《象征的显影:彝族撒尼人阿诗玛文化的传媒人类学研究》,北京大学出版社2013年版,第17页。

② 在云南省德宏州瑞丽市打洛镇边境贸易区内的曼掌寨子旁,就有"独树成林"的自然景观,此古榕树,有900多年的树龄,现共有32个根立于地面,树高70多米,树幅面积120平方米,枝叶既像一道篱笆,又像一道绿色的屏障,成为热带雨林中的一大奇观,打破了"单丝不成线,独树不成林"的俗语。

③ 参见[美]拉尔夫·林顿《文化树——世界文化简史》,何道宽译,重庆出版社1989年版,英文版序第1—2页。

④ 赵德光、黄建明主编:《石林撒尼人》,民族出版社2006年版。

表 1-1　《石林撒尼人》一书勾勒出"彝族撒尼文化"的主干

章节	基本内容
概述	(1) 称谓与分布；(2) 语言文字；(3) 撒尼人的价值观及精神象征物；(4) 撒尼文化研究的历史与现状
历史源流	(1) 远古文化；(2) 撒尼人的形成与历史文化发展；(3) 党的光辉照山寨，人民当家做主人
居住与生活环境	(1) 地貌；(2) 村落；(3) 家庭与民居；(4) 家什；(5) 饮食文化
生产生活	(1) 生产方式；(2) 经济作物；(3) 畜牧、狩猎、渔业生产
工具与用具	(1) 竹编用具；(2) 木制用具；(3) 金属制品；(4) 陶器制品；(5) 石制用品；(6) 武器；(7) 其他
服饰与刺绣	(1) 撒尼服饰的变迁；(2) 儿童服饰；(3) 少年服饰；(4) 青年服饰；(5) 中年服饰；(6) 老年服饰；(7) 背具类；(8) 其他
传统节日与游艺	(1) 火把节；(2) 密枝节；(3) 春节；(4) 游艺
人生礼俗	(1) 诞生礼；(2) 恋爱与婚姻；(3) 葬礼
民间艺术	(1) 文学；(2) 舞蹈；(3) 音乐、乐队、乐器；(4) 民间美术
民间信仰	(1) 祖先崇拜；(2) 自然崇拜；(3) 祭师；(4) 人为宗教
今日撒尼	当下撒尼人的生产生活新貌

　　以上表为参照，"阿诗玛文化"之核心文本《阿诗玛》（彝族撒尼语口传叙事长诗），分属撒尼人"民间艺术"之"文学"中的一个"作品"。以"作品"命名《阿诗玛》（口传叙事长诗），既准确也不准确。准确之处：每一个《阿诗玛》口传叙事长诗的传承人，都有情节大致相同，但内容存在差异的吟唱版本，这些内容各异的长诗版本，可看作传承人的作

品。不准确之处：作品容易指向一个实体的、印制的、规范的文学文本，忽视了口头传承的多样性。

口传叙事长诗《阿诗玛》的传承与传播，是"阿诗玛文化"之核心，其传承特征如下：

> 当作为"文字书写"的"叙事长诗"《阿诗玛》占据学术研究的核心位置时，不能忽略一个不争的事实，作为"口语说唱"的"叙事长歌"《阿诗玛》才是《阿诗玛》传承的起点。在毕摩把阿诗玛的故事用古彝文书写下来之前，《阿诗玛》主要在一个"听觉的符号系统"中，凭借自觉地制造出来的符号系统来传达观念、情绪和欲望。作为语言的第一重符号，声音，无疑是口语文化中《阿诗玛》最具特色的传承媒介，通过富有韵味的组织和编码，在各种乐器的衬托中，以"歌"的形式传唱、传承、传播。从可见的彝文稿本、汉文整理本回溯历史，《阿诗玛》的本体就是"叙事长歌"，是一部可以听到的诗歌。
>
> 撒尼人通过自己的身体语言，通过嘴巴、眼神、微笑、手势，通过三弦、口弦、月琴、三胡等乐器的辅助，将《阿诗玛》的各种信息传播给其他撒尼人。在此过程中，会有一个或多个精通演唱（吟唱、讲、说）的撒尼人作为传播的主角，培养更多的文化传承者，在日常演练中耳濡目染，渐渐习得传统文化的养分，使族群文化绵延流传。而毕摩、民间歌手和艺人，是《阿诗玛》口语文化的专职传播者，他们负责将族群的文化记忆，用记忆复制的方式，传承下来。围绕在这些专职传播者身边，还出现了很多辅助的传播者，他们或负责器乐的制作、场地的确定、人员的联络，或参与到演奏之中，共同完成《阿诗玛》的传播。[1]

---

[1] 巴胜超：《口语文化中阿诗玛的传承与传播》，《民族文学研究》2011年第6期。

依据"传统"在时间维度的定义①：

> 传统一词的拉丁文为 traditum，意即从过去延传到现在的事物，这也是英语中 tradition 一词最基本的含义。从这种操作意义上来说，延传三代以上的、被人类赋予价值和意义的事物都可以看作传统。它们包括物质产品，关于各种事物的观念思想，对人物、事件、习俗和体制的认识。具体地说，传统包括一个社会在特定时刻所继承的建筑、纪念碑、景观、雕塑、绘画、书籍、工具以及保存在人们记忆和语言中的所有象征建构。

口传叙事长诗《阿诗玛》作为"阿诗玛文化"的核心文本，也是"阿诗玛传统文化"的本体。

> 不过"传统"一词还有一种更特殊的内涵，即指一条世代相传的事物之变体链，也就是说，围绕一个或几个被接受和延传的主题而形成的不同变体的一条时间链。这样，一种宗教信仰、一种哲学思想、一种艺术风格、一种社会制度，在其代代相传的过程中既发生了种种变异，又保持了某些共同的主题，共同的渊源，相近的表现方式和出发点，从而它们的各种变体之间仍有一条共同的链锁联结其间。②

以"传统"之"时间链""变体链"审视"阿诗玛文化"，"阿诗玛传统文化"的所指就无限扩大开来，几乎所有以"阿诗玛"之名进行的文化事项都可放入"阿诗玛传统文化"的筐中，这显然混淆了"被发明"的传统与"被传承"的传统之间的区别。

"被发明"的传统来自以下的理论依据：

---

① [美]爱德华·希尔斯：《论传统》，傅铿、吕乐译，上海人民出版社2009年版，第2页。
② 同上书，第3页。

那些表面看来或者声称是古老的"传统",其起源的时间往往是相当晚近的,而且有时是被发明出来的,"被发明的传统"这一说法,是在一种宽泛但又并非模糊不清的意义上被使用的。它既包含那些确实被发明、建构和正式确立的"传统",也包括那些在某一短暂的、可确定年代的时期中(可能只有几年)以一种难以辨认的方式出现和迅速确立的"传统"。

"被发明的传统"意味着一整套通常由已被公开或私下接受的规则所控制的实践活动,具有一种仪式或象征特性,试图通过重复来灌输一定的价值和行为规范,而且必然暗含与过去的连续性。事实上,只要有可能,它们通常就试图与某一适当的具有重大历史意义的过去建立连续性。然而,就与历史意义重大的过去存在着联系而言,"被发明的"传统之独特性在于它们与过去的这种连续性大多是人为的。总之,它们采取参照旧形势的方式来回应新形势,或是通过近乎强制性的重复来建立它们自己的过去。①

以上述"传统"之含义审视"阿诗玛文化","被传承"的传统,主要指口传叙事长诗《阿诗玛》传承过程中,必然涉及的吟唱、讲述、歌词、乐器、演奏、服饰、歌舞等核心内容。"被发明"的传统,则可将所有以"阿诗玛文化"之名进行的文化事项都囊括其中。

口传叙事长诗《阿诗玛》是"阿诗玛文化"的核心,也是"阿诗玛传统文化"的本体。在文化的世代传承中,阿诗玛传统文化可以分为"被传承"的传统和"被发明"的传统两部分。回到文化树的比喻,阿诗玛文化这支"不定根或气生根"的根基,是撒尼人世代口传的叙事长诗《阿诗玛》。作为彝族撒尼人文化中的一个枝蔓,落地生根的阿诗玛文化,以口传叙事长诗《阿诗玛》为根脉,"被传承"的传统和"被发明"的传统共

---

① [英]埃里克·霍布斯鲍姆、兰格编:《传统的发明》,顾杭、庞冠群译,译林出版社2004年版,第1—2页。

同生长，共同构造了"阿诗玛文化树"的整体样貌。

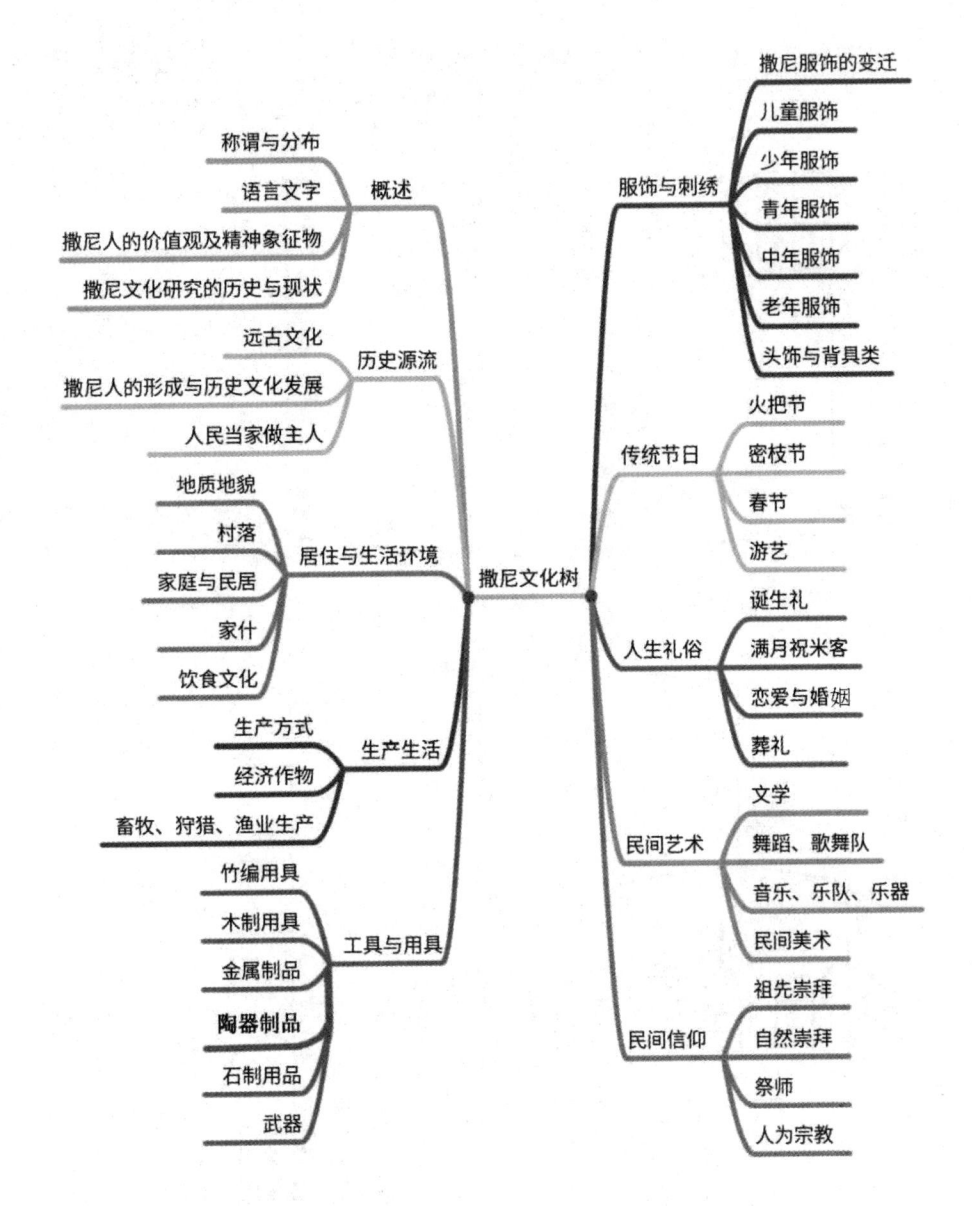

撒尼文化树中，"阿诗玛"分属于"民间艺术—文学"

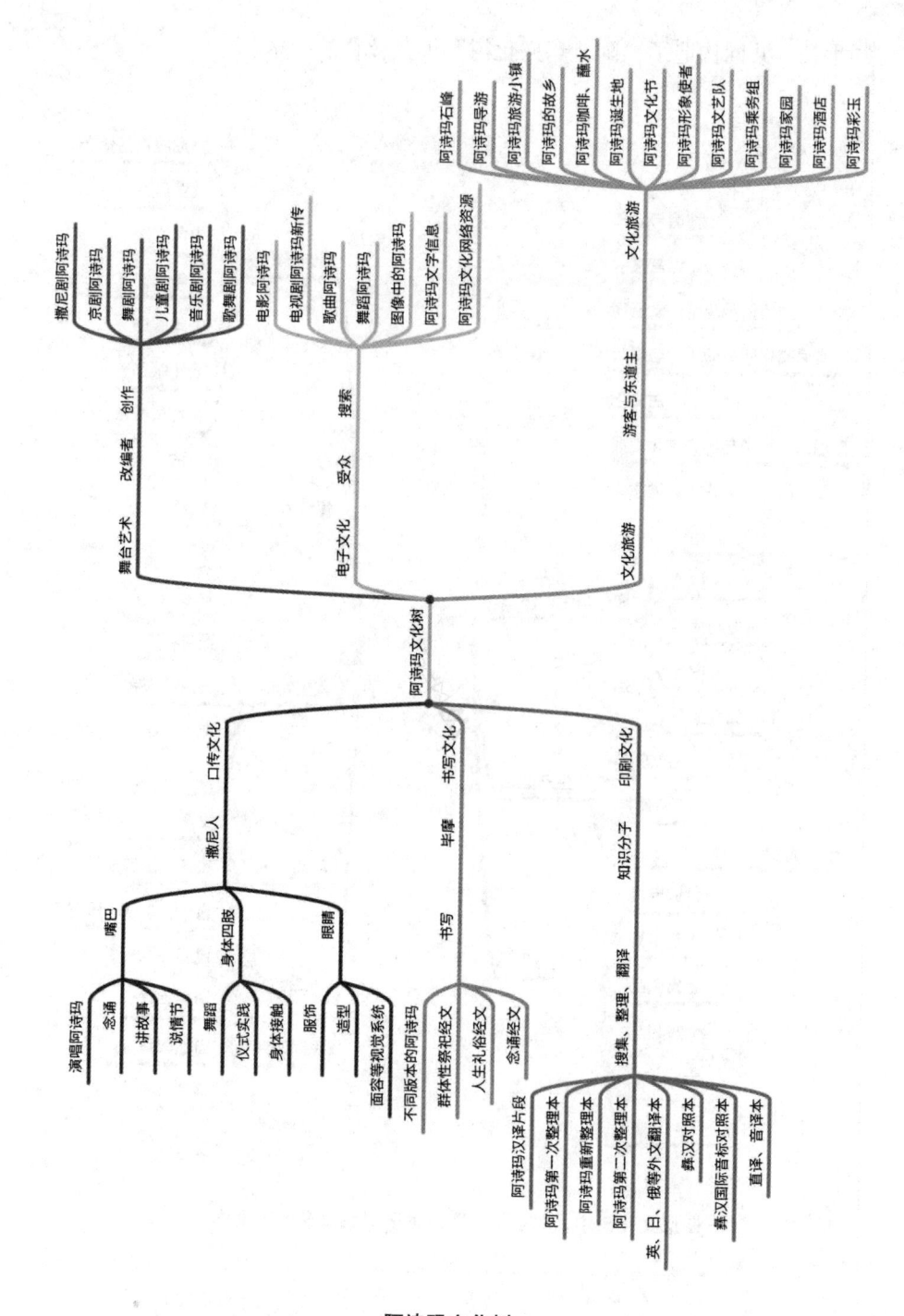

阿诗玛文化树

文化旅游与文化创新

"文化旅游"常被混同于"旅游文化",国内外旅游人类学、旅游文化研究等学者对这两个概念有相对成熟的讨论。

国内对"文化旅游"的概念存在这样几种理解[①]:

(1) 文化旅游是一种旅游类型。(2) 消费者消费带有文化色彩的旅游产品的过程即是文化旅游。(3) 文化旅游相当于民俗旅游。(4) 文化旅游是指旅游产品的提供者为旅游产品的消费者提供以学习、研究考察所游览国(地区)文化的一方面或诸方面为主要目的旅游产品。如历史文化旅游、文学旅游、民俗文化旅游等。(5) 人们对异地异质文化的求知和憧憬所引发的,离开自己的生活环境,观察、感受、体验异地或异质文化,满足文化介入或参与需求冲动的过程。

英语中用来指称"文化旅游"的最常用的词是 cultural tourism,或 culture tourism,有时也用 heritage tourism 来指代 cultural tourism。在西方,对"文化旅游"概念的理解存在着三类观点,一类是广义的,一类为狭义的,一类为中义的。

广义的观点认为:"文化旅游包括旅游的各个方面,旅游者从中可以学到他人的历史和遗产,以及他们的当代生活和思想。"麦金托什以及世界旅游组织均提出过这种观点。

狭义的观点为:文化旅游是一种对"异质"事物的瞬间消费,经常是比较异常的"那一个"。在他们看来,文化旅游者是一些有浓厚怀旧情绪的人,对于异常的"那一个"有很强的好奇心。从这个意义上说,文化旅游者迥异于那些芸芸大众旅游者。瓦伦·史密斯的观点

---

① 徐菊凤:《旅游文化与文化旅游:理论与实践的若干问题》,《旅游学刊》2005 年第 4 期。

也属于这一类。

世界旅游组织在1985年给出广义定义的同时，也给出了"文化旅游"的狭义定义："人们出于文化动机而进行的移动，诸如研究性旅行、表演艺术、文化旅行、参观历史遗迹、研究自然、民俗和艺术、宗教朝圣的旅行、节日和其他文化事件旅行。"这里，虽然强调了文化性动机，也考虑了概念的理论性界定与技术性界定，但仍然是一个不够规范的定义。从其列举的类别上看，更接近一个中义定义。

从文化人类学的视角审视"旅游文化"，学者赵红梅提供了以下见解[①]：

在人类学意义上，旅游文化是多元文化主体在相互接触中所形成的自我协调的意义系统，这一系统是由各介入主体围绕旅游活动而创造产生。首先，文化人类学关注文化问题与文化接触，该定义正是从文化接触的切面来思索旅游文化的形成，因此，这是个立足于文化人类学的定义。其次，多元文化主体是广义的旅游主体，包括旅游者在内的一切旅游介入者，通过他们丰富多彩的旅游活动，旅游文化才得以产生。再次，将旅游文化定格在发生或形成阶段，有利于其内涵与外延的框限。最后，界定旅游文化是一个自我协调的意义系统，原因在于多元主体存在的事实，任一主体都可能在文化接触中迸发创造性的旅游活动，从而收获其欲寻求的意义，亦因各取所需的价值张力，使得旅游文化是一个自我协调的意义系统。

人类学强调文化是一种特定的生活方式和族群认同，在此观念下，文化是指一个社群的"社会继承"，包括整个物质的人工制品（工具、武器、房屋、工作、仪式、政府办公以及再生产的场所、艺术品等），也包括各种精神产品（符号、思想、信仰、审美知觉、价值等各种系统），还包括

---

① 赵红梅：《论旅游文化：文化人类学视野》，《旅游学刊》2013年第12期。

一个民族在特定生活条件下以及代代相传不断发展的各种活动中所创造的特殊行为方式（制度、集团、仪式和社会组织方式等）。① 在享誉西方学术界的《文化的解释》中，美国人类学家格尔兹这样"解释"文化："文化的概念本质上是一个符号学的概念。由于韦伯，人们相信人是一个悬浮在他自己编织的意义之网中的动物。因此，意义的分析就不是探讨规律的实证科学，而是一门探讨意义的解释性的科学。"② 格尔兹的文化解释，被学界当成他者文化从实证研究转向解释理论的一个标志。自本雅明开创文化生产模式以来，在近来的文化研究中，随着后现代主义的兴起和后工业社会的来临，西方学者开始注意把文化当作一个"产品和消费"的过程，生产的社会、消费的社会，或是复制的文化等新的文化现象已经占据文化研究的中心。不同的亚文化群体及其相关的社会结构变化，都导致文化生产和消费的不同形态。在文化中实际存在的各种复杂的互动和交换过程，就构成了文化的特殊景观。③

笔者所言之"创新发展"，侧重于应用人类学视域中的"创新"和发展人类学中的"发展"理念。在应用人类学视域中，创新是文化变迁的主要机制之一，"创新是人类总文化中新质的增加，绝不是原有文化元素的移动。创新通常包括发现与发明两者。发现是把那些原先在自然界中客观存在的各种物质或非物质的新事物寻找出来。对人类总体文化来说，它是一种创新，但却不是一种创造。创造是发明的事情。发明一般指人类为了适应社会文化环境和自然环境，遵循自然规律改造环境从而创造出新的物质和非物质形态的现象"④。在人类学的研究传统中，诸如进化学派、传播学派、新进化学派、年鉴学派、功能学派、历史特殊论学派等理论流派都

---

① Alan Bullock and Oliver Stallybrass, eds., *The Fontana Dictionary of Modern Thought*, London: Fontana, 1982, p. 150.
② Clifford Geertz, *Interpretation of Cultures*, New York: Basic Books, 1973, p. 5.
③ 参见周宪《文化表征与文化研究·导论》，上海人民出版社2015年版，第4页。
④ 石奕龙：《应用人类学》，厦门大学出版社1996年版，第120—121页。

对发展理论进行过相关的阐述，使主要用于表达"经济增长"的"发展"概念被赋予了人文的视角和多样性的特征，推动了不同社会群体对发展理念更为整体和综合的认识。在阿诗玛传统文化的创新发展中，我们认同：由发展人类学提倡的自下而上的发展视角和人自由全面发展的观念及文化平等的思想。[1]

综合学界对"文化旅游""旅游文化""创新发展"和文化研究的代表性观点，我们认同：文化旅游主要指对文化资源的旅游开发利用。文化旅游既是旅游产品的组成部分，也是文化传播、传承和升华的重要载体。[2] 而"文化旅游情境中阿诗玛传统文化创新发展研究"，是指在大众旅游语境下，多元文化主体围绕阿诗玛文化旅游活动，在相互接触中所形成的自我协调的意义系统和行动实践。我们"忠实记录"[3] 阿诗玛文化遗产传承人的生命史，研究阿诗玛传统文化保护、传承的可行方案；我们侧重关注旅游活动中各种主体对阿诗玛传统文化的"社会继承"和"文化解释"，"立体描写"与阿诗玛文化相关"产品"的"发明"和"消费"过程的"生活相"，呈现阿诗玛文化持有者与外来者文化接触过程中的冲突、调适与和解，发掘阿诗玛文化自信与自觉的可能性。

本书的章节概要

第一章导论之后，第二章"传承：阿诗玛，我们撒尼人的歌"以四种话语主体对"阿诗玛，我们撒尼人的歌"的不同表述，呈现口传叙事长诗《阿诗玛》文化遗产存在的四种文化语境，表达出"阿诗玛"四种不同的文化身份，对应着四种不同的生活情境。在"非遗"研究异常热烈（堪称

---

[1] 参见朱凌飞、高孟然《传统人类学发展理念述论》，《北方民族大学学报》2016 年第 5 期。
[2] 参见高舜礼《文化旅游≠文化＋旅游》，《中国旅游报》2012 年 5 月 14 日第 2 版。
[3] 万建中、廖元新：《忠实记录、立体描写与生活相：三个本土出产的学术概念》，《民间文化论坛》2017 年第 2 期。

"遗产运动")的学术格局中,《阿诗玛》项目的关注度却异常之冷。在诸多以"阿诗玛"命名的文化事项所呈现的热闹景象背后,我们呈现了用撒尼彝语创作、用撒尼语传唱的《阿诗玛》保护与传承的真实情况。《阿诗玛》是撒尼人在长期的生产、生活中形成的民间口头传统,其原生性主体为撒尼人,表现形式的多样化、表现内容的整体化及呈现时空的地方化,源于非物质文化遗产自身发展、存续的文化规定性。至今,健在的《阿诗玛》传承人9人,国家级1人,省级空缺,市级6人,县级2人。从当前的传承人情况看,原生形态的《阿诗玛》,已经面临"人绝艺亡"的危险。从非物质文化遗产传承的整体性来看,除了原生形态的《阿诗玛》,与《阿诗玛》传承相关的乐器、舞蹈,均是《阿诗玛》整体传承的内容,而整体性的《阿诗玛》传承,主要在村落空间以"阿诗玛文化传习室""民族文化传习室"等方式进行。在石林文化遗产的保护规划中,石林县政府对《阿诗玛》的传承保护实践,可分为两个阶段。第一阶段为2006年至2010年,采取了具体的措施对《阿诗玛》进行专项传承、保护;第二阶段为2011年至今,随着石林县非物质文化遗产项目的逐渐增多,政府对所有的非物质文化遗产项目采取了整体的传承保护实践。作为地方行政机构,石林县政府为保护传承"阿诗玛文化"从制度、资金、教育、培训、展演等方面给予了引导和支持,为《阿诗玛》的保护传承创造了社会化的语境。虽然地方行政机构意识到与《阿诗玛》具有关联性的文化要素的传承,但行政机构的介入,也部分地"固化"了《阿诗玛》的传承模式,形成"流水线"式的传承人培养方式,使得《阿诗玛》的呈现与地方人群共同体的生活产生"仪式化"的距离,造成这一现象的原因部分是地方行政机构推动《阿诗玛》传承的动力在于其有利于为文化旅游的发展提供资本和地方社会发展获取其他资源性支持,体现在"阿诗玛"的文本化和符号化运作中。而由政府主导的符号式的保护传承从根本上讲是一个去情境化的碎片化、流水化、失真化的传承,违背了非物质文化遗产的主体性、时空性、整体性、多样性的属性。

第三章"汉话（化）有限：阿诗玛文化的村寨实践"，从大糯黑村2009年农家乐接待中对"汉化有限"的幽默表述，到2016年"他们（村中的汉族）被我们同化掉了"的接待导游词，可以直观地体会到大糯黑旅游从业者对彝族撒尼人身份的文化自信。在笔者看来，正是村民的文化自信，使大糯黑村在乡村旅游的情境中，能保持传统村落文化的传承与发展。基于此，笔者从大糯黑村乡村旅游的简史、吃住行游购娱的基本要素和大糯黑村"阿诗玛文化"遗产旅游的经验三个方面，呈现云南石林大糯黑村"阿诗玛文化"实践的个案，深描"厨房里的阿诗玛"、民宿的"标准间"配置、"九石阿"旅游专线旁的村寨、糯黑石头寨的"景点"、需要找寻的旅游商品和阿诗玛文化传承文艺队的首演实录。在十余年的旅游实践中，大糯黑村民的信心某种程度上得到了养育，在与政府、学界的交流中，他们不再盲从于某一种力量，而是主动地、选择性地进行着文化发展的尝试，在文化自信的基础上实践旅游的主动权，这是大糯黑村文化旅游的经验之一。

第四章以"百变阿诗玛"为题，关注旅游活动中各种主体对阿诗玛传统文化的"社会继承"和"文化解释"，"立体描写"与阿诗玛文化相关"产品"的"发明"和"消费"过程。我们认为：在文化旅游情境中，彝族撒尼人不断发掘着族群文化符号，以适应游客的观光需求。凭借电影《阿诗玛》的影响力，当地政府官员、本地文化精英和旅游产业的从业者，将多元的撒尼文化，复兴为一元的"阿诗玛文化"。以民间口头传承为主要形式的"阿诗玛"，在文化旅游的介入下，呈现为"百变"阿诗玛的文化形态。撒尼人多元族群文化的一元性打造和"阿诗玛"口头传承的"百变"形态，表征了文化旅游情境中"阿诗玛文化"的发明逻辑。"阿诗玛诞生地807周年庆"文艺展演活动，详细描述了2016年3月12日，革腻村村民纪念阿诗玛在革腻村诞生807年活动的完整过程，将阿诗玛公房、村寨精英对阿诗玛出生于革腻村的多样证据进行阐述。阿诗玛故乡"阿着底"的命名，阐述干塘子村恢复彝语地名"阿着底"，以"阿诗玛故乡"的文化身份，弘扬民族文化，提升村寨知名度，试图促进当地经济发展的得失，呈现文化旅游情境中，各地对"阿着底"地理命名权的争夺。阿诗玛导游，以石林在景区发展的不同阶段对导游"民族身份"和"性别"角色认识的变化，分析这些变化从让撒尼人全面卷入旅游发展的前台，到以汉族为主的其他族群导游的涌入，以及现在多方关系的共谋，使得人的景观——阿诗玛导游和自然景观一起成为石林共同的旅游产品。阿诗玛文化一日游，以大众游客的视角，阐述参团到石林体验广告语中"山石冠天下，风情醉国人"的"石林阿诗玛文化一日游"的真实情况，阐述旅游过程中导游对阿诗玛文化的传播和游客对阿诗玛文化的认知。阿诗玛旅游小镇，以一个旅游地产的建设风格为案例，阐述在地产开发中，文化符号的错乱使用与地方文化精英话语的失效。撒尼人眼中的"摇滚版"《阿诗玛》，在失魂落魄的文化旅游现实面前，呈现一部"难得的精品力作"音乐剧《阿诗玛》，其产生的过程，外来的文艺、资本与当地政府的合作过程，音乐剧《阿诗玛》的剧本改编和当地人对音乐剧《阿诗玛》的评价。阿诗玛与石林彩玉的新故事，阐述石林彩玉炒作过程中对阿诗玛文化的挪用和发明。唐凤楼先生的阿诗玛家园，呈现的是唐先生在商业和怀念之间，以杨丽坤文化产业投资公司为名，对阿诗玛文化所进行的创新实践。阿诗玛文化节的玩法，阐述2015、2016、2017年三届阿诗玛文化节活动的具体内容，深描石林传颂阿诗玛，复兴民族文化，打造浪漫真爱之都，促进文化与旅游融合发展的尝试。阿诗玛文化的资本化，既是阿诗玛文化的"再地方化"，也可以解读为一种地方"文化自信"情境中对传统的发掘、发明与回归——地方的"文化自觉"。阿诗玛的符号价值，是阿诗玛文化得以"百变"的基础，叙事长诗《阿诗玛》中撒尼人勤劳、勇敢、善良的寓意，电影《阿诗玛》中杨丽坤的美丽与现实生活中的人生悲剧，是阿诗玛符号价值得以彰显的底色。纵观"百变阿诗玛"的文化事项，均是"阿诗玛文化资本化"的表征，呈现为"阿诗玛+某某"的"阿诗玛化"的"复制"逻辑，而这种复制逻辑，是文化旅游情境中民族文化存续的真实状态。以上百变阿诗玛，正是"旅游在场"后的"阿诗玛文化再现"，但从村寨到景区，丰富多元的阿诗玛文化事项，多为外来者——政府、商人来主控其文化走向，村民——阿诗玛文化的持有者，在诸多阿诗玛文化现场的话语权是缺席的。

第五章"《阿诗玛》文化遗产传承人口述影音的采录与使用"，以民间文学类非物质文化遗产项目《阿诗玛》传承人口述影音的采录和墨尔本博物馆 Bunjilaka 土著文化中心的"初民"（First Peoples）展览馆为例，说明视听影音在民间文学类非物质文化遗产传承展示方面可供借鉴的方式。并提出，影音文献在中国民间文学类非物质文化遗产传播中的使用，在理念上，需要从"信息传递"跨越到"文化共享"。从 2014 年开始，我们陆续到石林彝族自治县的村寨进行"阿诗玛文化传承"的主题调研，在调研过程中，我们发现："阿诗玛"非物质文化遗产传承人缺乏基本的口述史记录，普遍存在"有传承人，无传承人口述史"的情况。循着非物质文化遗产项目"阿诗玛"的传承人名单，我们在寻访中发现，"阿诗玛"的民间传承，主要以叙事长诗《阿诗玛》和撒尼剧《阿诗玛》的吟、唱、讲、演为核心内容，"阿诗玛歌"是"阿诗玛"在民间传承的他者表述。从整体性保护与传承的角度看，除了"阿诗玛歌"，与"歌"相关的撒尼服饰、撒尼乐器、撒尼舞蹈、撒尼村寨、撒尼习俗等内容，都是"阿诗玛"保护与传承的文化生态，而石林各村寨每村少则三五支，多则十几支的民间文艺队，在持续交流中逐渐习得"阿诗玛歌"，使"阿诗玛"的民间传承，可以持续开列一份没有终点的传承人名单。经过 2014、2015、2016 年持续不间断的田野调研，在寻访了国家级、省级、市级、县级和一些未进入传承人名录但会吟、唱、讲"阿诗玛"的传承人后，我们获得了多次访谈"阿诗玛"非物质文化遗产传承人的口述影音。我们参照现在出版的各类"口述史文本"的工作方式，将影音素材整理成文字，并在文本中加上了采录时的"口述情景"，以及采录当天的"田野日志"，形成了 11 份口述文本。但是当我们再次审视这份"口述史文本"时，依然有很多被"文字""遗漏"的信息，它们还在影音资料中。我们应该如何使用这些材料？

除了作为文字书写的"口述史文本",鲜活、立体、完整的影音资料,还可以在哪些文化空间继续使用?我们如何运用这些材料,以视听方式进行民间文学类非物质文化遗产的传承、传播?在文化旅游情境中,为了让公众能听到传承人唱"阿诗玛"的声音,看到传承人的模样,有何种可持续的、较稳定的呈现方式?"传承人博物馆"是可供选择的一种方式。

附录部分,收录了"大型原生态民族歌舞《阿诗玛秘地》文学脚本""大型原创音乐剧《阿诗玛》剧本"以及《云南省石林彝族自治县阿诗玛文化传承与保护条例(征求意见稿)》和"阿诗玛文化研究文献篇目汇编(1950—2018)"四种资料。其中"大型原生态民族歌舞《阿诗玛秘地》文学脚本""大型原创音乐剧《阿诗玛》剧本",分别为石林当地文化精英与外来艺术家创作的舞台剧本,与《阿诗玛文艺作品汇编》(2004年版)所收录的9部文艺作品对比阅读,能完整呈现阿诗玛文艺改编的整体样态。《云南省石林彝族自治县阿诗玛文化传承与保护条例(征求意见稿)》则呈现了石林将阿诗玛文化传承与保护列入法制规范的具体努力。"阿诗玛文化研究文献篇目汇编(1950—2018)",将近70年来阿诗玛文化研究的成果按照年份列举,为学界提供了一份较完整的研究篇目。

本书中所使用的图片、表格,未标注出处、来源的,均为作者所拍摄制作。本书中所涉及的部分人名,按照文化人类学的惯例,使用字母代替。感谢在调研过程中提供无私帮助的你们(排名不分先后):刘世生、鲁建宏、倖金林、蒋云明、毕卫华、陈润德、黄兴、许华、赵振虹、张建华、徐燕晴、李昆、毕建钢、赵光亮、李波、杨永平、满华为、普国亮、普贵学、普照光、李兰英、张玉英、昂文兰、汸树华、曾绍华、王春花、王琼花、毕媛、阿国、小伟、王思怡、李世珍、何文珍、王云辉、王玉芳、虎秀英、虎志兰、普桐楠、毕海婴、黄绍清、普文昌、普毕光、金荣芝、毕正文、金志国、昂翠萍、李娟、何静红、毕小慧、李思慧、王春燕、曾秀英、何俊涛、王小梅、王小燕、王丽、何玲、王春叶、毕林芳、何海燕、何春、阿平、李灏、王平、曾翔、王小宝、毕椿明、王琨、何雪蓉等。

第二章　传承：阿诗玛，我们撒尼人的歌

"阿诗玛"，我们民族的歌

截至 2017 年 12 月，有三篇题名为"阿诗玛，我们民族的歌"的文章，两篇刊载于《阿诗玛研究论文集》，分别是黄铁的《〈阿诗玛〉——"我们民族的歌"》和毕志峰的《〈阿诗玛〉我们民族的歌——试论撒尼叙事长诗〈阿诗玛〉的几个问题》，另一篇为《"我们民族的歌"——彝族叙事长诗〈阿诗玛〉》，刊载于域名为"中国传统文化"的网站。

黄铁《〈阿诗玛〉——"我们民族的歌"》一文首发于 1978 年在兰州举行的中国少数民族文学作品选讲教材编写及学术讨论会，是在粉碎"四人帮"的时代背景下，重新肯定和正确评价《阿诗玛》作为少数民族优秀作品的经验交流材料，文章主要谈了：（1）《阿诗玛》的搜集、整理工作是如何提起的。（2）《阿诗玛》是如何整理的。（3）《阿诗玛》的主题和主题思想。（4）关于阿黑追赶阿诗玛部分。（5）关于尾声。（6）关于阿诗玛与阿黑的关系问题。（7）关于"恢复原作"的问题。在文中，"《阿诗玛》——我们民族的歌"是以"撒尼人对《阿诗玛》整理工作的称赞之词"出现的：

当 1954 年 1 月 30 日，撒尼叙事诗《阿诗玛》首先在《云南日报》

及全国各刊物发表转载后。这首美丽的诗篇立即在全国获得好评,把它当做一部少数民族珍贵的遗产,是我们伟大祖国文学遗产中的一份瑰宝(曾经被翻译成几国文字),它的发表及出版,在发掘、整理民族民间文学方面,发生过很大的影响,引起了各方面的重视。就像撒尼人自己所说的——他们称赞《阿诗玛》是"我们民族的歌"。①

毕志峰《〈阿诗玛〉我们民族的歌——试论撒尼叙事长诗〈阿诗玛〉的几个问题》一文1986年收录于《路南文史资料选辑》,文章探讨了《阿诗玛》整理发表的意义、阿诗玛和阿黑的关系、《阿诗玛》的音乐及其对撒尼音乐的影响。在文中,"《阿诗玛》,是我们民族的歌"是以"撒尼人对《阿诗玛》作为自己民族的歌的骄傲之情"来表述的:

> 彝族支系撒尼民间叙事长诗《阿诗玛》,以丰富的艺术形象、朴素优美的语言、鲜明的民族风格和画面,展示了劳动人民的艺术才能,歌颂了劳动人民的勤劳、智慧和勇敢,歌颂了劳动人民反抗阶级压迫的斗争,表现了英勇机智和他们追求幸福的坚强意志。撒尼人骄傲地说:《阿诗玛》,是我们民族的歌。②

中国传统文化网站上《"我们民族的歌"——彝族叙事长诗〈阿诗玛〉》一文上传于2014年,其内容侧重作为"非物质文化遗产项目"(以下简称"非遗")的《阿诗玛》③简介,包括长诗概述、《阿诗玛》中的故事情节、《阿诗玛》的史学价值、《阿诗玛》的艺术魅力四个方面。在文中,"《阿诗玛》被撒尼人称为我们民族的歌"是以"《阿诗玛》作为撒尼

---

① 黄铁:《〈阿诗玛〉——"我们民族的歌"》,赵德光主编《阿诗玛研究论文集》,云南民族出版社2002年版,第171页。
② 毕志峰:《〈阿诗玛〉我们民族的歌——试论撒尼叙事长诗〈阿诗玛〉的几个问题》,赵德光主编《阿诗玛研究论文集》,云南民族出版社2002年版,第293页。
③ 2006年5月20日,《阿诗玛》经国务院(国发〔2006〕18号)批准,被列为第一批国家级非物质文化遗产保护名录。

人生活、礼节、风俗、习惯的载体"出现的：

> 阿诗玛不屈不挠地同强权势力作斗争的故事反映了彝族撒尼人"断得弯不得"的民族性格和民族精神。《阿诗玛》被撒尼人称为"我们民族的歌"。阿诗玛的传说已经成为撒尼人日常生活、婚丧礼节以及其他风俗习惯的一部分，在人民中间广为传唱。①

同一句"阿诗玛，我们民族的歌"，在不同的文化语境，经由不同的话语主体表达，呈现出了不一样的意味。而以文化人类学的"他者眼光"看，在撒尼人的日常生活中，"阿诗玛，我们民族的歌"，不是称赞，不是骄傲，也不只是风俗，而是日常生活的情感书写和实实在在的生活实践。

日常生活中，聆听"阿诗玛"的情景是怎样的，撒尼人如何用"阿诗玛"书写情感？2016年1月20日，我们到石林月湖村寻访《阿诗玛》的传承人，一个叫李兰英的老人，在我们的请求下，唱起了《阿诗玛》。因为年事已高，李兰英给我们唱了她还能记住的《阿诗玛》段落，只有两段："阿诗玛漂亮"和"阿诗玛诉苦"。以下为"阿诗玛诉苦——阿诗玛出嫁"的唱词大意②：

> 爹妈养大了，要嫁人了，嫁姑娘送爹一杯酒，送妈妈一碗饭，大哥得了一头牛，嫂子得了一捆麻，一辈子吃不完、用不完，一辈子伤心。……公婆不喜欢我，说我的柴是湿柴，猪草只有一半。

李兰英的女儿看着年迈的母亲，听着她唱"伤心调"，悄悄抹起了眼泪。阳光从她女儿那边洒进来，女儿的手肘支在膝盖上擦着眼泪，另一只

---

① 《"我们民族的歌"——彝族叙事长诗〈阿诗玛〉》，2014年1月3日，中国传统文化（http://www.zhwh365.com/article_1567.html）。

② 巴胜超等：《没有身份的传承人：李兰英》，《阿诗玛文化遗产传承人口述史》，云南人民出版社2016年版，第186页。

手反撑在大腿上，呆呆地望着面前的地上，听母亲在一旁用细细的嗓音哼着歌。普照光（月湖村老年协会会长）的鼻头也红红的。

李兰英和女儿（左），回忆自己记得的《阿诗玛》片段

不知道在生活中，他们经历了些什么，也无法从这些采访的只言片语中完全了解一个人的过往。但可以确认的是，一首简单的民歌，一首一代传一代、代代都在改变的"阿诗玛"，是撒尼人柴米油盐酱醋茶的日常生活里，点点滴滴的情感寄托。

同一句"阿诗玛，我们民族的歌"，四种文化语境、四种话语主体，表达出"阿诗玛"四种不同的文化身份，对应着四种不同的生活情境，如表 2-1 所示。

访谈结束后,李兰英老人主动穿上民族服装让我们拍照

表2-1 "阿诗玛,我们民族的歌"的四种语境、主体、身份和情境对照表

阿诗玛,我们民族的歌	文化语境	话语主体	文化身份	生活情境
黄铁《〈阿诗玛〉——"我们民族的歌"》	粉碎"四人帮",重新肯定和正确评价《阿诗玛》	作家、知识分子	民间文学文本	作家、知识分子对《阿诗玛》搜集整理过程的阐述
毕志峰《〈阿诗玛〉我们民族的歌——试论撒尼叙事长诗〈阿诗玛〉的几个问题》	学术研究中学者对研究对象的文本分析	学术研究人员	民间文学文本	学者对《阿诗玛》主要唱段的音乐学分析和特色研究

·26·

续表

阿诗玛， 我们民族的歌	文化 语境	话语 主体	文化 身份	生活情境
中国传统文化网《"我们民族的歌"——彝族叙事长诗〈阿诗玛〉》	文化遗产的发掘、整理、申报、命名	文化传播者	非物质文化遗产项目	文化传播者对"非遗"《阿诗玛》的内容简介
巴胜超等《没有身份的传承人：李兰英》	文化人类学田野调研中的主客接触	撒尼人	日常生活的情感寄托	撒尼人柴米油盐酱醋茶的日常生活

经由"撒尼人"唱诵的"阿诗玛"片段，我们逐渐走进了阿诗玛传统文化的生活情境，用彝族撒尼语演唱的《阿诗玛》，即如今列入国家级非物质文化遗产名录的《阿诗玛》，区别于诸多搜集整理的《阿诗玛》文学文本[1]，这些散落在撒尼民间且还在鲜活地传唱吟诵的"阿诗玛歌"，是真正属于"我们撒尼人的歌"。

自1898年法国天主教传教士保禄·维亚尔（Paul Vial）将他在石林彝族社会调查的研究成果（包括一首无名叙事诗，学者考证此无名叙事诗就是《阿诗玛》的一个片段）用法文出版了以来[2]，以文学研究为例，阿诗玛文化的魅力吸引了一代代学者的目光（杨放，1950；朱德普，1953；黄

---

[1] 代表性文本如：1954年，云南省人民文工团圭山工作组搜集，黄铁、杨知勇、刘绮、公刘整理的《阿诗玛——撒尼人叙事诗》；1984年，彝族学者昂自明翻译、吴承柏校对的《阿诗玛——撒尼民间叙事诗》（古彝文翻译本）；1999年，彝族学者黄建明、普卫华，日本学者西协隆夫等翻译的《阿诗玛》，采用彝文、国际音标、汉文、英文、日文五行译法。详细文本流变，参见巴胜超《象征的显影：彝族撒尼人阿诗玛文化的传媒人类学研究》，北京大学出版社2013年版，第239—241页。

[2] 黄建民在《19世纪国外学者介绍的彝族无名叙事诗应为〈阿诗玛〉》中，从叙事诗主人公的名字、内容、艺术形式判定，保禄·维亚尔在《撒尼倮倮》一文中介绍的无名叙事诗就是《阿诗玛》，笔者同意这种观点，但是邓神父记述的并不是《阿诗玛》的完整版，而只是其中的一个片段。详细论述见《民族文学研究》2001年第2期。

铁、杨知勇、刘绮、公刘，1954；臧克家，1954；段平、刘琰、徐维，1954；雪蕾，1954；孙剑冰，1956；竹内实「日本」，1958；公刘，1960，1980；李缵绪，1962，1986；刘绮，1978；黄铁，1978；李子贤，1979；杨知勇，1980，2003；岳文志，1980；李明，1980；罗西吾戈，1982；马学良，1985；杨丽珍，1986；君岛久子「日本」，1988；李园生，1987；王明贵，1989；张维，1991；王倩予，1994；黄建明，2001，2002，2004；谢国先，2001，2002；沙马拉毅，2002；西协隆夫「日本」，2002；崔来沃「韩国」，2002；郭思九，2004；乌谷，2000；梅谷记子、邓庆真「日本」，2002；金方南「韩国」，2006；马克·本德尔「美国」，2006；司佩姬「美国」，2006；安雅·森茨、朱易「德国」，2006），成果颇多[①]。

2006年5月20日，彝族撒尼语口传叙事长诗《阿诗玛》被列为第一批国家级非物质文化遗产保护名录。在文化遗产保护、传承的社会语境下，文化遗产学、传播学、翻译学、文艺学、人类学、景观学、文化旅游学等学者也对"阿诗玛文化"进行着各具特色的探讨（仲林、李永祥，2006；郭思九、龙珊、罗曲、曾明、李平凡、杨甫旺、王明贵，2007；黄继元、沈茜、秦萍，2008；龚丽娟，2009；郝天石、杨绍军、雒宏伟、雷懿、曹崎明，2010；王宏印、崔晓霞、王黎光、巴胜超、黄毅、查文静，2011；莫色木加、段凌宇、李森、林文艺、黄毅、曹崎明、安海燕，2012；杨绍军、王先灿、刘朦，2013；陈昱岿、巴胜超、殷晓璐、肖李、杨芳梅，2014；杨波、杨文艺、于平、惹几阿吕，2015；普丽春、肖李、赵蕤、黄琼英、李灵枝、李纶、柴洁、周倩旎、巴胜超，2016；赵蕤、吴兴帜、巴胜超、唐婷婷、刘一帆、秦雪冰、王东宇、王振平、姜丽晶、何怡、肖青、李森、马媛媛、杜迪，2017）。

---

① "阿诗玛文化"研究的文献综述，可参看巴胜超《阿诗玛@传媒：一个民族符号的文化变迁》，博士学位论文，四川大学，2011年，第37—60页。

在"非遗"研究异常热烈（堪称"遗产运动"）的学术格局中①，《阿诗玛》项目的关注度却异常之冷。在中国知网以"阿诗玛"为名的 166 篇（截至 2017 年 9 月 1 日）研究文章中，仅有 7 篇与作为"阿诗玛传统文化"核心的"非遗"《阿诗玛》的传承、保护相关，如表 2-2 所示。

表 2-2　　　　"非遗"《阿诗玛》的传承、保护研究列表

作者	篇名	期刊	摘要	关键词
巴胜超	口语文化中《阿诗玛》的传承与传播	《民族文学研究》2011 年第 6 期	口语文化中的《阿诗玛》，以其特有的口语说唱形式，进行着文化传承。通过对《阿诗玛》口语传承要素的分析和《阿诗玛》传播特点的概括，我们发现在口语文化中，《阿诗玛》的传承呈现为一种身体的文化、一种亲密的文化和一种活态的文化	口语说唱；《阿诗玛》；传承与传播
黄毅	论口传《阿诗玛》的理想生境	《昆明学院学报》2012 年第 2 期	口传文化的传承需要一个理想的生境。解放前，口传《阿诗玛》传承良好，主要缘于它有一个理想的生境。普通民众对原始宗教的信仰、普通撒尼人在日常生活中对它有广泛的需要，以及在撒尼社会中有它丰富的传承渠道，等，是这个理想生境的主要内涵	阿诗玛；口传；文化生境；传承；撒尼人

---

① 截至 2017 年 9 月 1 日，以"非物质文化遗产"为关键词在中国知网搜索文献，1997 年至 2017 年，共有 16374 篇相关文献，其中 2007 年至 2016 年，每年的相关文献均超过 1100 篇。学者们以"遗产运动"来描述文化遗产申报、研究、传播的格局，代表性文献有：彭兆荣《遗产学与遗产运动：表述与制造》，《文艺研究》2008 年第 2 期；萧放《论新文化史视野下的非物质文化遗产运动》，《遗产与保护研究》2016 年第 1 期；肖坤冰《遗产的"文化公权"与"发展私权"之争论——对遗产运动中几组行动主体的权力话语分析》，《徐州工程学院学报（社会科学版）》2012 年第 4 期。

续　表

作者	篇名	期刊	摘要	关键词
马光逵、王菁、王忠朝	王玉芳：活在当代的"阿诗玛"	《今日民族》2013年第12期	以记者寻访《阿诗玛》国家级传承人王玉芳为线索，呈现王玉芳学唱阿诗玛、结婚成家、文化传承的经历。类似于报刊的人物写真	王玉芳；文化传承
肖李	彝族叙事长诗《阿诗玛》及其传承的教育功能	《红河学院学报》2014年第1期	彝族叙事长诗《阿诗玛》是我国少数民族文学宝库中一颗光彩夺目的明珠。《阿诗玛》具有鲜明的艺术特色，根据其所改编的艺术形式也多种多样，在社会上广为流传；在其教育传承过程中对人的德智美方面产生着重要的有益影响，具有特殊的教育功能	彝族叙事长诗；阿诗玛；文化传承；教育功能
普丽春、肖李	彝族叙事长诗《阿诗玛》教育传承现状调查研究	《民族教育研究》2016年第6期	文化强国是党中央在新形势下的一个重要战略思路，少数民族非物质文化遗产的发展是建设文化强国不可或缺的内容。彝族叙事长诗《阿诗玛》是目前我国美名远扬的少数民族文学作品，彝族撒尼人民称为"我们民族的歌"，自整理出版以来，不断在国内外被改编成多种艺术形式流传，于2006年5月20日被国务院列为首批国家级非物质文化遗产。近年来，彝族叙事长诗《阿诗玛》的教育传承取得可喜成绩，在发展中也面临困难和问题，正引起人们的关注	《阿诗玛》；教育传承；现状；思路

续　表

作者	篇名	期刊	摘要	关键词
巴胜超	口述影音的采录与使用:阿诗玛传承人与初民展览馆的实践	《民族艺术》2017年第2期	以民间文学类非物质文化遗产项目"阿诗玛"传承人口述影音的采录和墨尔本博物馆Bunjilaka土著文化中心的"初民"(First Peoples)展览馆为例,说明视听影音在民间文学类非物质文化遗产传承展示方面,应突破传统博物馆观众只能站着看展览的观赏局限,在博物馆空间布置大量舒适的椅座,以影音文献阅听为主,大范围地使用"实物+图片+影音"进行文化遗产博物馆空间展示。民间文学类非物质文化遗产项目、传承人、保护方式等信息,散落在传统媒体和数字媒体的各个角落,导致了非物质文化遗产传播的碎片化现实,在民间文学类非物质文化遗产的传播理念上,需要从"信息传递"跨越到"文化共享"	阿诗玛;口述影音;博物馆;展陈设计;文化共享
吴兴帜、巴胜超、唐婷婷	非物质文化遗产符号化演绎的反思——以彝族撒尼人《阿诗玛》遗产为例	《广西师范学院学报》2017年第1期	物质商品的符号化消费渗透到文化领域之后,在权力化与商业化共谋情况下,因消费者与文化拥有者在目标诉求、价值取向等方面的差异,造成了遗产的符号化存续,导致遗产主体的边缘化、遗产时空的错位化、遗产整体的碎片化和遗产传承的流水化等。文章以撒尼人《阿诗玛》遗产在文化旅游所呈现的符号形态和变异,反思遗产符号化对遗产本身所造成的影响,进而指出《阿诗玛》遗产存续应该以地方人群共同体为主导,以整体的文化体系为内容,以多样的文化形态为表征,以社会价值为诉求,实现其活态、原真存续	《阿诗玛》;符号;反思;存续

"阿诗玛，这个原本是彝族撒尼人民间传说中一个出生于阿着底的撒尼姑娘，在经过漫长的社会文化变迁后，各种文本中，其所指很多样。比如叙事长诗中，阿诗玛是撒尼人聪明、勤劳、善良、美丽、勇敢、能歌善舞的化身；电影中，阿诗玛指著名女演员杨丽坤所扮演的女主角；电视剧中，阿诗玛指由青年演员韩雪所扮演的乡村女教师；在舞台艺术中，阿诗玛指在舞台上表演的女主角；在音乐作品中，阿诗玛指歌曲唱词所塑造的声音形象。各种以阿诗玛为名的概念也很丰富。如作为地理概念，阿诗玛指中国云南石林，这里被宣传为中国阿诗玛的故乡；作为旅游概念，阿诗玛指为游客导引观光的女性导游和石林景区的阿诗玛石峰；作为经济概念，阿诗玛指一种香烟品牌。无疑，阿诗玛已经成为一个非常流行的民族文化符号，在世界的舞台上轮番亮相"[1]，在诸多以"阿诗玛"命名的文化事项所呈现的热闹景象背后，用撒尼彝语创作、用撒尼语传唱的《阿诗玛》，其保护与传承的真实情况是怎样的？

为了真实了解口头传承的《阿诗玛》在石林县各村寨的保护、传承现状，2014年7月至8月，我们根据《阿诗玛》南北两个流派的风格区别[2]，对《阿诗玛》进行了北线、南线的传承保护调研。北线调研点有：石林县城、阿诗玛旅游小镇、彝族第一村（即五棵树新村与旧村）、小箐村、三家村、北大村、老挖村、寨黑村、月湖村、芭茅村；南线调研点有：长湖镇宜政村、维则乡、阿着底村、大糯黑村、小糯黑村、海邑村、圭山镇、矣维哨村、亩竹箐村及和合村。2016年1月至2月，课题组专门对石林境内的《阿诗玛》文化遗产传承人进行访谈，形成了11份口述史料。

---

[1] 巴胜超：《阿诗玛@传媒：一个民族符号的文化变迁》，博士学位论文，四川大学，2011年，第1页。

[2] 根据《阿诗玛》申报国家级非物质文化遗产项目的文本，《阿诗玛》南部流派分布在圭山乡、亩竹箐乡、维则乡；北部流派分布在北大村乡、西街口乡、石林镇。

课题组以南北两路为基本路线,调查对象涉及了《阿诗玛》搜集、整理、翻译、申报、保护、传承和产业化发展的相关人员,包括非物质文化遗产项目《阿诗玛》的各级传承人、《阿诗玛》传承基地、《阿诗玛》口述传承及相关器乐制品的制作工艺,以及石林县各村寨的文化旅游实施情况及其对《阿诗玛》保护、传承的影响。课题组对文化旅游情境中《阿诗玛》保护传承的实践进行总结,通过调查访谈和对田野个案的细致分析,呈现非物质文化遗产项目《阿诗玛》保护、传承和发展的历史脉络和现实问题,探讨《阿诗玛》传承在"后申遗时代"的走向。

原生形态的《阿诗玛》

原生形态的《阿诗玛》,是指口头流传于云南省石林彝族自治县撒尼彝区村寨的"彝族撒尼语口传叙事长诗《阿诗玛》"。但需要明确的是,从概念上看,"叙事长诗"的指称,并不是原生形态的《阿诗玛》,而是"民间文学"化的《阿诗玛》,因为在石林县彝族撒尼人的日常生活中,并没有"叙事长诗"的概念,当他们用撒尼彝语吟唱《阿诗玛》时,其所指是以"阿诗玛"为主人公所串联起的融合了故事、传说、念白、舞蹈、乐器演奏等为一体的综合的生活实践。"口传叙事长诗《阿诗玛》"的概念,是在2006年第一批国家级非物质文化遗产名录的认定过程中,逐渐深入与之相关的工作人员的讲述中的,除了石林县非物质文化遗产保护中心的工作、研究人员和《阿诗玛》的各级传承人,其他彝族撒尼人对于"非物质文化遗产《阿诗玛》""彝族撒尼语口传叙事长诗《阿诗玛》"的认知并不明确。

在彝族撒尼民间,《阿诗玛》是用撒尼语来口头传承的,其主要内容包括:序歌、求神、祝米客、成长、议婚、请媒、说媒、抢婚、追赶、

用彝文记录的《阿诗玛》（石林县文体局黄兴提供）

考验、结局等部分，以主人公"阿诗玛"为主线，用诗体语言、唱词舞蹈，以顺序、倒叙、插叙、叠叙等叙事方式来讲述、吟唱、演唱阿诗玛的故事。因村寨、吟唱者、传承人不同，其内容略有差异，但其核心内容可以概述为："阿诗玛"从小热爱劳动、热爱学习，得到父母和众乡亲的宠爱。青年"阿诗玛"美名扬四方，前往提亲的人络绎不绝，有钱有势的"热布巴拉"之子对"阿诗玛"垂涎三尺，派媒人去提亲，媒人花言巧语，软硬兼施，在金钱和财富面前"阿诗玛"不为所动；在强大黑暗势力面前，"阿诗玛"不为所屈。在"热布巴拉"抢婚过程中"阿诗玛"与对方展开了不屈不挠的抗争。"阿诗玛"的哥哥"阿黑"在远方放羊，预感家中发生不祥，连夜赶回家后得知妹妹被人抢走，旋去追赶。在"热布巴拉"家门口，"阿黑"与"热布巴拉"家斗智斗勇，经过几个回合的较量，单枪匹马的"阿黑"战胜了不可一世的"热布巴拉"。"阿黑"带着"阿诗玛"走在回家的路上，代表神魔的"小蜜蜂"诱骗"阿黑"兄妹到它所居的岩洞休息，不料，崖神把"阿诗玛"牢牢地黏在崖壁上。尽管"阿黑"使尽浑身解数，最后还是没能救出"阿诗玛"。曾经战胜代表封建势力的"热布巴拉"的阿黑兄妹最后成了神权的牺牲品。不甘心失败的"阿诗玛"变成了群山中的"回声",变成石林丛中的"石峰",把美丽留给了人间,与日月同辉、与山河共存、与人民同在。整个叙事诗象征胜利属于人民,表示光明终将代替黑暗、善美终将代替丑恶、自由终将代替压迫。①

《阿诗玛》口头传承的形式,根据传承时空的不同,可分为讲述、吟唱、演唱三种主要形式,每种形式所附加的乐器、舞蹈、服饰均有差异。"讲述"《阿诗玛》,主要发生在长辈给晚辈们讲故事、外来者寻访记录《阿诗玛》的场合。讲述《阿诗玛》时,大多没有乐器伴奏,服饰、舞蹈也无具体要求,注重对《阿诗玛》进行"故事性"讲述,其核心是将阿诗玛出生、成长、婚嫁、结局等故事情节进行完整的讲述。"吟唱"《阿诗玛》,主要发生在撒尼人的日常劳作、休息过程中。在劳作的间隙,男女青年可能会以对歌的形式哼唱《阿诗玛》的片段,没有带乐器,会"吹树叶"② 进行伴奏;在撒尼妇女挑花刺绣的过程中,也会哼唱《阿诗玛》;在劳作之余,村寨的歌舞队会结伴在一起排练节目,此时吟唱《阿诗玛》,会有相关乐器(主要为月琴、小三弦、三胡、竹笛、篾口弦)与之伴奏。吟唱《阿诗玛》,服饰并无具体要求,吟唱的内容并不追求完整,随口而出,信手拈来,会根据当时的语境选取对应的片段进行吟唱,抑或信口添加一些与《阿诗玛》无关的内容。"演唱"《阿诗玛》,主要发生在撒尼人的婚礼上,这也是《阿诗玛》口头传承最传统的演唱时空。在撒尼人的传统婚礼上,当新郎将新娘娶回家的当晚,新郎、新娘双方,各自派出能歌善舞的优秀歌手,演唱《阿诗玛》,给婚礼增添喜庆气氛。演唱《阿诗玛》,有月琴、小三弦、三胡、竹笛、篾口弦等乐器伴奏,且演唱者均身着节日盛装,随着演唱情节、乐器演奏的变化,还有三弦舞、叉舞、狮舞等不同的舞蹈与之配合。除了婚嫁,在撒尼人出生的祝米客、丧葬礼仪及

---

① "《阿诗玛》内容概述"引自石林彝族自治县申报国家级非物质文化遗产项目时的《阿诗玛》申报文本。

② 一般就近取用轻薄、光滑、有韧性的树叶子吹奏曲调进行伴奏吟唱。

村寨岁时节日中，也会演唱《阿诗玛》的相关内容，如在撒尼人出生的祝米客上，会演唱"阿诗玛出生"的相关内容，在毕摩主持相关祭祀仪式时，会模仿"阿黑射箭"的相关内容。

从非物质文化遗产保护的整体性出发，演唱《阿诗玛》时的伴奏乐器、舞蹈、服饰，均是《阿诗玛》非遗项目的一部分。演唱《阿诗玛》时，可以清唱，也可以用乐器伴奏演唱。有时是演唱者边唱边奏，有时是演唱者演唱，多名乐手用乐器伴奏。用于伴奏的乐器有月琴、三弦、三胡、竹笛、篾口弦。撒尼月琴，撒尼语称"抢婆"，较汉族月琴轻、薄，设有11或12个品位，一般多为四弦，也有两弦的。琴身一般用楸木和松木做成，也有用楠木制作的。琴形有圆形和椭圆形两种，琴面绘有草木或龙凤图案，一些月琴还在琴面上镶上一面小圆镜。撒尼人说："口弦是姑娘的心声，月琴是小伙子的伴侣。"过去直接用手指弹拨，现在多用弹片弹奏。撒尼小三弦，与汉族小三弦相比，音桶较长，制作也较粗犷。小三弦多用香椿、刺桐、泡桐木制成，颜色有土黄色、棕色、黄棕色，外形类似于三胡，用骨类或者其他硬的材质拨动琴弦进行弹唱。三胡形似汉族的南胡，有三个耳子、三根弦索，比二胡多了一个耳一根琴弦，拉的弓上马尾分成两半，从三弦中间穿过。石林彝族撒尼人拉三胡是站着的，把三胡按在腰部边拉边唱边跳舞。竹笛根据高、中、低音，分为大、中、小三种形制，每种均有六个按孔和一个吹孔。篾口弦，用竹片制作，一般长约12厘米，宽2厘米，用刀在竹片上划出一片固定的簧片，在右部穿一根线即可演奏，吹奏时，用口吹簧片，用左手扶弦，右手拉线。撒尼老人常说："撒尼不跳舞，白来世上走""听见笛子三弦响，人人脚杆都会痒"。在《阿诗玛》的演唱过程中，根据阿诗玛故事的演进，会伴有三弦舞、狮舞、鼓舞、叉舞等舞蹈。而歌舞时，女子一般头戴彩虹圆包头（撒尼语称为"喔姐"），包头上的色彩和饰物因年龄、婚否略有区别，身穿斜襟长衣，长过双膝，双腿两侧开衩至腰，领口、袖口用花边镶嵌，腰系长方形围腰，打结于身后并自然下垂形成尾饰。男子一般身着用麻布缝成的对襟式无袖短褂，上绣草木图案、花纹，缀以蓝色或黑色布作为衣边。为方便起舞，男女鞋多为布鞋、运动鞋。女裤多与上衣在花色上一致，男裤则多为蓝、黑布西裤，年轻小伙现多穿牛仔裤。

王玉芳（左）为南部流派的代表，虎志兰（右）为北部流派的代表

根据石林彝族自治县地理位置、方言土语及服饰搭配的差异，《阿诗玛》的口传风格可分为南北两个流派：南部流派主要分布在圭山乡、亩竹箐乡、维则乡；北部流派主要分布在北大村乡、西街口乡和石林镇。但是经过多年的流变，特别是北部流派所在区域的城镇化过程，当地的撒尼老人已经不能把南北流派的具体差异讲述清楚，在2010年笔者与《阿诗玛》国家级非物质文化遗产传承人毕华玉先生[①]交流中，他也没有关于南北流派差异的详细解答，依据毕华玉先生对《阿诗玛》另一位国

---

① 毕华玉，云南石林著名毕摩，国家级非物质文化遗产彝族撒尼语口传叙事长诗《阿诗玛》国家级传承人，毕华玉先生于2013年3月26日不幸去世，享年60岁。

家级传承人王玉芳的了解，《阿诗玛》口传风格可依据两位传承人的身份，分为毕摩调与民间调。在《阿诗玛》的传承中，毕摩的彝文记录文本、毕摩经书手抄本，以书写文本的形式辅助《阿诗玛》的口头传承。毕摩在主持祭祀仪式时使用的道具，如毕摩日常使用的法帽、法衣、鹰爪、神扇、神铃、神锣、签筒，以及毕摩在祭祖、招魂、驱鬼等仪式活动中根据仪式需要临时使用或制作的神杖、法棍、宝刀、鹿子角、野猪牙、拴鬼链、树叶蓑衣、金银木屑等，也是《阿诗玛》口传文化的重要组成部分。在文化旅游情境中，石林世界地质公园小石林景区的阿诗玛石峰，被看作阿诗玛的化身，作为一处热门的旅游景点，也成为《阿诗玛》传承的象征物，与影视剧《阿诗玛》的银幕形象、舞剧《阿诗玛》的舞台形象、民间文学《阿诗玛》的文字形象等"阿诗玛"文本形象一起，经过观众、读者和游客的再次阅读，勾连起关于"阿诗玛文化"的文化想象与误读。

撒尼语口传叙事长诗《阿诗玛》的基本特征。《阿诗玛》作为口头流传在彝族撒尼人民间的口头传统，被称为"撒尼人的歌"，经过撒尼人一代代的口头流传，不同的传唱者，均添加或删减了某些部分，形成了大同小异的多个版本，且在当下的传唱中仍在流变。《阿诗玛》可以独唱、对唱，也可以一人领唱众人合唱，领唱者唱叙事长诗的主干内容，众人唱诗歌的衬词。《阿诗玛》的句式一般为五言，基本音符为135i四个音，可采用喜调、老人调、悲调、哭调、骂调等叙事调演唱与调式情绪相符的部分。而毕摩们代代相传的技艺规范和用撒尼文书写的《阿诗玛》，使得《阿诗玛》在婚嫁、祭祀、葬仪等活动中有较为规范的唱法。《阿诗玛》塑造的强悍、勇敢、智慧的阿黑，善良、勤劳、美丽的阿诗玛，逐渐成为撒尼人的族群形象认同[①]。

---

① 这种族群形象认同鲜明地体现在撒尼人与外来者的交流中，撒尼姑娘们常说"我们都是阿诗玛"，撒尼小伙子们也讲"我们都是阿黑"。

在撒尼人的生活实践中，自《阿诗玛》形成后，后人借鉴其创作手法继续创作了《逃到甜蜜的地方去》《圭山彩虹》《竹叶长青》《放羊人小黄》等叙事长诗，《阿诗玛》对撒尼人叙事诗传统的形成有着垂范作用。在《阿诗玛》中，长诗涉及撒尼人衣、食、住、行、生、死等内容，对撒尼人历史变迁的研究具有人类学、民族学、民俗学的资料比对价值。经过大众旅游产业的包装、宣传，"阿诗玛"已成为撒尼人、彝族的一张文化"名片"，在族际、国际交流中成为旅游形象大使、民族文化使者等身份的象征。

概言之，《阿诗玛》是撒尼人在长期的生产、生活中形成的民间口头传统，其原生性主体为撒尼人，表现形式的多样化、表现内容的整体化及呈现时空的地方化，源于非物质文化遗产自身发展、存续的文化规定性。

传承人的传与承

"文革"期间，《阿诗玛》的公开传承遭到破坏，传唱被禁，传承人也受到迫害。撒尼人的民间宗教祭祀活动也一度暂停。1978年后，《阿诗玛》的民间传承逐渐得到恢复。随着石林县旅游产业的逐渐发展，《阿诗玛》以歌舞表演的形式出现在石林的景区、村寨。随着撒尼彝区与外界交流接触的频繁，特别是年轻撒尼人外出上学、打工、婚嫁的人际流动，使得原生形态《阿诗玛》的传承失去了传统的文化语境和人员支持，流行音乐、时尚服饰和外来生活方式所表征的现代文化潮流，在石林撒尼彝区的年轻人中传播开来，出现了"会讲彝语、使用彝语的人越来越少，用撒尼语演唱《阿诗玛》的人更为稀少"的状况。

随着时间的变迁，老一代会用撒尼语完整演唱《阿诗玛》的歌手、毕摩、民间艺人均相继去世，如20世纪50年代以来，撒尼彝区最著名的民间歌手金国库、高云峰、普正邦、李纯庸、金云、金仁和等已相继去世，在《阿诗玛》入选国家级非遗名录后，国家级传承人毕华玉毕摩、省级传统舞蹈传承人毕光辉、省级传统美术传承人毕凤林、省级传统音乐传承人李炳贵、省级传统音乐传承人金显也已经相继去世，能系统演唱《阿诗玛》的老艺人越来越少。到 2014 年 9 月，《阿诗玛》申报国家级非物质文化遗产名录时申报的 4 名代表性歌手，仅有王玉芳 1 人健在[①]。至今，健在的《阿诗玛》传承人仅 3 人，国家级 1 人，省级空缺，市级 1 人，县级 1 人，从当前的传承人情况看，原生形态的《阿诗玛》，已经面临"人绝艺亡"的危险，如表 2-3 所示。

表 2-3　　　　　　　《阿诗玛》传承人列表（截至 2016 年）

序号	姓名	性别	民族	出生年份	级别	命名时间	地址
1	毕华玉	男	彝族	1953 年	国家级	2008 年	石林县民宗局
2	王玉芳	女	彝族	1941 年	国家级	2008 年	石林县长湖镇宜政大海子村
3	张玉英	女	彝族	1952 年	市级	2012 年	石林县石林镇月湖村
4	普文昌	男	彝族	1935 年	市级	2012 年	石林县圭山镇小圭山村
5	金荣芝	女	彝族	1961 年	市级	2016 年	石林县长湖镇海宜村委会老海宜村
6	毕有和	男	彝族	1968 年	市级	2016 年	石林县长湖镇祖莫松园口村
7	虎志兰	女	彝族	1954 年	市级	2016 年	石林县西街口镇西街口村
8	普文忠	男	彝族	1968 年	市级	2016 年	石林县鹿阜街道办清水塘村
9	昂美仙	女	彝族	1971 年	县级	2014 年	石林县圭山镇蝴蝶村

《阿诗玛》传承人列表（截至 2018 年底）

---

① 已经去世的三名《阿诗玛》代表性传承人为：金显，圭山乡老海宜村人，男，生于 1924 年，由父亲金国富传予，金国富又由著名毕摩金国库传授，金国库又由其父传授，再上已无法追述。毕华玉，《阿诗玛》国家级传承人，西街口乡寨黑村人，男，毕摩，生于 1952 年，属于毕摩调演唱法，由父亲毕朝庭传授，毕朝庭又由其父毕小三传授，再上已无法追述。毕凤林，北大村乡老挖村人，男，生于 1921 年，属于毕摩调演唱法，以父传子的方式，到毕凤林已有九代。

毕华玉（1953年3月—2013年3月），男，彝族撒尼人，出生于西街口镇寨黑村的毕摩世家，《阿诗玛》国家级传承人。毕华玉能演唱毕摩调《阿诗玛》，毕摩调是一种古老原始的曲调，严格遵循《阿诗玛》文本中五言一句的格式，由父子师徒口头传授，调式相对固定，在撒尼人婚嫁、丧葬等场合传唱。毕华玉较为全面地掌握了石林彝族文化，包括毕摩祭祀、经书、历史文献、艺术文化，可谓上知天文下知地理，还精通彝文。毕华玉和他的祖父辈不同的是，他一直在努力把祖父辈口传的毕摩文化用彝族的文字记录下来，包括《阿诗玛》。为了传承《阿诗玛》文化，每年石林县民委开办民族文化传承人培训班，他都要去上课，教他们彝族的文字以及规范用法，同时也传授毕摩文化、民俗礼仪等。他还自费在村口修建了一处房屋，打算退休后更方便地传播民族文化。但是遗憾的是2013年1月他突患疾病，送往昆明医救无效，3月去世。在师徒传承方面，毕华玉有两名徒弟，一位是住在石林县北小村的陈润德，一位是居住在大老挖村的昂志光。师徒三人一起致力于编纂一本彝文字典，但遗憾的是彝文字典还未完成，毕华玉就去世了。

毕华玉毕摩主持2009年大糯黑村的密枝节祭祀活动

2007年，毕华玉入选《阿诗玛》国家级传承人（黄兴提供）

毕华玉的儿子没有继承父亲的这些东西，只是将父亲生前留下的资料收起来，待自己的儿子去传承这些东西。陈润德大学毕业之后，最开始是在昆明做生意，后回到家乡石林县，由于有大学教育背景，因此学习彝文很快，就跟着毕华玉老师做一些彝文及彝族文化的收集整理工作，同时参加每年的毕摩培训班。在毕华玉老师去世之后，陈润德接手相关工作，继续进行相关文化活动的策划组织和主持工作。虽然也会一些毕摩祭祀，但主要在彝文方面比较擅长。昂志光是祖传的毕摩世家，祖上几代都是毕摩。除了祖上传下来，他个人比较爱好这方面，后来就去跟毕凤林和毕华玉学习毕摩祭祀方面的仪式，也常常跟随他们外出做法事，以此来丰富自己所学。据他所言，几乎毕华玉和毕凤林会的祭祀仪式，他都能主持。在祭祀方面，他很精通，此外还跟随毕华玉学习彝文，能够读写古彝文，并能知晓其中含义。石林县的毕摩培训，都是他和毕华玉老师一起，前后已经教了三年。

王玉芳，女，国家级传承人，彝族撒尼人，1941年10月出生于长湖镇宜政村。王玉芳演唱的是民间调的《阿诗玛》，这一版本是在原本毕摩调的基础上糅杂加了民间的一些元素，在气氛上更加活泼。小学文化程度的王玉芳，2007年被确认为国家级传承人，其演唱《阿诗玛》的技艺是由奶奶、父亲、母亲传承下来的。在小的时候母亲（金三娘）一面扭麻一面唱，父亲（王策顺）讲阿诗玛的故事。平时在地里干活时、走路时、搓麻时，都会边劳动边唱。而且凭着记忆力能把阿诗玛的故事唱全。王玉芳每年在五月初五、六月二十四、八月十五、正月初一等节庆活动都会去各种公开舞台（场合）唱《阿诗玛》，演唱时张口就唱，不需要乐器伴奏。在她看来，《阿诗玛》中的故事是真实存在的事情。现在她在村里进行传承活动，传承方式是口口相传，开始有12个人来学习，后来发展到30人，至今有68人来学习。来学习的人群年龄跨度较大，7岁至85岁都有。作为国家级传承人，政府每年会给王玉芳国家级传承人专项补贴，但这些钱她都分给了她的儿子女儿。在王玉芳的观念中，保护《阿诗玛》就是给前来求教的人开口传唱，不论人多人少，来多少就教多少。

《阿诗玛》文化体系的传与承

从非物质文化遗产传承的整体性来看，除了原生形态的《阿诗玛》，与《阿诗玛》传承相关的乐器、舞蹈，均是《阿诗玛》整体传承的内容，而整体性的《阿诗玛》传承，主要在村落空间以"阿诗玛文化传习室""民族文化传习室"等方式进行。石林县周边的月湖村、糯黑村、维则村、阿着底、寨黑村、芭茅村等村寨都设有专门的民族文化传习室、阿诗玛文化传承点、民族文化馆或民族文化博物馆，用于包括《阿诗玛》在内的文化遗产的传承。《中华人民共和国非物质文化遗产法》颁布实施以来，石林各族群众对非物质文化遗产保护的自觉性日益提高，政府也鼓励、倡导、扶持民间开班"文化传习室"。石林县文化馆的黄树兴，凭借他对民族传统文化的满腔热情和孜孜以求，个人筹资10万余元把自己的旧宅修建成"阿诗玛文化传习室"，用于阿诗玛文化的传承研习。

在阿诗玛文化底蕴较深的石林月湖村，设立有"月湖民族文化传习室"。月湖村至今还保留着丰富多样的原始宗教民俗祭祀活动，村民普遍着撒尼服饰，中老年妇女人人都能纺麻织布，中青年妇女个个都是刺绣能手，传统民居为红土墙、木结构和瓦顶，房前屋后古树苍翠。月湖村村民信仰原始宗教，崇敬自然、崇敬祖先、崇敬神灵，客观上起到了保护自然生态、保护传统文化的积极作用。月湖村有鼓号队、细乐队、狮舞队、大小三弦队，以及六支老、中、青文艺队，构成了一个典型的撒尼传统文化村寨，也成为《阿诗玛》村落传承的重要载体。

张玉英弹奏月琴（左图）和篾口弦（右图）

在月湖村中，与《阿诗玛》文化传承相关的传承人如下：张玉英，女，1952年2月生，彝族撒尼人，目前是阿诗玛文化县级传承人。张玉英的大姑妈是第一个演《阿诗玛》撒尼剧的人。她的传承方式也是口口相传,每年有2500元的传承补助。除了叙事长诗《阿诗玛》文学或传唱方面的传承人,与《阿诗玛》有关的手工艺传承人,如制作大小三弦、月琴、二胡、三胡等乐器的,普照光是其中的代表人物。普照光,男,1946年10月生,彝族撒尼人,手工技艺传承人,小学文化,村老年文艺队负责人,老年协会会长,2005年被确定为市级传承人,其手工技艺为家族传承,已经到第五代。他能够制作大三弦、月琴、二胡等乐器,也能拉琴弦弹唱《阿诗玛》,在传承方面贡献突出。普照光相信《阿诗玛》的故事是真实存在的,而文字版本的秘本在大毕摩那里。作为村里老年协会会长、老年文艺队负责人,普照光经常带领村里的文艺队参加本村或邻村的各种红白喜事。

普照光调试制作好的乐器(黄兴提供)

西街口乡是著名的彝族民间文化之乡和大三弦之乡。西街口乡芭茅村的毕光明作为"三弦王",几乎成了大三弦制作者的代名词。毕光明2014年移居到阿诗玛旅游小镇的工作室进行三弦制作。在这个三层楼高的工作室里,有长91厘米的龙凤小三弦、长106厘米的火把小三弦、高

126厘米的祖先三弦、长207厘米的月亮大三弦、长212厘米的日形大三弦等。这些三弦雕刻着撒尼的记忆，蕴含着不同的寓意，也成为阿诗玛文化的可视化表征。在芭茅村的毕星态，是三弦舞的传承人。毕星态，男，1947年3月生，彝族撒尼人，小学文化，医生，会说汉语、彝语，确定县级传承人时间是2011年12月，市级传承人时间是2013年6月。在1973年开始自学三弦舞，1973年在县里比赛，与电影《五朵金花》的编导进行学习交流，在县城里经常参加培训。学会24拍、慢拍（四五个人）、快拍（许多人）的三弦舞技艺，获得"东方迪斯科"美誉，被报道多次，能够根据歌词大意来编排舞蹈。目前他的侄儿在学习这种技艺，作为市级传承人，一边自己编排舞蹈，一边还在申报省级传承人。当地30岁以下不会跳舞的，大都出外打工、找工作，经济问题是限制传承学习的一个重要因素。

金荣芝，女，居住在石林圭山镇小圭山村，1961年11月生，彝族撒尼人，初中文化程度，祖父（金国富）、父亲（金显）、叔父（金云）都是撒尼民间音乐家，父亲是撒尼民间音乐传承人，叔父是撒尼剧词曲作家，金荣芝传承的撒尼剧有《阿诗玛》《圭山彩虹》《竹叶长青》，掌握悲诉调、喜诉调、上滑音、下滑音的演唱。目前已传承三代，并打算传给儿子、儿媳、女儿、女婿。毕正文，男，金显女婿，1962年11月生，石林彝族撒尼人，高中文化程度。为了了解更多乐谱知识，拜师石林细乐大师黄自明学习指法技巧，已熟记30余首曲谱。

非物质文化遗产活态性的表征之一就是其活态传承，包括传与承两个层面，即有人教、有人学。随着"阿诗玛"在旅游消费中为地方社会发展和地方人群共同体带来利益，"阿诗玛"文化体系在撒尼人地方文化空间里得到有序的传授。但随着人们生活方式的改变和外来文化的冲击，村寨的年轻人对于"阿诗玛"的认知发生转变，在"阿诗玛"的传与承的链扣中，"承"的环节面临着困境。

遗产运动中《阿诗玛》的传与承

现代遗产运动的发端在于联合国教科文组织,而在遗产运动中扮演主要行为体的是民族国家的各级行政主体,其在遗产保护传承中主要起引导和服务作用。在石林文化遗产的保护规划中,石林县政府对《阿诗玛》的传承保护实践,可分为两个阶段。第一阶段为2006年至2010年,采取了具体的措施对《阿诗玛》进行专项传承、保护;第二阶段为2011年至今,随着石林县非物质文化遗产项目的逐渐增多,政府对所有的非物质文化遗产项目采取了整体的传承保护实践。

第一阶段的保护传承。在2006年石林县政府申报《阿诗玛》国家级非物质文化遗产项目时,提出了三个方面的保护措施:第一,通过保护传承人达到保护作品的目的,石林县范围内命名了一批包括《阿诗玛》演唱者在内的民间艺人为民间艺术家,确认了相关传承人的地位。第二,实施的《石林彝族自治县民族区域自治条例》和《云南省民族民间传统文化保护条例》成为保护《阿诗玛》的法律依据。第三,石林县政府组织专家、学者对已公开发表的与《阿诗玛》相关的资料做了系统收集和整理,汇编成6辑共200余万字的丛书公开出版。

2006年,对《阿诗玛》做专题调查;进行文字、音标等记录;进行录音、录像,并对相关实物做妥善保存,完成建档工作;认定和命名《阿诗玛》传承人。2007年,各流派选定一两名中青年传承人作为接班人,接受老艺人以师带徒的传统方式的培养。接班人(传承人)基本能担当起传承任务。2008年,由中青年传承骨干到石林风景区导游队(上百人)传授《阿诗玛》演唱技能,使《阿诗玛》传承队伍达到数百人。2009年,建立一座中型的阿诗玛文化展览馆,长期展览;举行《阿诗玛》演唱大赛,在更宽广的范围内传播《阿诗玛》,参与此项活动的人达到万人以上。2010

年，建立阿诗玛文化研究所，对《阿诗玛》进行全方位研究，继续组织出版"阿诗玛文化丛书"，使《阿诗玛》研究取得突破性成果。

为了全面、系统、准确、有效地保护《阿诗玛》的内容、艺术形式以及文化表现形式，石林县明确了《阿诗玛》的保护内容，保护内容分为保护人、保护作品、保护文化表现形式三方面。其中，保护有重大影响的代表性传承人是第一要务。同时，加强对传承人（继承人）的培养，并注重在青少年中形成传习自觉。另外，再次对《阿诗玛》口传文化进行普查，通过搜集、记录、分类、编目等方式，建立完整的档案。用彝族文字、国际音标记音、录音、录像、数字化多媒体手段等，对《阿诗玛》口传吟唱进行真实、全面、系统的记录，并对调查资料及相关实物做妥善的保存。利用广播、电视等媒体对《阿诗玛》进行广泛宣传，使《阿诗玛》更加深入人心。

除此之外，石林县还提出了一些值得实践的保护措施，包括：（1）建立"阿诗玛保护基金"。（2）根据有关非物质文化遗产代表作保护政策，为在县内中、小学中传承《阿诗玛》制定具有可操作性的实施办法。（3）建立一座中型的阿诗玛文化展览馆暨阿诗玛文化传习馆，建一所阿诗玛文化研究所，收集与阿诗玛文化有关的实物在展览馆展出，并对之妥善保管。（4）注册"阿诗玛"商标，对"阿诗玛"知识产权进行保护。（5）建立民间自发的代代传唱和政府自觉的保护相结合的机制，通过正常法律程序，出台一部《石林彝族自治县阿诗玛文化保护办法》。

第二阶段的保护传承。随着石林县非物质文化遗产项目的增多[①]，国家级项目增至4项，石林县对所有非物质文化遗产项目采取整体的传承保

[①] 截至2017年5月，石林县共有各级非物质文化遗产代表性保护名录74项，其中国家级4项，省级5项，市级29项，县级36项，国家级珍贵古籍文献名录2项；全县共有非遗项目代表性传承人133名，其中国家级2人，省级14人，市级39人，县级78人；建有民族传统文化保护区、艺术之乡、非遗保护传承基地、示范学校、重点培育学校共30个（其中省级4个，市级9个，县级17个），保护内容涵盖民间文学、民间音乐、民间舞蹈、民间美术、传统手工艺等共9个类别74个项目，形成了国家、省、市、县四级非物质文化遗产保护体系。

护实践，对《阿诗玛》的传承保护也沿用这些措施，因为"阿诗玛文化"本身的影响力，在整体保护措施中，对《阿诗玛》的保护传承也进行了针对性的实践。在近4年的传承保护实践中，有以下11项内容的实践措施：

1. 依托石林县旅文广体局的"国家级非物质文化遗产项目传承人培养项目"，继续对《阿诗玛》非遗项目名录代表性传承人等民族民间文化人才进行调查和培养。

2. 继续利用或新建文化传习馆、传承基地，进行《阿诗玛》的活态传承。筹建了糯黑彝族传统文化博物馆、长湖阿诗玛民族文化传习馆、月湖村阿诗玛传习馆三个非遗项目传承、展示场所，定期不定期地以师带徒的方式，对非物质文化遗产项目进行活态展示、传承，培养新的传承人。

3. 利用每年的元旦春节文化系列活动、文化遗产日、火把节等大型文化活动、各村寨的民俗节庆等，举行《阿诗玛》的彝语口传、演唱传承、传承比赛活动，试图拓展《阿诗玛》活态传承的受众面，扩大《阿诗玛》文化艺术表现形式的知识面。

4. 在石林县集中全县各级非物质文化遗产传承人，开展了两期非遗传承人培训座谈会。

5. 以国家级传承人王玉芳为指导，在阿着底开展《阿诗玛》项目培训工作1期。2013年7月，结合非物质文化遗产传承项目"土风计划"，在阿着底村举办了《阿诗玛》传承人考试工作。

6. 各乡镇（街道）以参加刺绣、大三弦舞比赛为契机，陆续续开展了传承人培训。结合云南省民族民间歌舞乐大赛，在长湖镇维则村开展了1个星期的传承人培训，录制了以传承人为主的参加省民族民间歌舞乐展演节目创作培训。

7. 2014年昆明茶花节期间，石林县举办了"万人绣娘绣茶花"比赛活动。

8. 2014年7月火把节期间，举办了摔跤大赛、大三弦舞比赛和有800余人参加的国家级非物质文化遗产刺绣大赛。

9. 借鉴学校教学模式，制定非物质文化遗产项目的教学大纲，逐步落实项目传承。先后制定了《阿诗玛教学大纲》《摔跤教学大纲》《石林县非物质文化遗产目录项目、项目代表性传承人申报管理暂行办法》《石林县各级非物质文化遗产项目传承人管理办法（试行）》等管理办法。

10. 明确传承人的目标责任，与传承人签订传承责任书。2014年年初，与县级以上传承人签订了"年度传承目标责任书"，进一步明确了传承人的权利及义务、年度传承任务，年底进行绩效考核，提高了传承人的传承责任感，同时也起到奖勤罚懒的作用。

11. 落实传承人生活补贴，为传承人提供传承条件。石林县出台了《石林彝族自治县文艺精品创作和文化传承交流扶持奖励办法》，自2012年起，按县级传承人每年2000元、市级传承人2500元、省级传承人3000元、国家级传承人每年4000元的标准给予传承补助。

在已有的保护传承基础上，石林县非物质文化遗产项目保护传承的未来规划，有以下6个方面的内容：

1. 制定传承人管理办法，建立健全传承人管理体制。根据现有法律法规，结合石林县非物质文化遗产传承、保护的实际，出台建立传承人考核、奖惩和绩效管理等为内容的管理体制，推动传承人履行好技能传承职责。

2. 发挥现有传承人的特长，采取"师带徒"的形式培养人才。结合非物质文化遗产项目的分布状况和传承形式等特征，鼓励传承人选择、确定传统文化爱好者为徒弟，通过"师带徒"的形式，重点培养拟推荐申报为"石林县四项国家级非遗项目"传承人后备人才，每期（每期2年）2—5个传承人。学员通过自愿师从、文化人才管理部门委派指定、传承人招录等形式确定。人才管理部门会同文化人才管理部门每年组织对传承人的履职情况和学员的学习情况进行考核。经考核合格，并经专家评审，符合申报非遗项目传承人申报条件的，推荐申报为县级以上非遗项目传承人。

3. 采取非物质文化遗产进学校①的形式，为非物质文化遗产项目培养人才。根据学生各个年龄层次，在幼儿园及中小学校开设大三弦舞蹈、刺绣艺术、摔跤等课程。通过采取非遗项目进学校的形式在学校学生中传授"石林县四项国家级非遗项目"知识、技艺技能，传承非物质文化。

4. 在业余文艺队中进行非物质文化遗产项目的传承。将在全县选择5支业余文艺队重点传承、传授《大三弦舞》舞蹈技艺和叙事长诗《阿诗玛》口头演唱技艺。

5. 多部门合作，开展非物质文化遗产项目的培训。结合农村文化实用人才培养，加强沟通、协调，整合文化馆（站）、民族部门、妇女工作部门、劳动就业部门等就业、文化知识培训的资源，按非物质文化遗产项目类别，每个类别每年集中开展2次以上非物质文化遗产项目技能讲座、技能培训，每年集中开展6次以上。把对文化馆（站）非物质文化遗产项目的培训列为工作实绩考核内容，推动项目的培训工作。

6. 以节庆为依托，开展非物质文化遗产项目技能的比赛活动，扩大项目的社会影响。每年在三下乡、文化遗产日、火把节、七夕节、中秋节开展非物质文化遗产项目技能比赛活动，激励传承人开展技能传承展示活动。

2016年年底至2017年5月，石林县着手制定《云南省石林彝族自治县阿诗玛文化保护条例》，旨在通过地方立法，把阿诗玛文化遗产保护和开发利用纳入法制化的轨道，形成一种既保护又传承的长效机制。至今，新起草并举行听证的《云南省石林彝族自治县阿诗玛文化保护条例》②共有六章三十九条，由总则、保护与管理、传承与发展、开发与利用、法律责任和附则构成。

---

① 而目前在石林彝族自治县民族小学、民族中学和巴江中学进行的《阿诗玛》学校教育传承也面临着许多问题：地方彝族文化教材开发不足、彝族文化课程设置不足、彝族文化师资力量薄弱、学生缺乏对本民族文化的了解等。详见普丽春、肖李《彝族叙事长诗〈阿诗玛〉教育传承现状调查研究》，《民族教育研究》2016年第6期。

② 《云南省石林彝族自治县阿诗玛文化传承与保护条例（征求意见稿）》见本书附录。

2017年5月25日,石林县对《云南省石林彝族自治县阿诗玛文化保护条例》(以下简称《条例》)举行听证会,19名特邀听证代表就阿诗玛文化保护条例提出了修改意见和建议。听证会上,听证代表们结合起草的《条例》,就阿诗玛文化的保护传承提出了许多意见和建议,特别是建议把建设一个大型火把节和摔跤专用场地纳入条例,在石林景区到县城之间建设一组标志性雕塑,建议每年的农历三月三和黑龙潭庙会设立假期,建立民族传统摔跤示范村,在《条例》中明确鼓励着少数民族服装,在法律责任部分增加"构成犯罪的,依法追究刑事责任",处罚部分对处罚主体进行明确,在《条例》中突出保护毕摩文化,增加对阿诗玛文化做出贡献的奖励性规定等。①

作为地方行政机构,石林县政府为保护传承"阿诗玛"文化,从制度、资金、教育、培训、展演等方面给予了引导和支持,为"阿诗玛"的保护传承创造了社会化的语境。虽然地方行政机构意识到与"阿诗玛"具有关联性的文化要素的传承,但行政机构的介入,也部分地"固化"了"阿诗玛"传承模式,形成"流水线"式的传承人培养方式,使得"阿诗玛"的呈现与地方人群共同体的生活产生"仪式化"的距离,造成这一现象的原因部分是:地方行政机构推动"阿诗玛"传承的动力在于其有利于为文化旅游的发展提供资本和地方社会发展获取其他资源性支持,体现在"阿诗玛"的文本化和符号化运作中。

《阿诗玛》文化遗产保护的反思

"阿诗玛"原本是一个地方民间叙事,存在于地方性人群共同体的日常生活中,以撒尼人的语言用口头的方式或讲述,或吟唱,或演唱,同时

---

① 参见《云南石林举行〈阿诗玛文化保护条例〉听证会》,2017年05月27日,人民网(http://yn.people.com.cn/n2/2017/0527/c372451-30246680.html)。

根据不同的场合、不同的村寨配以不同的乐器、舞蹈和服饰。随着"阿诗玛""文字"文本的整理和发行,引起了全国乃至世界的关注,从而不断地被媒介塑造和宣传,造成了"他者"对于"阿诗玛"的想象,文化旅游的发展催生了旅游者对"阿诗玛"想象的"抽象"到"具象"的实践活动。为了满足旅游者对于"阿诗玛"具象的体验,地方行政机构一方面按照当代遗产话语体系对"阿诗玛"进行保护传承;另一方面与商业机构共谋,利用现代消费原理对"阿诗玛"进行符号化操作。

1.《阿诗玛》内容的碎片化

在《阿诗玛》文化的复苏（1976—2005年）阶段,很多中外人士、学者都对《阿诗玛》文化事项进行了文本记录,并作为民间文学经典出版过多国文字译本,"文革"结束后,国内掀起了一股新的《阿诗玛》文学研究热潮,改革开放以后涌现了大量文学研究、翻译作品。这一时期的《阿诗玛》文化保护主要体现为文本性保护,集中于对《阿诗玛》民间叙事诗的记录、整理和翻译。而对于《阿诗玛》文化系统中的音乐事项、仪式、文化空间,特别是地方文化主体等诸多内容并未给予足够关注。随着当地文化旅游业的兴起,"阿诗玛"更是以一种民族文化符号的形态走入游客的视野,它成了当地"导游"姑娘、景区石峰的代名词,使得《阿诗玛》文化整体遭到切割,文化遗产保护呈现出碎片化特点,人为地将复杂系统单一化、拆解化。

2006年《阿诗玛》以"民间文学"类别进入第一批国家级非物质文化遗产名录。申遗的成功给传承保护工作注入了新的动力,2006年至2010年间,石林县政府采取了很多具体措施对《阿诗玛》进行专项传承、保护:包括组织专项调查、传承人培养、阿诗玛文化展览馆建设、建立阿诗玛文化研究所等。《阿诗玛》遗产的传承保护内容得到不断丰富,除了传统的文本保护与研究之外,逐渐将非物质文化遗产的核心主体——人,纳入保护范围,除了对现有阿诗玛传承人的保护外,还不断发展遗产继承人。五年间，石林县《阿诗玛》遗产保护已经涵盖文本式保护、多媒体影像式保护、可持续活态传承保护、博物馆式保护、研究创新保护、知识产权保护等多种流行于世界各国的非物质文化遗产保护模式。同时，还将出台《云南省石林彝族自治县阿诗玛文化传承与保护条例》，使《阿诗玛》遗产的保护实现有法可依。

从2011年至今，当地政府一方面延续之前对《阿诗玛》遗产保护的实践经验和模式；另一方面，利用民俗节庆等活动，举行《阿诗玛》的彝语口传、演唱传承、传承比赛活动，拓展《阿诗玛》活态传承的受众面，扩大《阿诗玛》文化艺术表现形式的知识面。虽然地方政府主导的《阿诗玛》保护传承逐渐体现出遗产整体性观念，但是仍然只是对于《阿诗玛》构成要素的独立化的、不完整的保护，比如《阿诗玛》复杂系统中的服饰、乐器、仪式、工具、语言、音乐及其他相关民间文化事项等也应该被纳入保护的范畴；同时《阿诗玛》遗产存在的文化空间、生活方式以及地方性文化体系也是其整体性保护必须给予关照的要素。不然《阿诗玛》就失去其存在的社会空间和文化生境，只能是符号化的机械保护。

2.《阿诗玛》传承人的流水线制造

在石林县《阿诗玛》遗产保护过程中最突出的两个关键词是"传承人"和"活态"。地方文化主体、地方政府纷纷投入传承人保护、发展的热潮中，不断成立传承培训小组，并先后制定了《阿诗玛教学大纲》《石林县非物质文化遗产目录项目、项目代表性传承人申报管理暂行办法》《石林县各级非物质文化遗产项目传承人管理办法（试行）》等管理办法。为保障传承人传承条件，石林县出台了《石林彝族自治县文艺精品创作和文化传承交流扶持奖励办法》。2013年7月，结合非物质文化遗产传承项目"土风计划"，在石林县阿着底村还举办了《阿诗玛》传承人考试工作。2014年，为进一步明确传承人的权利和义务，相关管理部门与县级以上传承人签订"年度传承目标责任书"，并在每年年底进行绩效考核。对于今后活态传承的发展，石林县制定了非物质文化遗产项目保护传承的未来规划，其中涉及传承人的管理、绩效、培养、考核等各个环节，拟订了从传承人培育到传承人申报、管理、绩效考核的一系列流水化操作计划。换句话说，就是建构出一条具有当地特色的传承人制造流水线。持证、签约的传承人成了教条化流水线下最终的"合格产品"。他们按照统一的教学大纲接受培训，与过去民间自然传承模式形成鲜明对比。如果说过去那些在地方文化空间中自学成才的传承人是草根派的话，那么这种流水线下的"合格产品"想必就是传承人中的学院派了。如此的流水化传承模式必将走入"活态传承"的极端。

"活态传承"的核心是"活态"二字，而"活态"所承载的意义应当包含以下四个层面：首先，是传承主体的"活态"，即从文本和博物馆式静态保护转向地方文化主体的保护，地方文化主体是文化的核心与意义所在，更是文化遗产继承、延续、发展、创新的本体。如果没有了人，那么文化的消失只是个时间问题。其次，传承空间的"活态"，即文化事项传承时间和地点的灵活性，既可以在田间地头、房前屋后，也可以在节庆仪式或者学校课堂等。再次，是传承方式的"活态"，即是说传承既可以延续传统的口耳相传，也可以运用文字、影音等文本传承形式，甚至可以运用多媒体、动漫、虚拟等科学技术。最后，是被传承遗产本体（在本研究中即是《阿诗玛》复杂系统）的"活态"。这一层次的"活态"要求的是文化遗产整个空间系统和文化生态的"活态"。换句话说，就是要像自然生态系统一样具备生产—竞争—淘汰—再生产的自我循环且生生不息的可持续"活态"生存功能。而《阿诗玛》目前的"活态传承"发展方向，仅仅局限于前三个层次，对第四个层次缺乏系统、深入的认识。过度的流水化传承人制造最终只会把"活态"变为"僵化"，更为严重的是极可能严重破坏《阿诗玛》复杂系统的生态平衡，使其丧失自我生存功能。那么，这样的"活态"保护最终必将沦为一种"伪活态"。

3.《阿诗玛》形式的符号化

《阿诗玛》发展至今,从民间《阿诗玛》叙事长诗经过不断地符号化建构,在"外化"与"内化"的共同推拉中,已经成为撒尼文化的主体性符号。《阿诗玛》符号化具体包含以下几个方面的符号化表征:

首先,旅游场域中的阿诗玛导游。随着当地旅游业的兴起和蓬勃,"阿诗玛"从传统民间叙事长诗中的女主人公,逐渐演化为石林景区导游的代称,游客们常常直呼当地女导游为"阿诗玛"。旅游场域中的女导游"阿诗玛"仍然延续了民间叙事长诗中的女主角阿诗玛勤劳、美丽、善良、智慧的特点,正是当地女导游的勤劳、纯朴与美丽,成就了"阿诗玛"旅游场域的符号化。

其次,文化产业场域中的阿诗玛商标。2000年,云南石林旅游集团有限公司向国家商标局申请了41类"阿诗玛"商标的注册,核定服务项目包括:文娱活动、提供娱乐设施、现场表演、体育野营服务、安排及组织会议、组织体育比赛、公共游乐场、电影院设施和假日野营服务(娱乐)。

再次,文化产品消费场域中的阿诗玛形象。"阿诗玛"文化符号是在不同传播媒介的共同推动下而进入民族文化消费场域的。媒介作为阿诗玛文化的载体,塑造了从口传文化、书写文化、印刷文化、舞台艺术、电子文化到全媒体文化的传播路径,并已经形成了"阿诗玛族群神话"与"阿诗玛文化产业"的双重交叠的复合表征形态。此外,"阿诗玛"在民族文化消费场域中从文化产品到其经济价值转化与实现,也正是其符号化的重要表征形式之一。因为在经济价值的实现过程中,需要文化产品制造者、经营者和消费者在文化消费场域中,对阿诗玛文化产品所具有的使用价值、符号意义和经济价值等多维度的认同。

最后,阿诗玛传承人的流水化制造。对于这一现象,我们可以从两个角度来看其符号化建构过程。第一,"阿诗玛传承人"头衔本身就是一个

"阿诗玛"符号化的结果。被授予"阿诗玛传承人"称号的人，代表的是该地方文化空间中的"精英层"①。这部分人在地方撒尼文化圈和国家层面的社会文化圈中都具有传统文化"精英"的符号性意义。第二，"阿诗玛传承人"头衔的制造过程，总结出了一套具有地方特点的从阿诗玛传承人培训、考核、申报再到绩效考核的流水化"制造"模式。传承人在基本的责任协议任务要求下，使用经政府相关部门认定发放的标准化教学大纲、教学方式和考试机制培养学生。学生经过"专业考试"，合格后才具有申报各级别"阿诗玛传承人"称号的资格。而对于各级称号的获得，也有一套相应的行政程序和规范。传承人的流水化制造，从表面上看虽然实现了阿诗玛文化传承的可持续性，但却失去了阿诗玛文化"活态"传承的深层核心。而传承人头衔的流水化制造，则是一个典型的符号生产的过程，是当地人、符号与文化自我循环的过程。

当"阿诗玛"文化符号进入文化消费领域和"传承人"流水化"制造"语境时，《阿诗玛》整个复杂系统完成了符号化构建，《阿诗玛》遗产原真性出现层次性表述：（1）旅游场域《阿诗玛》遗产的真实性，即以游客体验度为标准的《阿诗玛》内涵、体验的真实感。（2）文化产业场域《阿诗玛》遗产的原真性，即以"阿诗玛"文化符号为元素的文化产品经济效益与《阿诗玛》文化复杂系统间的真实性博弈。（3）传统文化场域中《阿诗玛》遗产的原真性，即《阿诗玛》叙事长诗的完整性表达。（4）地方文化空间场域《阿诗玛》遗产的原真性，即地方撒尼传统文化圈中地方文化主体对《阿诗玛》遗产符号的认同感。

至此，原真性的"阿诗玛"传承在地方社会的符号化操演中都转变成符号化再生产，如何对"阿诗玛"进行原真、活态的保护需要进行反思。"阿诗玛"符号化的操演，虽然在某种意义上扩大了"阿诗玛"文化的社

---

① 这里的"精英层"与一般意义上讨论的"精英"与"草根"文化层划分是有所区别的。上下文语境中所讨论的"精英层"，是指在撒尼文化圈中熟练掌握本民族与"阿诗玛"复杂系统相关的传统文化，并且得到地方文化主体和各级政府认可的阿诗玛传承人。

会认知度和刺激了地方社会对"阿诗玛"文化的文化自觉,但如果"阿诗玛"不再存在于撒尼人的日常生产中,那么"阿诗玛"是谁的"阿诗玛"?如果"阿诗玛"仅以文本化和符号化存在,那么"阿诗玛"文化整体性又是什么,如何理解、认知"阿诗玛"?如果"阿诗玛"传承人都是以流水线的方式培养,那么在标准化模式的背后,又如何去维系"阿诗玛"表现形态的多样性和存续方式的活态性?如果都是地方行政机构由上而下地主导"阿诗玛"传承,作为"阿诗玛"原生主体的撒尼人的文化自觉又如何体现?[①] 所以,由政府主导的符号式的保护传承从根本上讲是一个去情境化的碎片化、流水化、失真化的传承,违背了非物质文化遗产的主体性、时空性、整体性、多样性的属性。如今,《阿诗玛》遗产代表的已不仅仅是一首传统民间叙事长诗,其经过各现代文化场域中的不断符号化,已经成为一个具有国际意义的民族文化符号和复杂系统。因此,对《阿诗玛》遗产的保护,应当紧扣主体性、时空性、整体性、多样性,从而保证《阿诗玛》遗产存续的活态性和原真性。

[①] 参见吴兴帜、巴胜超、唐婷婷《非物质文化遗产符号化演绎的反思——以彝族撒尼人〈阿诗玛〉遗产为例》,《广西师范学院学报》2017年第1期。

第三章　汉话（化）有限：阿诗玛文化的村寨实践

故事："汉话（化）有限"公司

改革开放以来，中国见证了乡村旅游的迅速发展，从"农家乐""乡村休闲""乡村度假"的旅游模式提升，到"看得见山，望得见水，记得住乡愁"的"美丽乡村"的政治呼吁，加上现代化、工业化的时代背景，乡村旅游注定在这个时代成为人们休闲时光的一个重要载体。笔者从2009年开始在云南石林地区进行人类学调研，对当地村寨在短短六七年的时间里发生的巨大变化印象深刻，以下截取了2009年和2016年在石林大糯黑村田野调研中的两个片段，从中可以看到，从事乡村旅游产业的村民，在乡村旅游的实践过程中，对"汉话（化）""彝族（撒尼人）"等概念认知上的细微变化。

作为大糯黑眼中的他者，我撒尼话有限；作为我眼中的大糯黑，汉话有限。"汉话有限公司"不是我的发明，而是大糯黑村民在农家乐饭局上对客人的自称。一般的程序是这样：大糯黑的"阿诗玛""阿黑哥"从厨房的油烟中迅速换上少数民族服饰，端着自酿的"阿诗玛口服液"（一种糯黑人酿泡的白酒）给客人祝酒。领队的"阿黑哥"（曾绍华）说：我们是"汉话（化）有限"公司的，因为"汉话有限",所以就给你们唱几首歌,目的是祝祝酒兴,歌唱完,酒也要喝完。然后是撒尼话演唱的歌曲,旋律和音调、唱词和内容,我们可能一句也没听懂,但是作为来大糯黑寻找他者的他者,还是面带微笑,使劲拍照。大糯黑撒尼人,汉话有限,而农家乐却成为他们从"汉话有限"通往"汉化"无限道路上的一个重要载体,农家乐打开了外面的世界,带来了经济收益,也带来了文化影响。

——2009年4月田野调查笔记

你们喊我老曾,这个村子是个彝族撒尼人聚居地,有276户人家,我们有10户汉族,他们现在都不说自己是汉族,说自己是彝族人,也就是等于他们被我们同化掉了。这些事物(大糯黑村彝族文化博物馆中的各种农具)是我们村民自己捡出来的一些生活用品,是2009年的时候弄的,因为2009年的时候,人类学民族学第16届大会在昆明举行,我们这里是一个重要的考察点,所以村里让我们把家里的一些老东西放到这边来。如果没有这个会议,可能这些东西早就给丢掉了,或者烧掉了。下面自己看看,不懂的问老曾。

——2016年1月30日,彝王宴客栈老板曾绍华接待旅行团的导游词

从2009年农家乐接待中对"汉化有限"的幽默表述,到2016年"他们(村中的汉族)被我们同化掉了"的接待导游词,可以直观地体会到大糯黑旅游从业者对彝族撒尼人身份的文化自信。在笔者看来,正是村民的文化自信,使大糯黑村在乡村旅游的情境中,能保持传统村落文化的传承与发展。在6年多的时间中,笔者长时间、间断性地持续回访该村寨,对大糯黑乡村旅游接待的吃、住、行、游、购、娱的基本情况,有较完整的田野观察,基于此,从大糯黑村乡村旅游的简史、吃住行游购娱的基本要素和大糯黑村"阿诗玛文化"遗产旅游的经验三个方面,呈现云南石林大糯黑村"阿诗玛文化"实践的个案。

简史："彝王宴"老板记忆中大糯黑村的乡村旅游

大糯黑村依山傍水，山清水秀，景色宜人，位于石林风景名胜区东部约25公里处，"九（乡）石（林）阿（庐古洞）"旅游专线公路穿村而过，交通便利，具有明显的旅游交通区位优势。全村依山傍水，景色宜人，属低纬度高原季风气候：冬无严寒、夏无酷暑、四季如春、干湿分明。

作为一个典型的撒尼村寨，大糯黑村撒尼文化历史悠久、积淀深厚、特色突出——民居建筑98%以上为典型的传统石板房，有的石板房已有上百年的历史，并依旧保留完整，独具石林彝族民居特色。大糯黑村已有600余年的历史，彝族撒尼传统文化积淀深厚、保存完整、内容丰富、特色突出。该村被石林县政府誉为"彝族大三弦第一村""圭山彝区第一校"（1914年创建小学）"七彩包头第一村""彝族碑刻第一村"（撒尼碑文最早、最多）等称号。

20世纪30年代以来，著名学者楚图南、吴晗、李公朴、闻一多、朱自清、杨春洲、李广田等先后到石林实地考察，留下了很多关于大糯黑的珍贵记录和照片。特别是在2004年之后，随着大糯黑成为云南各大学的田野调查基地，更多的学者、学生和游客来到大糯黑调研、写生、游览，2009年的世界民族学与人类学大会期间，更多外国学者通过会议考察认识了大糯黑。经由学者的研究、政府的宣传和游客的关注，大糯黑试图打造成为"阿诗玛民族文化生态旅游村"。

大糯黑村归属于糯黑村委会，村委会有大糯黑、小糯黑两个自然村，乡村旅游主要是大糯黑的村民在参与。用"简史"来概括大糯黑村的乡村旅游发展，一是因为从合法性来看，经昆明市旅游局和石林县旅游局批准，自2005年，大糯黑村有5家农户开始在自家庭院内经营集吃、住、娱

大糯黑村彝王宴客栈的宣传名片

为一体的"彝家乐"民族文化生态旅游项目①,至今,也才有11年的发展历史,2016年笔者在村中看到还在经营"彝家乐"的农户有10家②,达到了大糯黑村历史上最多的农家乐数量,年接待游客约10万人次。但以2016年全村276户为基数,经营乡村旅游的农户仅占全村户数的3%。在村中路口竖立的中文、撒尼文、英文指示牌上,这些曾经的"彝家乐",名称已经升级为"客栈"。二是从游客类型上看,来大糯黑村游玩的外来人,并不是数量众多的大众游客,而主要是规模较小的绘画写生、文化调研的师生,以及邻近县市自驾游玩的家庭、摄影爱好者和当地政府组织的接待团,也有少量旅行团带来的大众游客。所以,大糯黑村的旅游淡旺季非常明显,彝王宴客栈的老板告诉笔者,有一年暑假的时候,接待过一个200多人的新加坡来的暑期学生团,在他家待了半个月,从他讲述时兴奋

---

① 参见王玲编著《云南少数民族农村的社会文化变迁:对石林圭山大糯黑村彝族撒尼支系的调查与思考》,中国社会科学出版社2015年版,第61—62页。
② 其中大糯黑9家,分别是:糯嘎渡客栈、李家园客栈、阿文客栈、玉兰园客栈、青石园客栈、作比地客栈、彝王宴客栈、知姐渡客栈、落增憨客栈,以及小糯黑村口的尼米人家客栈。

第三章　汉话（化）有限：阿诗玛文化的村寨实践

的表情可以断定，这是一个很大的团了。而在我们调研中，很多时候，村子里就只有我们一行四五个外来者。在淡季时，多数客栈都是关着的，村民还是主要以农事劳作、外出打工来维持生计。

现存的 10 家客栈中，村民眼中旅游做得最好的是彝王宴客栈，即使是在淡季，当其他家客栈纷纷关门歇业时，彝王宴也会隔三岔五来几波客人，或是吃顿农家饭，或是借住在这里进行调研写生，或是由导游带着少则三五十，多则一两百人的团队来旅游休闲。笔者所知的大糯黑村旅游发展的轨迹，也多是从彝王宴客栈老板那获悉的，彝王宴客栈的发展是大糯黑村乡村旅游发展的一个历史缩影，索性让老板自己来讲述他记忆中的乡村旅游发展史[①]：

曾绍华：我汉族名字是曾绍华，撒尼人经过了很多迁徙和变化，所以也有汉族的姓氏。我的撒尼名字叫 lao me pa，我们彝族撒尼人取名字主要是根据出生日的属相，我出生的那天刚好是属虎，lao 就是虎的意思，希望我像老虎一样勇猛，lao me pa 就是公老虎的意思。

我 1971 年出生，属狗，今年 45 周岁。我从五年级在外面读书，是民族班第三届的学生，读到高中改制，读了两年，参加高考，自己报名参加大专之类的学校。1991 年年底，我刚好 20 岁，去当了三年的兵。回来之后我就到石林风景区做管理工作，一直做到 2004 年，待了十年，春花姐（老板娘）也在（石林风景区当导游）。

2004 年年初我回来，觉得我们这里有发展前途，虽然交通闭塞，我当时有个想法，想着这个地方能不能做点什么，就是光在家里不出门也能做点什么。

七八十年代的时候，我们这里就有写生、绘画的爱好者过来，但是没有住宿，他们就住在镇上。像我们云南一个很有名的画家，毛旭

[①] 问答时间：2016 年 1 月 25 日；问答地点：云南省石林县大糯黑村；被访谈人：曾绍华；采录整理：马媛媛、杜迪、刘操采录，彭慧颖校对。

辉老师，他就是1979年来的，一天起床吃了早点上来，然后画到天黑了再回镇上，一天只吃两餐。我就有一个很简单的想法，想提供给他们吃的、住的。

当时没有资金，我在县城里有一套房子，面积有252.25平方米，一平方米不到1000元。那会儿想自己做事，贷款也没有，因为我们的银行发展得慢，不可以抵押，我就只能把房子卖了，15万，很便宜，来装修我们糯黑的房子，成了现在的农家乐。不过那时候我们不叫农家乐，在村里就是写生、画画的学生过来，我这里就是个接待站，接待那些人。一开始只有住的，吃的没有做，菜品没有收集好，自己家的菜做出来，我们都觉得不好意思拿出来给客人用。

2005年挂牌，没有什么仪式，我根据建筑的特色起了个"尼维罗马憨"的名字，"尼维"是撒尼的意思，"罗马憨"就是吃的饭，意思就是"撒尼式的饭馆"。这个装饰是慢慢到后面加上去的。吃饭的同时还是要有民族文化的加入，这些装饰家里都有，苞谷、辣椒都是自己挂上去的，客人一进门就能感受到我们农家的氛围，很简单的。开起来还没有半年的时间，我就觉得要把这些挂起来了，觉得把生活的东西放在农家乐里面。一来装饰，二来把我们的文化也展示一下。开起来的时候生意还是可以的，差不多一个月就有一个写生的团队，一个团队50到60人，一过来就是半个月。

越来越多的客人来了之后，我们也在改变。后来，我想不仅仅是接待艺术家，来到我们村子里的人除了吃饭还可以体验我们的生活，感受我们的一些文化，我自己也慢慢开始挖掘了。比如讨媳妇吃饭，用三种筷子，一种很长，用麻秆做的，很难夹到菜，还有一种是很短的那种，还有正常的那种。这是我们老一辈的人要结婚的时候难为新郎、伴郎时候用的，我把它们用到农家乐来也是娱乐、展示撒尼传统。筷子是怎么回事呢？吃饭的时候先给新郎长筷子，问他们："筷子可长了？"他们就说："长了，长了，我们要换一种。"于是我们又拿另一种给新郎、伴郎，那个筷子又太短，是用竹签做的带钩的那种。反正就是想着办法刁难新郎、伴郎。我就把这个习俗放到我的农家乐里面。尽管吃一顿饭时间很短，但是融入了我们有意思的文化。

2009年世界人类学大会，糯黑村是一个调研点，对我们村子的带动很大，我家里、村里的变化都很大的。以前的路很多都是没有加沙石的石板路，石板不稳都在晃，一两年也就松动了，听说有人类学大会我们村子就开始修这些路，2008年开始的。另外呢，村子里的房子都贴上了瓷砖。那时候我就想，用什么东西可以代替这些普通的瓷砖呢？两年之后我就发现了现在我们贴的石板砖，拉回来找石工贴上去。现在，糯黑好多家都贴我这个，成了我们糯黑标志性的瓷砖。大家都很开心，政府也觉得我这个好看，也很提倡。

我文化水平不高，通过这些写生的画家、调研的学者，我自己也有很大的提高。比如经营理念吧，刚开始只是个接待站，经常考虑经济问题，怕亏本了。现在不考虑了，就想把文化传播出去，做好老一辈人的文化传承工作。好多村子里的人都开始说我也是有文化的人了，其实跟你们比不算什么的。撒尼文化就在生活、生产里面，只是人们关注与不关注的问题，我就是希望引起你们的关注！

我们家没有外出就业的人，就是农家乐加种地的收入。种的土豆、苞谷，水利好的地方就种种小菜之类的，自给自足吧。开农家乐过程中遇到经济上的困难很多很多。我想自己扩大规模，还有装修，包括不能抵押贷款呀。我就从亲戚家借一点，银行也贷款一点，还发动了亲戚帮我贷款，我来还就是了。基本上贷款都还完了。我每年都申请贷款，这个农家乐收入多，投资也多的，每年要3到5万。

现在，村民会打趣地称曾绍华为"曾总"，一方面是大家看到了曾绍华经营农家乐的精明能力，另一方面在彝王宴客栈的日常运作中，曾绍华和王春花把家族的直系亲属也组织起来，一起完成农家乐的运转，类似于家庭总管之意。结合田野调研的信息和"曾总"的叙述，大糯黑村乡村旅游的发展，可以这样总结：2005年之前，基于大糯黑村自然景观和文化景观（喀斯特地貌、石板房、彝族撒尼人及其文化风俗）的特色，陆续有写生绘画、调研的师生以及摄影师来大糯黑，但是吃住均不方便，村中少量有经济头脑的农户，将自家的庭院作为"接待点"，自发地为这些散客提供吃、住服务。2005年，经昆明市旅游局和石林县旅游局批准，大糯黑村有5家农户开始在自家庭院内经营集吃、住、娱为一体的"彝家乐"民族文化生态旅游项目，但是因为淡旺季明显，为了整合人力、物力资源，从事"彝家乐"的农户成立了一个协会，约定淡季时各家各户独立经营，遇有较多游客时，大家一起分工协作，为游客提供吃、住、游服务，属于"农家乐"性质。2008年，因为被世界人类学民族学大会列为田野考察点，为了迎接与会嘉宾的考察，大糯黑村进行了道路、基础设施的提升改造，新建了公厕，在村寨标志性地点（如密枝林、山神庙、阿诗玛文化课堂、刺绣家访点、毕摩家访点等）竖立标示牌，人类学大会后，大糯黑的知名度逐渐提升，来游玩调研的客源逐渐稳定。2013年，由县财政支持，大糯黑村新建了停车场，停车场中心竖立了阿诗玛包头的石雕，沿停车场四围新建了商铺，计划用于旅游商品的铺面，重新规范了村中杜鹃山、王家大院、客栈等游路设计，对外宣传也从"彝家乐"改为"某某客栈"。2016年，彝王宴客栈的曾绍华和王春花牵头，在村中成立了"阿诗玛文化传承文艺队"，试图改变放磁带、碟片给客人唱祝酒歌的招待方式，以演出传统撒尼剧《阿诗玛》为出发点，试图达到既娱乐游客，又传承文艺的目的。

景观：大糯黑村"吃住行游购娱"的元素

以"景观"来概括大糯黑乡村旅游的"吃住行游购娱"六要素，主要基于这样的事实：在大糯黑的乡村旅游体验中，除了"游"（景观旅游）

所指涉的自然景观、文化景观外,作为外来者眼中的"吃"(与日常生活不同的饮食)、"住"(乡村居住体验)、"行"(到达乡村的方式)、"购"(旅游商品及其生产、售卖方式)、"娱"(以民族歌舞为主的娱乐参与)这些要素,均是游客眼睛"凝视"的焦点,也成为游客眼中的景观。而且在大糯黑乡村旅游的实践中,从业者也有意打造令游客眼前一亮、耳目一新的视觉景观,满足游客对乡村、乡愁的想象。同村的从业者之间,在景观打造上也会彼此参考、相互借鉴,并试图凸显自己家的特色。同时,因为大糯黑乡村旅游的接待空间和村民居家的生活空间是基本重叠在一起的,如果是散客,游客与东道主的关系,在大糯黑基本呈现为游客与家人的位移,给游客留下一种"回家"的印象。

(一)吃:厨房里的阿诗玛[①]

不同的地方有不同的菜系,不同的菜系可以理解为不同地缘群所习惯的地方口味,具体表现为:(1)文化区域的饮食表述与认同。(2)经由身体品味的生成模式,如川菜、湘菜、贵州菜等。(3)特色性味型,包括食材、风格、模式和饮食搭配等。(4)菜系的基型和采借。[②] 饮食在地理区位上的表述是"菜系",而当以"族群文化"对饮食进行分类时,诸多的"民族菜"就已经端上了游客的"餐桌"。乡村旅游餐饮,在大糯黑乡村旅游体验中占了很重要的位置。在文化旅游的背景下,为吸引游客到大糯黑进行"舌尖上的探访",大糯黑村的"民族风味"在原生状态的味觉传承中,又加入了"阿诗玛文化想象"的符号化流转,对饮食进行着符号化的表述与传播,并呈现出"厨房里的阿诗玛"的文化风味。

在大糯黑村的食物体系中,随着文化旅游的发展,逐渐引入"阿诗

[①] 参见巴胜超《厨房里的阿诗玛:彝族撒尼人食物体系的符号化表述》,《百色学院学报》2014年第2期。

[②] 参见彭兆荣《饮食人类学》,北京大学出版社2013年版,第107页。

玛"符号，产生了诸多"阿诗玛"牌食物。大糯黑撒尼人喜欢焐白酒，一般先把糯米用冷水泡一个晚上，第二天把泡好的糯米放在甑子里蒸，并用冷水反复搅拌，蒸熟后将糯米扒散开，之后放入适量的药酒、冷水，搅拌均匀后装入缸中，密封好，放在锅灶边发酵几天即可食用，在农忙季节或盛夏时节，可解乏消暑。除了这种没有很高酒度的甜白酒，撒尼人还用苞谷、苦荞酿造苞谷白酒、荞酒，大糯黑村的村民将这种白酒、荞酒取名"阿诗玛咖啡"，用之招待游客。除此之外，还有日常饮食生活中的蘸水，一般会用薄荷、葱、姜、花椒、辣椒、食盐、味精、酱油等调料调配蘸水，并给它取名"阿诗玛蘸水"。

  质朴的酒和食物，在"阿诗玛"的包装下，散发着一种"后现代文化"的"解构与嫁接"，而"阿诗玛"牌咖啡、蘸水的传统发明，并非来自游客的命名，而是大糯黑农家为了招揽游客，在食物命名上的幽默处理。游客因阿诗玛之名，来到大糯黑旅游，除了看景点，还能吃到与阿诗玛相关的食物，自然尽兴而归。而在一种"前现代"的文化语境中，撒尼人还是茹毛饮血、嗜酒如命的一群人。据《康熙路南州志》，"猡猡：种荞稗、焰麦、草子为食"[1]，"食荞麦、玉蜀黍（玉米），嗜酒及干牛肉，飞禽走兽得则生食"[2]。到了近代时期，苞谷、荞子、麦子是撒尼人的日常主要食物。中华人民共和国成立后，随着生活水平的提高，撒尼人主要以大米为日常主食，但是播种的荞麦、苞谷也是撒尼人的重要食物。

  在食物命名中加入阿诗玛的文化要素，仅是大糯黑食物体系符号化表述的一种简单表征，而梳理在文化旅游过程中，大糯黑人的日常餐桌、彝家乐饮食供应和节庆活动饮食供应三种情境下食物体系的变化，可以发

---

[1] （清）金延献纂裁：《康熙路南州志》，史进爵总裁：《乾隆路南州志》，石林彝族自治县史志办编《云南石林旧志集成》，云南民族出版社2009年版，第62、244—245页。
[2] 《路南县志》，石林彝族自治县史志办编《云南石林旧志集成》，云南民族出版社2009年版，第455页。

现，阿诗玛文化在厨房的文化变迁。

1. 大糯黑人的日常餐桌

在大糯黑人的日常餐桌上，自家地里出产的时令蔬菜，家里饲养的猪、鸡、羊，是主要的菜品。因为大糯黑人聚居的地域缺水，食用的大米主要在邻近的市场、集市购买。当玉米成熟时，大糯黑人会把苞谷粒用石磨磨成糊状，加入适量的红糖、白糖或鸡蛋，倒入锅中用油煎熟，就成为清香可口的苞谷粑粑。收获的荞面可以加水揉团，做成荞饼蒸熟，然后放在炭火上慢慢烘烤，可蘸蜂蜜食用。

大糯黑人的肉食主要以腊肉为主，每年春节宰杀完年猪，都会将肉分块，涂抹盐巴腌制，之后吊挂在通风处晾制成腊肉，腊肉不仅是村民一年主要的肉食，还用它来招待宾客，遇到某家请祝米客（小孩满月酒）、村寨举行密枝节等活动，还要送来腊肉。骨头生也是用年猪肉制成的，一般将猪的排骨、炼油的油渣、肚杂等剁成细末，加入适量的姜、葱、蒜、花椒、草果、八角、辣椒、玉米酒、食盐等配料搅拌均匀，装入陶罐腌制，半个月之后便可食用。

在日常生活中，大糯黑人也会到山上去打猎，有时能猎获野鸡、野兔等野味，燃起篝火，架起炊锅，在野外野炊。养羊的人家，一般会将山羊奶用火煮热，加酸卤水点制成乳饼，类似奶酪，形似豆腐，味道鲜美，营养丰富，切片与火腿蒸制即成云南名菜"火腿乳饼"。卤腐是将新鲜的豆腐腌制成可以长期食用的咸菜类食品，配料有食盐、辣椒、花椒、八角、姜、茴香、香油、酒、味精等调料，而路南卤腐备受青睐的原因在于制作豆腐时使用的是酸水而不是石膏。

除了以上人们熟知的食材外，大糯黑人日常生活中的食物大多与自己生活的地域物产有关，大糯黑人能在山上采摘时鲜的野菜，如蘑菇、棠梨花、蕨菜、青刺尖等；另外，大糯黑人的食物还有耕种的土豆、青菜、白菜、莲花白、白萝卜、胡萝卜等。

可见，在大糯黑人的日常餐桌上，食材来源简单，基本在村寨周围、邻近集市采集，食物来源的时令性强。在食材的加工处理上，以炒、煮、煎为主。在烹饪、就餐的空间区划上，没有严格的厨房、餐厅的划分，且厨房、餐厅和客厅均混在一起，其空间区划的参照物是火塘，往往在火塘边摆放一张桌子，就完成了厨房和餐厅的混用。

2. 彝家乐"土八碗"饮食

当大糯黑人的居住空间在文化旅游的语境中，以"彝家乐"的形式出现时，相对封闭的家庭空间和混用的空间布局就面临着开放和重置，其中饮食空间布局的最大改变在于区分了厨房和餐厅，同时为了填补游客候餐前的时间间隙，农户在空间布局中强化了客厅的布置，利用一些少数民族画贴、图片、照片和刺绣品，对客厅进行装饰，因为游客的进入，让大糯黑人在居住空间上开始模仿汉人的建筑结构。

彝家乐接待（唱歌、敬酒、土八碗之炖山羊肉、装饰）觉非行记摄

因游客进入"彝家乐"，引发了一系列的连锁反应。在厨房，除了为

满足游客食物供应进行的功能改造，原本穿着与汉人无异的流行服饰进行烹饪的撒尼妇女，在准备食物时，开始穿着一些只有在节庆活动时进行歌舞表演的少数民族服饰进行烹饪。在餐具的选择上，平日的白瓷餐具，换成了陶土餐具（土碗）。餐具的更换与"彝家乐"食物供应的菜品有关，这是为了配合"彝家乐"为游客提供的"土八碗"而量身打造的。可见，大糯黑人在"彝家乐"的运营中，为了满足游客对异文化的想象，主动调整了饮食体系。

"土八碗"的菜品并不固定，基本由腊肉、土鸡肉、羊肉、荞饼、乳饼、土豆、酸菜红豆和时鲜的蔬菜汤组成。以前不做装饰的木饭桌，在"彝家乐"的旅游空间中，往往对其进行了美化处理，一般是将撒尼刺绣当作桌布进行使用。菜品和饭桌的符号化改造，也打通了大糯黑村寨食物供应的产业链条，没有开展"彝家乐"的农户，会进行土鸡养殖、乳饼制作等农副业的经营。

在游客使用的餐具改造上，最大的变化是：除了提供游客使用的筷子外，还为每位游客提供了一双用麻秆制成的长约1米的长筷子，其中有一双长筷子的一头会插上一对红色的干辣椒，放在餐桌的主位，供"桌长"使用。长筷子的实用功能不强，但在开餐前，"彝家乐"的主人会介绍说：这是我们撒尼人的长筷子，用这个筷子夹到的菜，是喂不到自己的嘴里的，只能喂给同桌的其他人，这是我们撒尼人互帮互助的传统文化。长筷子的出现，一方面是阿诗玛文化植入游客餐桌的表征，另一方面也在游客吃饭时增添了一些乐趣。

在"彝家乐"的餐桌上，少不了"阿诗玛咖啡""阿诗玛蘸水"之类的"戏言"，有酒有肉，当然也少不了歌舞表演。在规模较大的"彝家乐"中，会配有专门敬酒的三四人一组的歌舞队，在客人落座开席时，就抬着"阿诗玛咖啡"来为游客敬酒，敬酒令一般为撒尼歌曲的汉文版，规则是唱一首歌，游客喝一杯，歌不停，酒不歇。而规模较小的"彝家乐"，如果没有专门的敬酒队伍，那刚刚还在厨房里为游客烹饪菜品的"阿诗玛"

们（撒尼妇女），会在游客开席前迅速整理好少数民族服饰，从厨房转移到饭桌前，为各桌游客表演敬酒歌。

3. 节庆活动的"宴席"

除日常的、彝家乐的饮食外，大糯黑人在祭祀、节日和宴请时的饮食也很有特点。在祭祀祖先、祭祀神灵时，大糯黑人以血缘、村落、宗族或村小组为单位，共同出资，购买黄牛、山羊、绵羊、猪、鸡等肉类和菜类，当祭祀结束后，所有人聚在一处，或每家分一份，或大家聚在一起享用祭祀的美食。每逢重大节日，大糯黑人也会购买黄牛、黑猪、白羊等大型动物，全村人一起分食享用。当大糯黑人家中有孩子出生，请祝米客时，当有人出嫁，办婚宴时，或当有人去世，办葬礼时，也会准备丰盛的食物，少则八大碗，多则十二碗，用来宴请宾客。如果你恰好在这些时间段来大糯黑，是可以加入其中体验节日的气氛与饮食的。

而当文化旅游与节庆活动叠加在一起时，大糯黑人的饮食供应又呈现出了另一种样式。以春节为例，大糯黑人春节前最重要的年俗活动是杀年猪，性格豪爽的彝族撒尼人在杀年猪这天，会邀亲朋好友一起来吃杀猪饭，受到邀请的人可以随意再请自己的朋友亲属一同前往，主人不但不会怪罪，反而觉得来的客人越多越好。而为了让外来的游客体验撒尼人的杀猪饭，2014年大年初一至初七，石林撒尼人首次推出了"民俗年猪饭松毛宴"，每桌400元（不含酒水），可供8到10人食用，有清汤牛羊肉、清炖土鸡、坨坨肉等菜品。这样的"旅游餐"对游客的味觉来说，是一次舌尖上的异文化体验，对彝族撒尼人来说，是一次味道上的文化传播，如在凉山彝族中著名的"坨坨肉"，在石林撒尼人的"民俗年猪饭松毛宴"上，以近似红烧肉的味道出现。2016年腊月，彝王宴客栈也以"杀猪宴"的形式招待了一个近120人的旅行团，在"土八碗"的基础上，加上了清汤牛羊肉、清炖土鸡、坨坨肉等菜品。

（二）住：民宿的"标准间"配置

石头寨的石板房，是大糯黑村住宿接待的"民宿"特征。2007年，在石林县民委的支持和资助下，大糯黑村盖起了石头寨门，并用汉语和撒尼语写上了"糯黑石头寨"。随后，村民在对外交流时，都称"糯黑村"为"糯黑石头寨"，村民的刺绣品上也出现了"石头寨"的字样：

> 石头，撒尼语称为"路玛"，石头是糯黑撒尼人民居建筑的标志性符号。大糯黑村石头资源非常丰富，村子里很多地方都能挖出石块。大糯黑村出产石灰石，而且天然石材较多，村民经常会就地取材。近年来，村内出现了采石业、个体石材加工厂。大糯黑以前的采石山有两个，最开始一个是承包给王光强，一个承包给王光辉，承包的钱用来作为村子的活动经费。石板房是大糯黑村最典型的特征之一，也是石林彝族自治县建筑类型中石板房的标志和样板。盖房时，村民会选择属猪或属狗的日子，带上小锤和凿子，到村子周围凿取厚薄、长短不一的石板建造房子，村民李石匠说：村子周边2公里左右的石头比较好取，层次很清楚，但是石头不是很牢，越往下石头的质量越好。采石的工具主要有：大锤、小锤、凿子、铁链、楔子等，采石的时间一般会在11月份至次年3月份，因为这段时间农活比较少，时间较为充裕，而4月至11月份，一般活计比较忙碌。以前盖的房子墙面比较厚，一般会是60公分左右，现在因为有了砂浆、水泥，一般只有30公分左右。村子的石头主要以青石为主，其他的还有mai zei la nean石，用来做小石虎的。另有"马牙石""粗砂石"等。以前老人告诉我们说石头是由土变来呢，大糯黑人依赖石头，别人是"靠山吃山，靠水吃水"，我们是"靠石吃石"。

同样选择属猪或属狗的日子，请木工师傅上山砍倒建房所需最大的柱子，选一个坐西朝东的地基，便可建盖新房。由大糯黑村民祖先创造的一楼一底、三正两耳的房屋样式，其两面山墙和背墙必为石板砌筑，剩下的一面墙可用石板垒成，亦可土夯，亦可是糊满泥巴的篱笆。从外面看，石板之间虽不整齐划一但能够勾画出线条的缝隙之间，或者干净利落，或者有少量的碎石填充；房间里面的墙缝之间往往用少量的线泥填充，这一结构成就了石板房冬暖夏凉的特点。在石板房的后墙上，石板的夹缝中插着很多木棍，村民用这些木棍来晾晒麻秆、辣椒、豆角等。大糯黑村民依山而建的石板房，一排排延展开来，井然有序。乙家使用甲家的背墙晾晒辣椒、豆角等，丙家则使用乙家的背墙，如此类推，常年以来已经形成了大糯黑村民认可的一个传统。[1]

从 2005 年至今，大糯黑村的"彝家乐"数量基本在 5 到 9 家之间，每家的住宿条件也参差不齐。开展农家乐较早的农户，一般直接将自己家人的居住空间进行简单的吊顶，铺上地砖或木地板，改造成接待客房。房间里按照空间大小，能摆放几张床就摆放几张床，除了床单被套和一个简单的桌子外，房间里就没有其他配套了。客人的拖鞋、洗漱用品等需自带，因为大糯黑处于喀斯特地貌区域，缺水问题严重，房间里都没有独立的卫浴设备，多是对自家的厕所进行改造，贴上白色带花瓷砖，装上抽水马桶，试图营造一种与标间类似的卫生环境。但是因为缺水，基本还是依靠一桶水一个瓢来完成清洁，要想在大糯黑用淋浴洗澡，必须等一个大晴天，有足够的热水才能进行。到大糯黑调研写生的师生，大多能在这样的居住环境下待个十天半个月，但是来游玩的散客和团队，基本不能够忍受这样的住宿环境，所以很多游客都是早上来到大糯黑，吃完午饭在村子里转转，看看民居，爬爬杜鹃山，然后吃完晚饭就离开了。

---

[1] 王清清：《从"糯黑村"到"糯黑石头寨"的文化建构解析》，硕士学位论文，云南大学，2011 年，第 18—19 页。

外来摄影师邀请当地的撒尼女孩在村寨中拍照（董石玉 摄）

当遇到大型团队需要住一晚的客人，如何调配房间、与导游解释大糯黑没有"标间"的现实，就成为农家乐的主人们要花力气解决的问题。当自家的院落住满后，农户之间会把多余的客人分配到彼此熟络的有接待能力的家中住下，事后会以每人5元的酬劳进行分配。基于这样的接待窘境，一些农家乐开始在村中新辟一块地，新建房舍，专门用于接待，新的房舍在外墙和基本格局上与传统的石板房差异不大，里间基本按照标间的格局进行建设，少数几家房间里配了独立的卫浴空间，为了解决供水不足的问题，开办农家乐的家户会从密枝林旁的水池，独立接一根水管入户，经过净水机后，供日常接待使用。"石板房民宿的标准间配置"，是大糯黑村住宿接待的现实概括。

（三）行："九石阿"旅游专线旁的村寨

大糯黑村距石林县县城东南30公里，距石林风景名胜区25公里。2004年，按二级公路标准建设的"九石阿"旅游专线建成通车，进出大糯黑村变得相对便利。"九石阿"公路是连接九乡、石林及阿庐古洞的旅游专线公路，大糯黑村就在这条公路石林海邑镇段，游客到石林县县城后，可以在石林东站乘坐城乡公交（约半小时一趟），到大糯黑村村口下车，进寨门再行走 1 公里即可到达。入村道路全部硬化，自驾游则更为便利，沿九石阿旅游专线至石林景区生态文化园，再往圭山方向行 30 公里左右，路左边有"糯黑石头寨"寨门标志，容易辨认。

（四）游：糯黑石头寨的"景点"

2013 年，石林县政府在"糯黑石头寨"投入了 700 多万元用于改造基础设施，新建了游客接待中心、石头寨导游示意图（含村内指示标志）、杜鹃山观景亭等专门为游客游览准备的基础设施。竖立在猴子塘边的"石头寨导游示意图"，不仅标识出了大糯黑村可供游人游览的景点，而且把一路之隔的小糯黑村也标识在其中。大糯黑和小糯黑同属糯黑村委会，两个自然村相隔一公里，大糯黑的老人曾经私下和我说，小糯黑的人信天主，我们不信天主，我们信自然万物。实际上，大小糯黑都是传统的撒尼村寨，只是在宗教信仰上有差异，至于为什么传教士当年没有把一公里之隔的大糯黑的民众感化，这就不得而知了。标识出来的景点中，民居客栈占了 10 个（小糯黑村口的尼米人家和大糯黑的 9 家客栈）、村口门头 2 个（大小糯黑的村头），再加上石头寨村委会、游客接待中心、猴子塘、边纵司令部旧址、盘江日报社旧址、王家大院、密枝林、民俗博物馆、广场、小学、刺绣品展示点和杜鹃山（观景亭）。其中，广为摄影家拍摄传播的"石头寨鸟瞰图"被鲜明地放了导游示意图的右上方。以此示意图为基础，在村中道路交叉的相应位置，用木质红底白字三种字体（中文、撒尼文、英文）对以上"景点"进行导引。2013 年之前，大糯黑旅游的标志指引，主要是靠 2009 年世界人类学大会时所竖立的阿诗玛文化课堂、密枝林、猴子塘、杜鹃山、刺绣家访点等木牌标志完成的。

包头广场（左），密枝林虎头门（右）

从环境艺术的角度看，大糯黑村民居、道路、装饰、植物、水景景观可以用下表来归纳[①]：

表3-1　　　　　　　　　　大糯黑村景观元素的特色

景观元素	特　色
民居建筑	石木构筑的房子，利用当地天然石材，从外观上看全由石头砌筑而成，颇具特色；由植物枝条或木板编织的窗户，就地取材，形式奇特又通风透光。大糯黑村的建筑，梁、柱、椽和楼板均为木料，但是外观，包括墙面与屋顶均以石板为主，相对于土掌房，被称为石板房。撒尼民居中，石材还经常与砖、木、土等其他建筑材料搭配使用。由于石材的坚固耐用，常用于墙体基础、踢脚、转角、檐口等部分。采用不同品质、大小的石材时，一般大石在下，小石铺上，形成明显的分层界限。大糯黑村的民居，屋脊和门上常有石刻虎像，石虎放在专门留出的神位之中，反映出撒尼人以虎为图腾的原始信仰。尾檐的挑拱、垂花柱以及屋内的梁枋和拱架上会雕刻牛羊头角或鸟兽花草等线脚装饰，石础、石门上会雕刻怪兽和卷草、人物等图案，这些在民族的深层心理中大多代表了祈神佑福、辟灾除秽的宗教性意愿

[①] 张阳、刘扬：《云南石林大糯黑乡村景观元素浅析》，《广西城镇建设》2012年第3期。

续 表

景观元素	特 色
道路铺装	道路除主干道为混凝土路面外，其他硬质铺装均为石材面，由石板或石块以各种不同形式铺装。入村的混凝土路一般是村寨中的主干道，是撒尼村寨近年来在政府的大力倡导下"要想富，先修路"的结果，大大地方便了撒尼人与外界的沟通和交流。其他道路及广场等硬质地面全以石板为面层铺砌。由于原材料丰富，撒尼人淋漓尽致地发挥了石板的种种作用。新修葺的乡间小道，用石板拼贴而成显得大方典雅，与村落民居建筑相互呼应。屋间的小路和开敞院落中的铺装，是用大小不一的石板随意拼砌而成的，其间还有部分裸露的天然石块，与厚重的石墙浑然一体
装饰小品	小品数量较少，多与民族的图腾崇拜有关，更注重祭祀或标识等实用功能。大糯黑村入口的大路两旁，整齐对称地竖起石头堆砌的寨门景观，其上是撒尼人崇拜的石虎雕塑。门上分别用彝族和汉族的文字，刻着"糯黑石头寨"的字样。村子密枝林前仁立一座形态威严的景观小品，是虎、鹰等撒尼人崇拜物组合的化身，守护着神秘的密枝林。一些村民的房屋建筑之中，在主要位置留出空间安放石虎等象征图腾的雕塑品，与撒尼人的特色文化相呼应
植物	密枝林中植被茂密，自成一定生态景观；村寨中有较多古树，兼具文化与景观意义。大糯黑村的密枝林属半湿润常绿阔叶林，主要有滇青冈、清香木群落和滇石栎群落，优势种分别是滇青冈、清香木和云南木樨榄，伴生有云南油杉、高山栲和少量的云南松、华山松，密枝林森林群落结构完整、层次明显，物种丰富度高、分布均匀，群落物种多样性指数高。在大糯黑村中，随处可见百年以上枝叶茂密的老核桃树，这都是祖上栽种的。葫芦、竹、白茅草、马樱、樱桃、柏、棠梨、松树以及其他生长健壮的植物对彝族来说有特殊的含义，常被作为有灵性的植物而被敬奉。在大糯黑村的撒尼庭院中，经常有成丛盛开的植物，如月季，还有一丛丛碧绿的剑麻，配以各种观花小灌木。村中猴子塘边，会有丝丝如碧的垂柳来陪衬

续表

景观元素	特　色
水体	村寨围绕一个猴子塘布置，村中还有许多小水塘。既方便生活之需，又形成景观特色。在村子中，许多人家的屋旁都会有一个小水塘，雨季储存雨水，用于牲畜饮水及庭院植物的灌溉，尽管旱季的水塘会暂时干枯，池边的柳树依然清丽可赏

石头寨导游示意图所标识出来的 10 个民居客栈、村口门头、石头寨村委会、游客接待中心、猴子塘、边纵司令部旧址、盘江日报社旧址、王家大院、广场、小学和杜鹃山（观景亭），均属于环境艺术景观的范畴，其中在边纵司令部旧址、盘江日报社旧址、王家大院，除了体验建筑景观，还可以和村民了解一些 20 世纪三四十年代的革命历史文化。

从传统习俗的角度看，大糯黑村文化旅游语境中的习俗景观及游客参与可以用下表来归纳：

表 3-2　　　　　　大糯黑村习俗景观及游客参与

习俗景观	游客参与
火把节	近年来作为石林国际火把狂欢节的一个分会场，在村寨进行"糯黑村民俗婚礼及撒尼剧表演"，对传统的牛车接新娘、献小酒、喝大酒等婚礼流程进行展演，表演自编自导的撒尼剧
密枝节	邀请媒体、记者对密枝节——男人节进行宣传报道，男性游客可以参与密枝节的相关活动，女人则不能参与
祭山神	农历正月初二，全村每户以大红公鸡祭祀山神。祈求山神在新的一年里保佑一家平平安安，庄稼丰收，畜禽服养，大人经济来源要顺利，小孩读书要上进等。游客在允许下可以参与

续 表

习俗景观	游客参与
祭祖节	清明节,村民上山祭奠"娜斯"(祖神),杀鸡宰羊聚餐,以示对祖先的怀念。游客在允许下可以参与
祭雨神	农历七月十五,村民到杜鹃山杀牛祭雨神,在山上聚餐,祈求苍天下雨,避免干旱,以利耕地。游客在允许下可以参与
春节期间	参与体验撒尼人家的"杀猪饭"习俗,在村民的观念中,杀猪饭来的客人越多,说明他们家的能耐越大,主人越高兴
婚礼	如果你碰巧在村中遇到一次婚礼,可以和主人家说明情况,然后去参加婚礼。如果住在农家乐中,则可以和农家乐的主人一起去参加婚礼
服饰	村中老年妇女多穿着传统服饰,中年人、年轻人则在节日、婚礼、迎宾等展演活动时会盛装表演
手工	在村中老百姓家中可以见到纺麻、刺绣、挑花、织羊毛毯、剪纸、编织、布贴等民间手工艺。村中目前有两个刺绣品展示点

石头寨导游示意图所标识出来的密枝林、杜鹃山、民俗博物馆、刺绣品展示点,均可在"传统习俗"列表中找到。其中在涉及民间宗教信仰方面,导游示意图只标识了"密枝林",祭祖节、杀牛节的祭祀空间并没有标识出来,笔者认为这是大糯黑村民对民间宗教信仰的尊重和保留。即使标注了"密枝林"的位置,村民也会告诉你,只有祭祀密枝神的时候可以进去密枝林,而且女人是不能参加密枝节的,所以平时大多数游客来访,也仅仅在密枝林虎口形入口拍照留念。即使有违规者贸然闯入密枝林,也会将离入口10米左右的一个大石堆误认为是祭祀密枝神的地方,于是真正的密枝神府是不会被打扰的[①]。

在大糯黑的乡村旅游中,以散客游和团队游来进行区分的话,散客

[①] 参见巴胜超《密枝节祭祀中女性的缺席与在场》,《云南社会科学》2010年第3期。

游属于自由行，趋向于探访式的游玩，三五成群，以某个客栈为点，对感兴趣的民居建筑、宗教信仰、历史文化、自然风光等进行探访，写生绘画、田野调研的人群也包括在其中。石头寨导游示意图对于短期游玩的散客是有一定价值的，可以作为探访石头寨的一个方向性的指引。对于长期驻足的游客，则意义不大，因为大糯黑其实不大，转半天下来，你就能在头脑中形成一个自己的导览地图了。在团队游中，能较完整地看到，大糯黑的村民们是如何分工协作来完成一次导游、接待过程的。笔者以2016年腊月彝王宴客栈接待的一个约120人的团队为例，以田野记录呈现这一完整过程：

> （1月29日）因明天要接待昆明来开年会的团体，春花姐一早就带着女儿去海邑镇上买菜去了，从昨晚到今天，王大姐及曾大哥与昆明王导游的联系不断，大都是沟通节日流程、住宿的问题。王导游要求一个房间最多住三人，于是本来安排好的四人间、五人间，又必须进行新的调整，除了安排9个人在自家住宿，其他的客人被安排去村中其他农家乐或有接待能力的农户家居住，来帮忙的人暂定为文艺队的成员（亲属们）。而接待的流程大致为：周六早上11点到达，午饭后，一行参观博物馆，游转村中的一些民居，如王家大院及撒尼的石头房，之后爬杜鹃山；下午5点半晚餐，之后进行歌舞表演，其中穿插年会的节目内容；最后进行篝火晚会；周日早餐后去爬圭山公园，后回农家乐午餐。
>
> 准备食材、安排住宿、换新的床单被套、扫洒屋舍、储水，成为接待前的必备工作，因为要准备接待客人，春花大姐今天并没有去曾大哥的大哥家吃杀猪饭，因为筹备接待而缺席杀年猪饭的亲属维系，或许只能在之后的空余时间来弥补了。
>
> 快午夜11点了，在场院排练的队伍开始转到村中的待客大礼堂进行排演，明天晚上会在此进行表演。前几天和曾大哥建议的在每

次表演时，都将阿诗玛文化传承文艺队的布标挂起来，便于宣传，今晚他们果然把红色布标挂起来了，前面还加了"撒尼原生态歌舞阿诗玛文艺传承队"的字样。为了增加喜庆效果，特意用红色灯笼进行装饰。

　　一行人开始排练，仍然是在春花大姐和曾大哥的编排下进行，大家的兴致很高，虽然已经到了晚上12点，但依旧没有散去的意思，这次在排练叉舞的部分又出了问题，于是反复重练了几次。一行人舞着铁叉，吃力地反复练习，因为没有专业舞者指导，所以在舞台效果部分，基本没有丰富的设计，多注重演员的肢体动作、唱歌与音乐伴奏的协调性。现在已经到了凌晨一点，但排练还未结束，而明天一早这些临时的演员，又得扮演厨房中的厨师角色、客人到来的迎宾角色，辛苦自不必说。

　　（1月30日）虽然昨晚排练得很晚，但今天一大早曾大哥一家及常住的人都早早起床，同样是切菜、煮饭，准备中午120人左右的午餐。平时挂在进门左侧我们以为只是装饰不会用来食用的烟熏火燎的猪肉，也被取下来，用水洗净，用刀刮去烟渍，做"腊肉红豆"这道土八碗菜肴。

　　约9点30分，参与迎宾及晚上表演的阿诗玛文艺队队员也陆续赶到，大三弦表演的伴奏人员在彝王宴彝绣坊门口调试弦音，或许因为天气太冷，琴弦再加力后总是会断，其中一个队员重新弄了半天，才调整好了琴音，之后排演迎宾曲调。

　　因为要为大约120人做午饭，所以大家都是一片忙碌。上午11点多钟，旅行团的大巴快要到了，而刚刚在厨房忙碌的阿诗玛们，还没来得及把妆化好，曾大哥的电话就响了，呼啦啦叫着大家一起到猴子塘旁的游客接待中心迎宾，一路小跑着，从水塘左侧跑到迎宾场。另一侧，是举着大小照相机的外来游客，其中有石林县组织的"文化大咖品石林进糯黑"的成员，他们已经在水塘的另一侧拍摄着了。

因是周末，外来的散客比较多，大家纷纷围着迎宾的阿诗玛们一阵拍摄，毕媛面容姣好，自是吸引了大多数摄影师的目光，她似乎也已经习惯了这样的围观，自如地接受摄影师的关注。之后两辆大巴到达，呼啦啦的一群人，穿过阿诗玛的歌舞与老年阿黑哥的大三弦舞，向村中的彝王宴走去。才表演完迎宾大三弦舞，曾大哥又是一路小跑到导游队伍的最前面，和导游小声说，让大家走慢点，刚刚表演完大三弦的老阿黑哥们，抄近路先赶到门口，他们还要表演迎宾的叉舞。

老年阿黑哥们挎着大三弦，从水塘近路跑到彝王宴门口，马上抄起铁叉，在门口表演叉舞，旅行团大部队也已走到，于是在锣鼓声中，同一队阿黑哥们又表演叉舞，直到大家鱼贯进入彝王宴家中坐下。

客人坐定后，所有的阿诗玛、阿黑哥又重新化身为厨房餐厅的服务员，抬菜、摆菜、端饭、备酒，一刻也没闲着，为了体现出彝王宴的特色，装酒的器皿，也换成了土罐，所谓的传统土八碗上桌，客人们开始用餐，而厨房还是一刻不闲，还在做菜品，为客人添菜做准备。当客人喝得差不多了，阿诗玛们才在厨房就地吃饭，阿黑哥则在外面场院吃饭，忙碌了一早上的阿诗玛、阿黑哥们，算有了片刻的清闲。

按照曾大哥之前的游路设计，午饭后先带大家参观糯黑民族博物馆。由于人多分散居住在各个农家乐或农户家，前后分成两拨参观。在大糯黑，没有专职的导游，当有讲解需要时，大家都会客串导游。

以下是曾大哥接待旅行团参观糯黑博物馆的导游词：

你们喊我老曾，这个村子是个彝族撒尼人聚居地，有276户人家，我们有10户汉族，他们现在都不说自己是汉族，说自己是彝族人，也就是等于他们被我们同化掉了。这些事物（博物馆中的各种农业用具）是我们村民自己捡出来的一些生活用品，是2009年的时候弄的，因为2009年的时候，人类学民族学第16届大会在昆明举行，我们这里是一个重要的考察点，所以村里让我们把家里的一些老东西放到这边来。如果没有这个会议，可能这些东西早就给丢掉了，或者烧掉了。下面自己看看，不懂的问老曾。

我们的村子有600多年的历史，在明朝的时候这里是一个哨所，不喊大糯黑，那时名叫"藤子哨"，"糯黑"是撒尼语音译过去的，"糯"就是猴子，糯黑就是猴子戏水的地方。之所以叫"藤子哨"是因为这里植被丰富。后来又被叫作"石头城"，但是不好听，才改成"糯黑"，现在成了"糯黑石头寨"。

我们是彝族中的一个支系，叫撒尼人，有自己的文字和语言，现在常用的有1200个撒尼文字，但我听说总共有3000字左右，这些我们的文化人——毕摩知道。我们这里是舅舅为大，怎么做，就是舅舅说了算。彝族撒尼人喜欢跳跳唱唱，就像电影《阿诗玛》里面一样。主要乐器有大鼓、大三弦、月琴、二胡，这个二胡又分成了大胡、小胡和中胡。这个叉，以前是武器，这个叉是年代最久远的叉，是清朝的时候就有的。

你们看这个带包头的外国人，他是法国人，叫保罗·维亚尔，1897年来彝族传教，天主教。他在我们这里待了三十多年，有一次被抢，受伤了回了法国，他大半生都在我们这个彝区，死后也是葬在了彝区的。他比较厉害，会讲彝语，会写我们的文字。

这里介绍的是阿诗玛文化传承。大家现在看到前面的两位老人（毕华玉和王玉芳），第一位老人是我们的毕摩，有双重身份。首先是文化的传承者、神职人员，管理祭拜，但已经过世了。这位奶奶还在，她主要是能够唱阿诗玛，是国家第一批阿诗玛文化传承人。

我们彝族撒尼人主要的崇拜是自然崇拜，怎么说呢？原始宗教！就是什么都崇拜，自己的祖先也很崇拜。所以我们有祖灵盒，什么叫祖灵盒呢？就是把我们祖先的头发、指甲都放在这个小盒子里面，再放在家中供奉。家里随时都有三代祖灵在供奉,如果三代满了,就送到山上的祖灵洞里面。每年的春节全家人就去供奉一下。

糯黑博物馆的陈列和外景(2016年)

我们主要的节日是火把节,火把节的时候,特别是彝族,都过火把节。另外冬月之前,我们过密枝节,祭拜密枝神。我们在祭拜之前就弄些好吃的,再弄点小酒,在密枝林里面喝点小酒,说说女同胞是怎么欺负我们的、怎么压迫我们的,发泄心中的不满。这个日期是按照农历来算的,冬月,也就是你们说的元月,在第一个属鼠到属马的日子期间过。传说有一种说法,上面有你们自己看一下(密枝节的来源)。我自己喜欢我刚刚说的那种,喝点小酒、发泄不满。当然,这上面的也是一种我们的传说。在密枝节期间,我们可以不准许村里面不道德的人来参加,或者参加之后相互说一下,你怎么怎么做的不对了。也就是,批评与自我批评,对吧?

下面这些是我们传统的服饰。这个颜色特别鲜艳的是围腰,模仿彩虹的颜色。这个是麻布,我们撒尼人是要织麻布的,现在还是有人在织,像我身上这件麻布衣可以卖到 800 块,这个是麻布做的。还有一种叫火草衣,好的可以卖到 1 万元一件,一个人制作一件火草衣要三年的时间。村子里的老人,有两位是会织麻布的,年轻人还没有学会。这是用大麻叶做的"竹篾帽",已经失传了。前几年,我们村子有一个九十多岁的老人会做,我让他给我做了几顶,现在还保留着。这个只在我们村里有,其他村子都没有了。这是我们的背带,里面是羊毛毡子,花纹也是自己绣的,这个倒是传了下来,这个还会做。

我们彝族撒尼人和其他民族一样,过年要杀年猪,今年也是一样。今天吃的午饭是我老曾自创的,叫"彝族撒尼土八碗",我不知道你们数了没有,八碗还有多,八碗不止了。晚上,我就整一个杀猪饭给你们吃,五点半到七点半,给你们喝酒、唱歌、聊天,敬酒我带队。

在曾大哥的介绍中,对于来自法国的保罗·维亚尔、2009 年世界人类学与民族学大会、密枝节男人的内容、服饰纺织方面的介绍较多。参观博物馆的人也多脚步匆匆,只对自己感兴趣的部分驻足,或拍照,或询问,一行下来十五分钟就完成参观了。

之后曾大哥领队,毕媛及其他两位歌舞队的成员带着大家一起去爬杜鹃山,一队人顺着上山石道前行,曲折转弯,路旁的牛也注目观看。之后大家在山上拍照摄影,逐步分批下山后,又安排团友去两家刺绣作坊点,但一部分团友不感兴趣,自由在村中转悠,另一部分则跟随毕媛到刺绣作坊点。刺绣作坊并不能引起大家的兴趣,当一行又去第二家刺绣店时,大家纷纷不想前往,于是临时更改了行程,一行人或步行回吃饭地点,或在村中闲逛。

吃饭在 5 点 30 分开餐,大约吃了 20 分钟,曾大哥和王大姐带着歌舞队成员,一桌桌给团友唱敬酒歌,每桌一首,每首不一样,或汉话或彝语，算是把彝家乐的氛围带到了一个兴奋的高潮。

饭后，随团导游带着团友们已经先来到礼堂的接客处等候，曾大哥和主持人阿国正在和我们一起吃晚饭。团友们在礼堂已经等候了一会儿，随团导游于是来催曾大哥晚会要尽快开始，于是歌舞队一行又赶到礼堂，准备晚上的演出。

撒尼刺绣包

用于售卖的刺绣包包及客厅的照片装饰

(五）购：需要找寻的旅游商品

在大糯黑村，能找到旅游商品的地方主要集中在村子里的小卖部、两家刺绣店和开办农家乐的客栈。2016年村中有7家小卖部，其中大量的商品均是日常用品，主要为村民服务，在一些小卖部里有一些刺绣品，如民族包包、带民族纹样的纱巾出售。两家刺绣店则集中出售民族服饰，品类相对齐全。而农家客栈中，除有民族服饰售卖，还能通过客栈老板找到当地产的乳饼、蜂蜜、苦荞酒等食用物品。可以说，当你游玩想带点旅游纪念品回家，不是一件容易的事情，因为村中现在出售的服饰绣品，大多也是从石林县县城的刺绣厂拿货来的，并没有独特的地域特点。

在2008年一位研究者曾开列过一份大糯黑拟开发的旅游商品一览表①：

表3-3　　　　　　　　大糯黑拟开发的旅游商品

商品类型	旅游商品种类
纪念品系列	书籍、画类、声像、实用纪念品
动植物系列	花卉、植物、动物标本
工艺品系列	石雕、木雕、纺织类、刺绣、扎染等工艺品
旅游日用品系列	生活用品、生活保健品
名特产系列	药材、土特产、绿色蔬菜、水果
风味食品系列	酒类、菜肴类食品、乳制品、腌制品、豆制品

8年之后，在大糯黑村仅能找到其中的纺织类、刺绣、乳制品等风味食品在出售。一方面说明大糯黑的旅游商品还有极大的开发空间，另一方

---

① 黄继元：《民族生态文化村旅游扶贫开发模式研究——以石林县大糯黑阿诗玛民族生态文化村规划为例》，《昆明大学学报》2008年第2期。

面也说明研究者的药方，在当地遭遇了抗药性。如今显得单调无味的大糯黑旅游商品现状，也是一种文化选择的结果。

（六）娱：阿诗玛文化传承文艺队的首演实录

在大糯黑，娱乐休闲主要与歌舞有关。大糯黑当地人说：酒厂不倒，三弦不停，斗牛场不倒，就是石林县的文化产业。酒厂不倒，说的是当地人对苞谷酒、苦荞酒的饮酒习俗；斗牛场不倒，讲的是彝族撒尼人民间的斗牛活动深受民众的喜爱；而三弦不停则指撒尼人民间歌舞的兴盛，抱着孩子、背着孩子排练，在劳累之余还坚持排练歌舞，这是"三弦不停"的内在动力。在大糯黑，游客能体会到的以歌舞为核心的娱乐休闲，主要包括迎宾时的三弦舞蹈、"土八碗"接待宴席上的酒歌、村民日常的歌舞排练、婚丧嫁娶岁时节庆时的歌舞表演和晚宴后的篝火晚会。2016年之前，在大糯黑的旅游接待中，除了酒歌是真唱外，其他歌舞表演基本是"假唱"，多数时候是用碟片中的唱词作为音乐背景，演员们用特定舞步来配合。2016年腊月，在彝王宴客栈的曾绍华和王春花努力下，"阿诗玛文化传承文艺队"成立，试图改变这种"哑巴舞"的现状，为游客提供更有现场感的娱乐方式，同时能将民间文化进行传承。通过我们对曾绍华的田野访谈[①]，可以获悉这个文艺队成立的细节。

问：成立"阿诗玛文化传承文艺队"是什么时候想到的？

曾大哥：想了很多年了。我媳妇她们在村里本来就有个歌舞队，但她们只是放光盘跳舞来着，我觉得这样没有意思，想将我们民族的东西包含进去，自己伴奏自己演出才有意思嘛。她们是学习电视里面的，永远都超越不了，而且有时候没有电视就演出不了了。我们民族的资源那么多，为什么不用呢？我就老是笑她说是在跳"哑巴舞"。

[①] 问答时间：2016年1月25日；问答地点：云南省石林县大糯黑村；被访谈人：曾绍华；采录整理：马媛媛、杜迪、刘操采录，彭慧颖校对。

一开始，我一点都不喜欢的，后来觉得可以以她们作为载体，把我想弄的东西做出来。后来，我也慢慢跟着学，越来越喜欢了，最后我们的阿诗玛文艺传承队就把这些给展示出来了。

问：那音乐是从哪里找到的呢？

曾大哥：一开始，我从市面上找到一些关于民族文化的老古歌，放给大家听，我媳妇她们说："这个听不懂在唱什么，难听难听，赶紧关了。"但我就是觉得有意思，这些老歌我开头也听不懂，我就记下来，去问我们老一辈的艺人，再把学到的歌词大意传递给她们，她们慢慢从听旋律到听大意。我特别记得，我那时候，放歌不超过10分钟，她们就把我的歌曲给关了，换她们的舞蹈光盘，现在她们都让我放老古歌给她们听。

问：你们怎么排练？

曾大哥：这还是要看家里忙不忙、客人满不满、有没有演出，视情况而定的，没有演出我们就排练个一两天，熟练一下。时间不能太长的，各家的情况不一样，大家白天也有事情，我们就晚上10点到12点这个时间排练。

问：那收入呢？

曾大哥：这个是有的，不管来的客人有多少，我们一律是800元每场，我和你春花姐给演员就是40元每晚，你来一晚给一晚的钱。在不影响农活的情况下，大家还是非常乐意来的。演员一共二十几个人，有时候我和春花姐还要倒贴钱的。不过，客人高兴我就高兴，我们还有大三弦舞蹈的欢迎仪式，慢慢我们做得更多，才更好谈价格，把演员待遇提上去。

问：一般哪些客人会要求看表演？

曾大哥：政府接待的多，都有大三弦迎宾、篝火晚会的要求，还有一些是旅游团队。

第三章 汉话（化）有限：阿诗玛文化的村寨实践

2016年1月23日，借着请客吃杀猪饭的机会，阿诗玛文化传承文艺队挂牌成立，并进行了首次演出，以下为首演实录，从中可以感知大糯黑村乡村旅游"娱"的现场：

今天作为绝对主角的"阿诗玛文化传承文艺队"却事先扮演了厨师和服务生的角色，在演出前为客人们准备好了"杀猪宴"，先让大家饱了口福。在匆匆收拾了桌椅碗筷后，还没来得及吃饭的文艺队成员们，迅速换上了民族服饰，准备演出。晚上8点半左右，演出正式开始。

曾大哥：各位亲朋好友请到我们的观众席就座。

"彝王宴"院子中间收拾出来的空地，就是传承队表演的"舞台"。文艺队一起唱《党的恩情比海深》，所有的文艺队成员站成两排，配合着乐队的演奏，唱了起来。

曾大哥：今天是汇报演出我们排练的节目。这个歌是比较传统、比较老的一首歌，它的歌名叫《党的恩情比海深》，是用我们民族语言唱的。

大糯黑村火塘乐色酒吧的吧主阿国赶来客串主持人。

阿国：尊敬的各位来宾、各位领导大家晚上好，在这个寒冷的冬夜，我们相聚在"彝王宴"很开心，今天晚上呈现的是以原生态为主题的一场晚会，献给各位在场的领导朋友，今天虽然天公不作美，有点寒冷，但是我们这个彝王宴里面（却）非常的热闹，那现在我简单地来介绍一下咱们的主演，乐队有8个人，其中两个是从小糯黑村来的，他们手中的乐器有手风琴、二胡、笛子、镲、月琴、大三弦、鼓，虽然是非职业的但是合奏起来也是很好听的。跳舞的也有8人，都是大糯黑的村民，因为文艺队是刚刚组建的，包括昨天、前天都一直在排练，都非常非常的不容易。接下来为大家送上的是《阿哥吹起笛子来》，也是非常原生态的，掌声送给他们。

主持人阿国（左一）

  这是一首男女对唱的彝族民歌，六个女演员与四个男演员相对而唱。女生有编排好的队形和舞蹈动作，男的其中两人手拿竹笛，一人怀抱大三弦，从容对唱。

  阿国：欣赏完非常原生态的《阿哥吹起笛子来》，那下边还是继续有请咱们这些老艺人，为大家带来《命名歌》，这个歌曲的由来就是以前我们老一辈的祖先在山上，播种的时候给地方命的名，由此演变的《命名歌》，送给现场的各位朋友，有请。

  这首彝语歌是由四位穿着蓝色民族服饰的奶奶演唱的，在平时，这些曲调奶奶们都能张口就来，但是面对这么多的陌生人，还是紧张了，第一遍没有跟上乐队的节奏，唱的声音越来越小，这时候曾大哥就上来，摆弄了一下话筒，又重新让乐队再来一次，第二次配合着乐器，唱得也顺畅多了。阿国帮忙拿来了话筒架，曾大哥看向从小糯黑来的何文珍奶奶，并请奶奶来到院子中央，给大家唱了一段。

  曾大哥：这个奶奶是1958年《阿诗玛》歌舞剧的演员，她今年78岁，她要唱一首，你们应该有掌声吧。

何文珍奶奶在春花姐的搀扶下蹒跚地走向话筒，对着话筒大声地"喂"了一声，直接开始唱了，她的声音很亮，明显看得出奶奶很激动。

曾大哥：据我所知，刚才唱的是放羊调，本来我们这个《阿诗玛》的传说是我们彝族的，它有很多版本，不仅是我们云南省，好多少数民族的聚集地都有这个《阿诗玛》的传说，我们《阿诗玛》的这个唱法是从毕摩传下来的，所以说很多都是毕摩调，刚才我们很多本地的人都说这些调他们都没有听过，所以我觉得，我们这些喜欢文艺的、喜欢老传统的应该把这些传下去。

何文珍奶奶（持话筒者）是 20 世纪 50 年代阿诗玛歌舞队的成员

一位身着深色衣服，戴着围巾，看起来和曾大哥差不多大小的男人，跟跄着走到曾大哥旁边，想要说几句话，看来是在吃杀猪饭的时候喝了不少的酒，满脸的红光，很兴奋。

曾大哥：这是我的同学，老毕，他是我们这个石厂的董事长，有请他说几句。

老毕：今天晚上很高兴，也很开心，来到我们彝王宴，其实我是糯黑山寨的人，跟大家相聚在一起，这是世界的，也是中国的，也是云南的，也是石林的，也是我们糯黑的，其实不管我们今天喝了多少酒，心里都是有激情、兴奋的，让我们在这里高歌。

听完老毕的话之后，院子里一阵起哄，曾大哥接过话筒，介绍下一个节目《喜送公粮》。《喜送公粮》配器为霸王鞭，这个节目是由乐队演奏，六个女演员手拿霸王鞭跟着节奏跳舞。之后乐队演奏了一段《圭山游击队之歌》。

阿国：刚才我们欣赏到了很多我们糯黑石头寨的原生态的、古老的唱腔唱调，刚才乐队老师给大家弹奏的《圭山游击队之歌》，是当年战斗时期，咱们这边有一个圭山游击队，当时创作的歌曲，这个歌曲在咱们石林来说都是非常非常有知名度的一首歌。接下来为大家送上《叉舞》，叉舞也是来源于当年咱们的游击队，现在又以一个舞蹈的形式来表达出来，掌声送给他们。

表演者都为男性，双手拿叉，分两列而站，通过舞叉动作展现力量之美。

阿国：接下来为大家展现的这个是撒尼剧《阿诗玛》的片段，在1957、1958年的时候，还没有《阿诗玛》电影的时候，就有了这个片段，一起来欣赏。

阿诗玛文化传承文艺队表演"阿诗玛出生"。阿诗玛的妈妈扮演者（春花姐）身穿蓝色的民族服装，怀抱穿着儿童民族服饰的玩具娃娃，表现阿诗玛刚刚出生，众多的亲朋好友前来庆贺，大家欢声笑语，围成一个圈跳起舞来。

阿国：谢谢精彩的表演，仿佛让我们回到了1950年代，大家应该都看过《阿诗玛》这部电影，其实原版的《阿诗玛》就是这个场景，这个场景是最原始的，也是最正宗的，所以说，大家在电影里面看见的这个场景，都是根据咱们这个老一代，刚才展现的这些东西（改编的）。刚才演的是阿诗玛的出生，然后就约上了亲朋好友来到家里面，一起来喝酒、闹，完了之后请我们德高望重的长辈，给阿诗玛起名字，最后我们这个白胡子的德高望重的老人，给她取的名叫阿诗玛，希望她能够健康成长，这就是阿诗玛的出生以及阿诗玛的命名。后面还有一个片段，就是"阿诗玛十八岁"。

歌舞队演出"阿诗玛的出生"

文艺队表演"阿诗玛十八岁"。阿诗玛的扮演者（春花姐的妹妹），手拿织布用的缠线杆，在小伙伴们的簇拥下，唱歌跳舞。同伴们都用一种羡慕的眼光看着阿诗玛，觉得她的衣服好看，包头好看，就连背的包包都好看，展示了阿诗玛的心灵手巧。之后在火把节的摔跤比赛中，阿支赢了阿诗玛的哥哥阿黑，却在后来的比赛中输给了放羊的小伙阿萨，阿诗玛就在小伙伴们的簇拥下，将自己亲手做的绣品，送给了阿萨。之后女的跳起舞，男的弹起大三弦，带着紫色包头的阿支也吹着笛子，他看着阿诗玛漂亮，想要跟阿诗玛跳舞，但是阿诗玛和她的同伴都不愿意同阿支跳舞，都躲开了。

晚上 11 点左右，演出结束时，曾大哥并没有太多的说辞，文艺展演就这样匆忙地结束了，外面来的客人因为夜路不好开车，也都提前走了，大多数留下来看演出的人都是大糯黑本村的。阿诗玛文化传承文艺队的全体成员在院子里跟几位领导合影留念后，也都围着火塘唠起了家常，一如往常。

2015 年我们调研时，在大糯黑出现了第一个酒吧——"火塘乐色"酒吧。火塘乐色的"塘主"就是主持文艺演出的阿国。阿国向我们讲述了开酒吧的详细缘由。

阿国：其实刚开始没有名字，就是想做一个酒吧。当时喷漆的时候墙上喷错了，先想到的是"火塘"，然后我就自己在这里加了一个"乐色"。火塘源于我们非常原生态的东西，因为彝族以前每家每户都会有火塘，里面会扔一些洋芋，包括烧水做饭，都放在上面煮，然后晚餐就解决了。为什么加一个"乐色"，因为有火塘肯定就会有音乐，并且音乐并不是单一的，要多元化，一个多元化的玩音乐的地方，传承的地方，所以就是"火塘乐色"酒吧。

民居改造的"火塘乐色"酒吧

这个酒吧的装饰来源于一个朋友的酒吧，在丽江，叫火塘酒吧，他的一瓶酒就卖到40块钱，生意很好，其实他那个地方就是夜店，艳遇率达到百分之七十。我也是一个很偶然的机会进入他的酒吧，然后就跟他成为知己。他那个酒吧的装饰跟这个都差很远，什么都没有，就两盏灯、三四个火塘，然后围在火塘边，无所不说，其实最开始我的这个酒吧也是这样，围在火塘边，开喝，就这样，因为当时写生的也很多，很多朋友建议，还是要有桌子凳子，有吧台，有DJ台。后来做了一些改造，包括灯光，我也不是很赞同，但是为了生存，就不得不加一些东西。那些墙上挂的毛泽东、朱德的照片，纯粹就是复古，给酒吧增加一些氛围。丽江的酒吧装饰也是增加氛围，以前我带团去丽江的时候，和客人有一些争执啊，心情不好，看见墙上贴的一些语录，工作的不愉快，就会变得很畅快。

这个酒吧整体表现出来的风格，第一就是复古，第二就是来到这个酒吧无所不能，想怎么玩都行，没有主人公，没有主角，可能追求的就是这样。可能就是因为这样的感觉，昆明的一些俱乐部，包括一些企业，来到这边之后都会选择到这里玩。

大糯黑村出现了采借自丽江风格的一个酒吧，这在大糯黑乡村旅游历史上，是一个很重要的事件。第一个酒吧的出现，是当地年轻人开始从外地回家参与旅游产业的一个信号。在调研期间，正逢春节假期，除了阿国，我们还看到了很多从广州打工回来的年轻人，他们穿着时尚，整体打扮和城里的年轻人并无二致，对时尚消费品、微信沟通等传统大糯黑"之外的世界"并不陌生。那些没有出远门的年轻人，也大多在石林县县城工作，"汉化"不再有限。可以预见，未来的大糯黑，会因为他们的存在而走一条不同于老辈人的路。

经验：文化自信与旅游实践的主动权

对大糯黑村"吃住行游购娱"元素的田野叙述，只是我们所看到一个大糯黑乡村旅游的局部，为了让这些叙述足够贴近事实本身，我们尽量多地将报道人的原话进行转述。以笔者的观察，在上文所转述的乡村旅游团队接待中，可以发现大糯黑村乡村旅游目前是不完善的，从"吃住游购娱"各方面看：

吃：土八碗、杀猪饭的菜品基本能满足游客对彝族撒尼人的食物想象，但由于迎宾、厨房、表演、导游等成员均是一拨人，忙中有乱。

住：因为各家住宿情况不一，设施参差不齐，与城市的标间差异大，不能满足客人多样化的需求。

游：有游览的资源，但旅游路线设计在实施中不能完成，导游团队、导游知识严重缺乏，对不同团队游客的导游路线缺乏规划。

购：基本没有购物的吸引点。

娱：有敬酒歌、撒尼歌舞、火塘乐色酒吧，但内容单一，参与性不足。

要对大糯黑村乡村旅游的经验进行总结，是一件"尴尬"的事，为什么？在田野中，笔者曾询问过一位石林风景区管理局的工作人员："大糯黑的旅游做得怎么样？"他摇头叹息："村子里连一个干净的厕所都没有，还搞什么旅游！"笔者接着问："那症结在哪里？"他说："钱，有钱就好办多了。"之后他向笔者列举了他眼中的成功案例，就在石林县隔壁的弥勒县可邑小镇，政府花了 1 亿多元打造的，进村无线 WiFi 就连上了等。之后笔者也调研了可邑小镇的情况，可邑小镇打造得很美、干净、整洁，村中的"吃住行游购娱"也很齐备，诸如整齐标准的迎宾仪式、排演完善的阿细跳月、精致高端的森林度假酒店、野趣十足的帐篷度假酒店、搭配合理的美食套餐、高端大气的森林马帮、惊险刺激的真人 CS 等。

但以一个偏爱乡愁的人的眼光看，可邑小镇的美，如同精致的仿真塑料花一样，精美也昂贵，入村就要 60 元的门票，更别说其他项目了。可邑的精致，是一种被商人"包装"出来的精致，可邑小镇里的村民，是本乡本土的村民，但更是可邑小镇景区管理部门的一个演员，他们每天表演的是一出"最原汁原味的彝族生态文化"的戏。

而回头看看大糯黑村，没有门票，在路口下车后，随手招呼一声，路过的轿车、拖拉机就会免费把你带入村中。到客栈后，如果老板上山干活了，你就推开房门（大糯黑治安状况良好，很多人家都不闭户），放下行李，饿了，可以去厨房看看有没有吃的，也可以自己动手，下把面条，然后在村里自己转悠，或写生，或在广场找老人聊天，然后等老板回来。夕阳西下，一起烧火、洗菜、做饭，喝几杯阿诗玛咖啡，和村民一起排练歌舞，虽然没有星级标间，但却有"回家"的感觉，纯朴且真实。这样看来，大糯黑村村民自己打造的接待站、彝家乐或客栈，虽然粗糙，但却是真实的，大糯黑的村民，在乡村旅游的语境中是演员，但他们表演的是"最原汁原味的彝族生态文化"的生活。

面对精致的"戏"和真实的"生活"，你会选哪一个？在大糯黑村的发展过程中，有很多学者、商人以智慧、金钱介入其中，并在大糯黑留下了一些印记，但是大糯黑人以一种较缓慢的方式进行着自己的乡村旅游进程，在这个过程中，乡村文化遗产得以相对缓慢地发生着变化，而且村中开办客栈的农户，很自觉地进行文化遗产的传承工作，虽然其中也有娱乐游客的商业诉求。曾大哥 2016 年的杀猪饭宴席，就是一个极好的例证。

得知曾大哥一家为了办今年的杀猪饭，提前很长时间进行了准备，今天特意到县城买杀猪饭的材料，还特意做了一个牌匾，上面用中文彝文书写着"撒尼糯黑石头寨阿诗玛文化传承点"。这并不是某个政府部门授予的牌匾，而是自己做的，将会在杀猪饭当天进行挂牌。

交流得知，曾大哥的杀猪饭进行了精心的设计：

1. 除了同其他人家一样杀猪过春节外，曾大哥还把杀猪饭当成了答谢会，答谢邀请的人包括：各个高校曾经到糯黑在他家吃住的老师、县文体局的领导、昆明电视台的工作人员，以及圭山镇、石林县的部分领导，以及合作的旅行社。

2. 借杀猪饭人流集中热闹狂欢的气氛，把一个传承《阿诗玛》撒尼剧的民间活动，广而告之，增加自己农家乐的知名度，告知别人，我们不仅为游客提供彝王宴"土八碗"，还做着文化传承的事，其农家乐的情怀自然上升。

3. 以一个自己制作的牌子进行挂牌仪式，告知被他们夫妻俩鼓动参加《阿诗玛》撒尼剧的乡亲父老，这是一个正式的事，并不是歌舞伴唱吃饭这样简单，用曾大哥的话说，是为了提高父老乡亲参与传承撒尼人传统文化的积极性。

4. 夫妻俩提前策划，与1950年代参与过撒尼剧《阿诗玛》的老人，学唱相关段落。从历史的深处寻找文化传承的依据，这个依据也是1960年代电影《阿诗玛》拍摄制作的参照，试图告诉外人，这里才是阿诗玛文化的发源地，这里将会成为圭山脚下阿诗玛文化传承复兴之地。

5. 与干塘子改名为"阿着底"，以宣示长湖是阿诗玛故乡的易名方式相比，曾大哥今年的杀猪饭，试图通过自制牌匾的挂牌和8个与阿诗玛文化相关的节目演出，宣示这是阿诗玛文化的传承点，与糯黑村猴子塘前新树立的彩虹圆包头雕塑一样，都是为了宣示文化传承的正统性和民间性。①

在调研中,笔者发现大糯黑村彝王宴客栈对外宣传的名片,内容与 2009 年的版本有较大差异,详细记录如下:

正面：

中国石林彝人部落文化餐饮管理有限公司

彝王宴汉话（化）有限公司

糯黑石头寨彝人阿诗玛文化传承与研发旅游合作社

拉蒙帕·曾绍华（曾大哥与王春花的少数服饰照片）

（彝人部落头人）

彝王宴订餐电话：18908856086　13987181795　087-67795086

地址：云南省昆明市石林县圭山镇糯黑石头寨,邮编652204

背面：

云南最具特色的民族文化生态旅游村

国际人类与民族学第十六届世界大会考察点

阿诗玛民族文化田野调查基地

撒尼阿诗玛民族民间文化传承与研发

彝民家访点——彝人部落客栈

彝家乐——撒尼"土八碗"

彝家山寨农村产品开发

风景石自然石板开发

撒尼人永远是您的朋友!

---

① 巴胜超、杨文何主编：《阿诗玛文化遗产传承人口述史》,云南人民出版社2016年版,第263—264页。

相比之前的名片，更多的"头衔"被附加在小小的名片上。相较6年前与曾大哥的交流，那时他还更多向外界传播彝族撒尼人"汉化有限"的观念，如今，他无论是在向游客介绍大糯黑，还是在火塘边与我们聊天，或是在去吃杀猪饭的路上，讲起如何导游，讲起大糯黑的人口组成，都会强调以前这里有几户汉人，但现在他们已经被彝化了，不再讲汉话，而是讲我们的民族话，也都参与到大糯黑的民族节日中了。在村民眼中，如今的大糯黑，其民族文化不再是"有限"的部分，而是开始以一种彝族文化的力量同化汉人，可以理解为大糯黑人的一种对民族文化的自尊心、自信心的提升，算是一种文化的自觉与自信。

笔者曾以《亚鲁王》的案例，强调了"心信的养育"作为文化传承核心动力的重要性："心信的养育"就是在民族文化传承中，从对传承人、传承项目的政策保护、资金支持等外部力量的"援助"，逐渐过渡到对传承人、文化持有者的文化自信、文化信仰和文化自觉等内部力量的"维护"，对文化持有者的"心信"进行"养育"[①]。在大糯黑村的文化旅游实践中，"心信的养育"同样重要。在十余年的旅游实践中，大糯黑村村民的心信某种程度上得到了养育，在与政府、学界的交流中，他们不再盲从于某一种力量，而是主动地、选择性地进行着文化发展的尝试，在文化自信的基础上实践旅游的主动权，这是大糯黑村文化旅游的经验之一。在城市化建设中，当我们失去可以怀念乡愁的土地时，不能把城市的乡愁，转接为乡村人的忧愁；在乡村旅游发展中，我们应该回到地方性知识，回归乡村，并谨记：谁是一直在这里的人？村民。

---

① 巴胜超：《心信的养育：以〈亚鲁王〉的传承与传播为例》，《贵州社会科学》2013年第11期。

第四章　百变阿诗玛：文化旅游情境中"阿诗玛文化"的发明

在文化旅游情境中，彝族撒尼人不断发掘着族群文化符号，以适应游客的观光需求。凭借电影《阿诗玛》的影响力，当地政府官员、本地文化精英和旅游产业的从业者，将多元的撒尼文化，复兴为一元的"阿诗玛文化"。以民间口头传承为主要形式的"阿诗玛"，在文化旅游的介入下，呈现为"百变"阿诗玛的文化形态。撒尼人多元族群文化的一元性打造和"阿诗玛"口头传承的"百变"形态，表征了文化旅游情境中"阿诗玛文化"的发明逻辑。

"阿诗玛诞生地807周年庆"文艺展演活动

2016年3月12日，革腻村举行了"盛大的"歌舞表演，纪念阿诗玛在革腻村诞生807年。笔者是在名为"圭山彩虹"的微信公众号中看到这个消息的，其推文如下[①]：

[①] 《阿诗玛出生地——圭山革腻》，2016年3月10日，"圭山彩虹"微信公众号（http://mp.weixin.qq.com/s?__biz=MzAxNTExMjkzMw==&mid=401689436&idx=1&sn=395ec96d9654344a0ff4f985c9824b97&mpshare=1&scene=23&srcid=0905vBkHuxMcjlDUoxAt0n2O#rd）。

阿诗玛出生地——圭山革腻

　　圭山脚下，树木阴翳，禽鸟喧集，山清水秀，人杰地灵。据说，1209年四月蛇日，阿诗玛就出生在圭山革腻村，到现在已经807年了。2016年3月12日，革腻村将举行盛大的歌舞表演，纪念阿诗玛诞生807年。

　　在彝乡，关于阿诗玛的传说，可谓家喻户晓、妇孺皆知，故无须赘述。她是人们心中永远的女神，也是撒尼人不畏强权、勤劳坚贞的象征。

微信推文还配有革腻村阿诗玛雕像、票选人气阿诗玛（穿着撒尼人服饰的年轻女孩）、助阵嘉宾阿斯贝来组合、助阵嘉宾毕有和（撒尼人称毕有和为石林的"刘德华"）等配图。

革腻村处于山区，截至2015年年底，全村有农户99户，人口380人，全部以农业为生，劳动力189人。2015年全村经济总收入114万元，人均纯收入3000元，全村收入主要以粮、烟为主。从革腻村再往南边就是弥勒县彝族阿细人聚居地，所以革腻村算是石林县最靠东南角的一个村庄，村里有撒尼人与邻村阿细人通婚的现象，目前村里有三十来个嫁过来的阿细姑娘。

革腻村村口是一座阿诗玛塑像和革命英雄纪念碑，我们租车的王师傅笑着说："这个（阿诗玛）塑像不行，你看帽子太大，头又太小，那怎么行，没弄好。"走进革腻村，偶尔才能在山路上碰到几个人，我们都开始质疑是不是自己进错了村子，反复确认是革腻村后才往前走。因为今天有"阿诗玛诞生地807周年庆"的纪念活动，按理说应该热热闹闹才对，怎么连一点活动的氛围都没有？沿路的村民各忙各家事，没有一点准备之意。继续向前，终于在小学附近看到了摆摊的流动商贩，我们才开始确信真的有活动要举行。

革腻村村口的阿诗玛塑像（马媛媛 摄）

他们都是来自附近村落的流动商贩，相对于我们通过微信公众号得到活动举办的信息，他们是通过亲戚朋友的告知和贴出来的宣传海报才知道今天革腻村有活动，一大早就约着同行，把货物拉出来摆好。流动商贩一共不过十家左右，其中两家是本村小卖部的，围满了小学广场的入口处。

走进小学广场，看台是一个半开放的棚子，那里已经摆好了长板凳，舞台也已经搭好，彩旗飘飘，连着舞台和棚子顶端。运气很好，迎面拿着长竹梯、身穿深蓝色工作服、头顶草帽的人就是村长——毕光辉。身旁个子略矮、头戴鸭舌帽的是老年协会的会长。在与他们的访谈①中，我们能了解"阿诗玛诞生地807周年庆"的更多信息。

问：村长您好，我们发现这横幅上写的怎么是"阿诗玛诞辰838周年"？

毕光辉：哎呀，我们也是弄出来才发现错了，算了那就，就这样吧！阿诗玛是1208年4月蛇日出生的，所以是807年。

问：这个阿诗玛诞辰活动是谁想出来的？

毕光辉：这是我们老县长ZDG②提出来要搞这个活动，说是一种传承。我们2009年就开始弄了，希望可以借此发展一下旅游，完善基础建设。

问：阿诗玛诞辰活动之前是如何弄的？

毕光辉：以前在村口，阿诗玛塑像前面的空地弄的，今天搬到了小学这边，一般就表演文艺活动、阿黑弹弓弹、射箭，还有女子摔跤，这些我们都弄的。

问：革腻村为什么被称作阿诗玛的原生地？

会长：从水说起，我们这因为洼地多，山地也多，所以关于阿诗玛的地名也多。比如村里左后两个水塘，我们一个叫"洗线沟"，是阿诗玛洗麻线的地方，一个干涸了，现在没有了。阿诗玛搓麻的地方，我们叫作"搓麻地"。然后靠近村口的位置有个"绵羊累积山"，是阿诗玛放绵羊的地方。她和阿黑的羊关在哪里呢？"关羊洞"就是了嘛！洞的上面是"龙马崖"，就是阿诗玛落水的地方。我小时候崖子下面都是积水，我还到那里玩，现在都没有了。800多年前，阿诗玛出生在"绵羊累积山"，后来就搬过来村里面，现在村里还有阿诗

---

① 受访者：毕光辉（革腻村村长）、老年协会会长；采访：杜迪；整理：彭慧颖、马媛媛；地点：革腻村广场；时间：2016年3月12日。

② 按照文化人类学的规范，此处人名为化名。

第四章 百变阿诗玛：文化旅游情境中"阿诗玛文化"的发明

玛家的老房子，你们沿着门口的路往里走就知道了。阿黑和阿诗玛本来是兄妹，结果被电影（上海电影制片厂摄制于1964年的电影《阿诗玛》）演成了恋人的关系。以前"龙马崖"和"关羊洞"边有片密枝林，"文化大革命"都给砍了榜地，我也砍过的，那时我砍了两棵树做成了课桌。

问：阿诗玛家还有后人吗？

会长：后人？800多年了哪有后人！不过唱《阿诗玛》的人多的，各种文艺都有，以前用汉语唱，这几年不是提倡撒尼语吗？我们就用撒尼语唱。这里是阿诗玛的原生地，《春城晚报》刊登过的，说发现有考古依据。

问：现在村里主要想发展些什么？

会长：主要就是旅游，但是没有资金，像大糯黑，政府投资了几千万，效果肯定是不同的。另外烤烟、苞谷也是需要的。

问：能跟我们说一下您的生活经历吗？

会长：我的是吗？行。我读小学的时候家里很穷，那时候哪一家有钱！我连鞋子都没有。我记得1964年的时候我读初中就是穿的麻衣麻裤，秋天啊、冬天啊，风就溜溜地从领口进、裤腿出，根本不保暖。当然了现在条件不一样了，我有四个儿子，各个会读书、有出息，老三是昆明交通银行的行长，老二是昆明监狱的监狱长，他们当官我也是当官，我当的是父母官。（会长大笑起来）读书是我的理想，我也想读大学的，可是正好赶上"文革"，有什么办法?!

1966年4月，革命就闹到我们这边了，我就穿着麻衣、麻裤跟着全国的形势去"串联"，当红小兵、红卫兵的，高喊"打倒刘少奇"，《阿诗玛》也不唱了，那时要破旧立新，打倒牛鬼蛇神。那时候还批斗《阿诗玛》电影，知道为什么吗？因为（电影中）阿诗玛给阿黑送信放了一朵花在水中，花顺着水往上流，人们就说这是旧社会要取代新社会的意思，把杨丽坤都吓坏了，演阿黑的后来也死了。

1977年的时候，四人帮黄了，我也被人拉下台，说我搞帮派体系，红帽、绿帽、白帽都戴过，其实我们都是小老百姓，哪有什么帮派呢！那时我只能戴着帽子参加体力劳动。再后来就一直榜地。三年前我从村外回来他们都推选我当老年协会的会长，我说不当，还非要我当。现在有些年轻人对老人不好，甚至连零花钱都不给，那我们这些榜地的老人吃什么？我就每年带着他们去旅游，去昆明、大理、丽江看看，一起聚着开心开心。去年我们去昆明，除了每个人花了来回的路费100元，住宿、吃饭、门票我儿子全部给解决了。当然我只负责这些玩乐的活动，真正教文艺、歌舞的还有另外一个副会长。但是我家老婆脾气好，院子又大，每次排练都到我家来的。

　　问：下午的文艺表演是什么流程？

　　会长：就是15个节目，各个地方的文艺队和请过来的演员进行表演，会把阿诗玛的故事、这里是阿诗玛原生地的历史讲述出来，镇长和圭山文化站的都来看节目，电视台不来。

在下午文艺表演开始之前，我们决定去探访村里的"阿诗玛家"。

越往里走村子越安静，有位村民沿路帮我们赶着吠叫的土狗，她指了指一处洼地上的房子，告诉我们，那一半草一半瓦的屋顶就是阿诗玛住的家。

我们是从"阿诗玛家"的后面进去的，最先看见的是有一面快要塌掉的土墙，旁边还有用树枝搭成的一个架子，上面缠着很多已经干枯的藤蔓。架子后面靠墙的地方分类摆着一排排整齐的柴，粗的、细的、长的、短的。

阿诗玛家已经无人居住，侧面关牲畜的地方成了村民上厕所的地方，这倒说明周围几间瓦房的村民仍在此居住。也许是我们参观"阿诗玛家"的新奇与聒噪打扰了他们，其中一家人打开了门，拿起一串钥匙，为我们打开了阿诗玛家紧锁的大门。阿诗玛家的大门前就是菜地，大门和普通人家极为相似，还贴了崭新的红对联。大门一侧石碑上的信息纠正了我们的认知，原来这不是"阿诗玛家"，而是"阿诗玛的公房"，碑文如下：

阿诗玛的公房——酋长阿支拖阿诗玛的故居

　　自古以来，撒尼姑娘从十四五岁开始就习惯住在公房，自由谈情说爱、跳三弦、唱情歌、找终身伴侣，这是人们生命的延续。

　　1227年，撒尼地方圭山一代阿支接任酋长住革腻村，听说阿诗玛长得特别漂亮。有一晚上酒足饭饱的阿支就从公房中看中了阿诗玛，就拖走阿诗玛到酋长住地。只因阿诗玛不从，阿诗玛连夜跑回家。酋长住地距阿诗玛家一里许。1953年，作家朱德普整理的原载《南方文艺》的文章中说："黑夜里狂风大雨、黑茫茫，阿诗玛奔回看亲娘，奔回的第二天早上，阿诗玛坐在门口搓麻，迎面奔来大头马，酋长带着兵，骑着大头马，生拉活扯把阿诗玛托上马。"阿诗玛悲剧的产生与发展都从这里开始，从此公房产生。

革腻村全体村民
2009年4月

革腻村村民口中的阿诗玛公房（马媛媛 摄）

阿诗玛公房的内部结构（马媛媛 摄）

　　进入"公房（故居）"，迎面而来的是一块发黑的木头隔板，有点"屏风"的意思。向左手的空隙走，墙边立一个木质的苞谷机，地下有一盆水和四只鹅，院子的左手是家禽的住所，但这些估计都是那位看门村民家的财物，也包括"屏风"右手边的旧摩托车。院子的地是石板铺成的，关家禽的栅栏对面是看门家人晒的腊肉。后面墙面怕是整个院子里最有装饰意味的一处了，那窗户底下的半截墙壁上有一排菱形纹，上面还有些彩色，分不清是粉红色还是大红褪了色。继续往里，进入主房，房内空空荡荡，只有几根支撑墙壁的细长木桩斜抵着黑乎乎的上墙角。房顶上全是蜘蛛网，一层盖着一层，灰尘也搭在上面，更不用说窗户镂空上的那些死灰了,房屋光鲜的岁月已逝,时间也停滞不前。好在地下角落的玉米秆子和门口烧火的挖坑提醒我,于看门人家门来说,这里的时间还在书写着新的故事,是那些不会写在石碑上的平民百姓的故事。

当我们回到舞台的时候,台下已经坐满了人,演员和观众都坐在一起。观众座位的最前面写着每一支乡村文艺队的队名,坐在前面的是穿着鲜艳民族服饰将要表演的舞蹈队演员,后面才是观众。但村民数量远远超过了板凳数量,晚来的人只能站在后面的大遮阳棚下观赏,人越来越多,不断从窄小的门口涌入,围住了整个小学广场。

革腻村的村民对阿诗玛文化有极高的认同感,认为阿诗玛的家乡就在革腻村,阿诗玛是自家村子的"美丽女儿"。纪念阿诗玛诞生的文艺展演在村民心中是一件很隆重的活动。一大早,革腻村村长和老年协会会长就赶到会场,两位已过花甲之年的老人虽力气不太足,但精神和心情极好,乐呵呵地进行着各种繁杂的活计,搬椅架、摆放花盆、抬音响,对工作人员进行组织安排。

表演队中最引人注目的是本村二十个孩子组成的舞蹈队,他们之中年龄最小的是八九岁的小学生,年龄稍大一些的也就是刚读初中的中学生。平时排练舞蹈的场地是村口一户人家院子里的平地。男孩们背着大三弦,动作强健有力,女孩动作轻快优美,跟随动感的节拍挥舞着手臂,十几岁的孩子们跟随着音乐拍手、旋转。动作虽青涩但却不失质朴。

革腻村处于交通闭塞、资源匮乏的山区,孩子们了解学习舞蹈的途径很少,很多舞蹈都是看电视时用心记下舞蹈动作,再仔细琢磨而来的。还有一些孩子喜欢看大人们跳舞,从大人的舞姿中学习撒尼舞蹈的韵味。为了本次演出,孩子们利用晚饭后的休息时间辛苦排练了三天,演出前孩子们异常兴奋,跟随大人们穿戴好演出服饰,一起相互帮忙绾头发、化妆,等待演出时刻。

主持人以"千古爱情阿诗玛,浪漫真爱在革腻"开场,介绍了阿诗玛的故事,台本内容如下:

二月初四最给力，春风送暖到革腻，千古爱情阿诗玛，浪漫真爱在革腻。朋友们、父老乡亲们，这里有这样一个美丽的传说：能歌善舞的阿诗玛爱上了青梅竹马的阿黑哥，火把节上与阿黑定了亲。财主的儿子阿支垂涎阿诗玛的美貌，并强迫与其成亲。阿诗玛不从，被鞭打关进黑牢，阿黑闻讯赶来救阿诗玛。在射死了财主放出的三只猛虎后，成功救出阿诗玛。狠心的财主又放洪水，想卷走逃亡中的阿诗玛，被十二崖子姑娘救出。从此，阿诗玛变成了山峰，以后人们只要来山峰前高喊"阿诗玛"，对面就会有回声。阿诗玛的美丽身影永远留在了人们心中。彝乡的茶，圭山的菜，革腻的姑娘人人爱；彝乡的麻，圭山的瓜，革腻的小伙人人夸。

阿诗玛诞辰807周年文艺展演（马媛媛 摄）

演出随着主持人的介绍拉开帷幕，随着欢快的节奏，各代表队的演员们投入表演之中。节目类型以表现撒尼文化的舞蹈为主，中间穿插各种赞扬阿诗玛的歌曲。文艺汇演的歌舞人员名单如下：（1）革腻村老年协会代表队；（2）张云勇代表队；（3）毕敏演唱；（4）尾乍黑代表队；（5）黄有能代表队；（6）张玉龙代表队；（7）弥勒凤凰村代表队；（8）野核桃树代表队；（9）高志祥、昂秀芬演唱；（10）曾海滨演唱；（11）老挖村代表队；（12）毕志明中年队；（13）蝴蝶村代表队；（14）毕有和演唱（因为临时有事演出取消，换成毕德宇）；（15）毕宗上青年队；（16）小团田代表队；（17）可宜代表队。

代表队一般是表演舞蹈，个人表演的都是唱歌，歌曲唱的全是关于阿诗玛的选段，重唱率很高，经常听到关于"阿诗玛祝米客""阿诗玛美丽""阿诗玛不愿意出嫁""阿诗玛哭诉"这些比较著名的音律。最后在这些代表队中选出第一、二、三名，发给一些纪念品。

来宾方面，一些外来者属于当地村民的城里亲戚，顺便来走亲戚的，还有一些是镇上教育局、文化站的领导和工作人员，但是并不多，都是等节目开始了将近半小时才到，并没有上台发言，但是位子还是预留了，在最阴凉的大树边上。

革腻村"纪念阿诗玛诞生807周年庆"文艺演出活动是村民们一手策划的，村长为主要负责人。整场演出花费两万多元。观众们大都非常喜欢这种文艺展演的形式。但由于乡村条件受限，在本次展演活动中，还是出现了一些纰漏，比如在演出即将开始时，还有工人上台维修舞台；话筒收音效果不太好，演出中间出现话筒啸叫的现象。最为严重的是，代表活动主题的条幅和宣传幕布打错了年份，舞台醒目的背景幕布内容应为"阿诗玛诞生地807周年文艺展演"，结果错印成"阿诗玛诞生地838周年文艺展演"。幕布和条幅印出来才发现错了，再修改已来不及，好在村民和许多工作人员都不知情。

对于"阿诗玛诞生地"的说法向来有很多争议，基本认同阿诗玛出生于革腻村的观点认为[1]：

"格路"村名在彝族古代文献中读为"格尔"，与圭山的彝语"格伯"相似，可从字面上释读为"圭山的城池"。从它的音义分析，

---

[1] 刘世生：《彝族民间叙事长诗〈阿诗玛〉的历史人类学研究》，赵德光主编《阿诗玛国际学术研讨会论文集》，云南民族出版社2006年版，第369—373页。

以及位置在圭山附近的实际，我认为可能指的就是现在的圭山革腻村。它与弥勒县麦地冲村相接，过去有可能是昂土司的领地。历史上，革腻是一处重要的交通关口，曾设置有"革泥巡检司"，委任土巡检管事和守卫。据当地居民传说，革腻村过去是一个有几百户人的大村子，并建有土城，在清初毁于战火，人口四散，几十年后才有少量居民居住。当年的革腻村，应该是圭山地区最繁荣的村镇，所以也才能出像阿诗玛那样最美的姑娘。

革腻村的毕志光，整理了大量的历史文献作为论据，用来说明"革腻"在古代是撒尼人的聚集区，参照传说，进行对比，论证阿诗玛在革腻村出生，在一份他提供的名为《阿诗玛原生地根底》[①]的文本资料中，详细列出了15条证据，用来说明革腻村是"阿诗玛"的原生地：

1. 革腻关巡检司是屯兵驻扎重地。革腻，原名革腻关，早在明朝时期即设巡检司，《明史·地理志·澄江府》有记载，地方文献也有记载，革腻关是撒尼居民区重镇、巡检司驻地，也是撒尼聚居区发号施令的行政住所。

2. "个尔"，革腻关明朝以前是酋长住所。现今的革腻村，在明朝以前称为"阿支尔"，而"个尔"是明朝以后的村名。至今弥勒西山阿细和西南阿哲与及阿乌的老人只知道"阿支尔"人，并不知道"革腻村"人和"戈产村"人，因为两村之间曾是"阿支尔"城，是古代班朗家阿支酋长的住所，是驻扎兵马的小城堡。

---

① 参见毕志光《我所知道的阿诗玛——一个民间研究者的手记》，云南民族出版社2016年版。石林彝族自治县县史志办刘世生主任如此评价："这是阿诗玛文化由外来专家研究，到本土专家研究，再到民间人士研究的标志性成果，代表着阿诗玛文化从象牙塔的精英研究到回归民间大众参与研究的重要转变。全书分《阿诗玛》古史辨、《阿诗玛》古诗辨、《阿诗玛》原生地辨三编，讨论了古羌人、南中大姓爨氏、自杞国与彝族撒尼的关系，对《阿诗玛》叙事长诗的形成、版本、原生地进行了梳理研究。"《我县又添阿诗玛研究的新成果》，2017年6月5日，中国石林网（http：//www.shilin.gov.cn/c/2017-06-05/1646305.shtml）。

3. 革腻"阿支尔"是古代撒尼文字的发祥地。

4. 革腻"阿支尔"是古代撒尼人的经济中心。革腻关是古代滇东至滇南的古道，也是交通要塞，凡曲靖、宣威、陆良等地下个旧、开远、蒙自都要经过此地，"阿支尔"（革腻）因地势险要，历朝设立"革腻关"。撒尼最多的匠人是竹匠和木匠，但是阿支城古代有几家祖传的银铜匠和铁匠，有专门铸造铁器的门户，也有专门制作白糖的门户，撒尼地方至今也未必有这些生产工艺的工匠。

5. 革腻有一崖石的传说是《阿诗玛》原文结尾的原始记录。在《阿诗玛原始资料集》中最早搜集了20篇阿诗玛的故事，其中有13篇的结尾就是阿诗玛逃出了阿支的虎口，又遇到崖神的侵扰，让必须找到白猪、白羊、白鸡来敬祭他，但是当时找不到白猪，于是就在黑猪身上涂了白泥，以祈求崖神的宽恕，但是天不遂人愿，晴天起了风雷，大雨把黑猪身上的白泥冲掉了，从此阿诗玛再也不能回来了，永远地附在了崖石上，之后人们只能听见阿诗玛的回声。而革腻村关于崖石的传说完全与阿诗玛传说的后半段是一样的。这个崖石的传说不是后人编造的而是世代相传的故事。这也可以证明阿诗玛的原生地就在此村。革腻的崖石在撒尼语中称之为"神马女岩"，也有叫"史马斐"。在部分的阿诗玛的传说中也有提到阿诗玛曾经被石岩压倒，而革腻村的传说中也有一段是石岩压人的传说，后人称之为倒石岩，撒尼的经书中也有提到"倒石岩"。

6. 阿诗玛原生地外景传记与革腻村的外景吻合。1953年6月上一辈的人搜集阿诗玛的故事情节中，有提道："阿诗玛村下面是莲花形的石岩，有十丈高。"而除了革腻村之外没有哪个村落有十丈高的石崖，崖顶还有似莲花样的石头。现今的名字叫"阿衣阿曼匪"，与原传记译音相似。

7. 阿黑放羊娃的最具体传说在革腻村。1955年3月14日刘先生（刘绮）在有关"阿诗玛"的新材料中说："阿黑长到12岁的时候，阿着底就闹了灾荒，父母相继去世，阿黑变成了孤儿，被班布朗家捉去服劳役，有一天主人让他上山采野果，阿黑迷失在树林中，幸被阿诗玛所救，但是又不敢回到主人家，阿诗玛的父母都是心地善良的人，他们收养了阿黑，认作义子，于是阿黑和阿诗玛便以兄妹相称……"这样的说法流传于当甸一代，但是当甸乡汉族居多，所以这个阿诗玛与阿黑的具体传说是在革腻村。

8. 关于般朗家阿支提亲的媒人"海热"。根据《阿诗玛》传记上面记载，海热到阿诗玛家中的时候，阿诗玛的父亲开门就说："你这个官有什么事？"说明海热是个官，并与阿诗玛的父亲是相互熟悉的人。当今革腻村还有个地名叫"海热匪"的地方，意为海热驻扎过的山洞，据说洞里很宽可以驻扎兵营。

9. "阿诗玛"抢亲情节中也有佐证。阿诗玛被酋长拖走后，因为不从，连忙连夜跑了回来，古代山高林密，野兽很多，一个女人连夜从阿支城到"个尔"一里多的路程还是可信的，如果再远一点就不能成为事实。

10. 圭山革腻关祖公洞谱牒铭证。祖公洞相当于汉族的祖宗灵牌，也是撒尼人的家谱。

11. 引经据典传源。阿诗玛家的神马与革腻村的神马传说是相一致的，阿诗玛的神马源于革腻村的传说。关于格路日明（阿诗玛的父亲）家的神箭，革腻的老人有这样的传说，有一年他家菜籽丰收，三年的菜籽共十石，堆在一房中，有一天主人去看时，菜籽不见了，留下了一把灿灿发光的箭。

12. 阿诗玛羌次都。这句话翻译成汉语叫做"阿诗玛洗麻线沟"，革腻村旁有一条不大的河沟，常年流水非常清澈，又有一塘流水积潭，本地人叫做"洗麻线沟"。相传阿诗玛小时候就在这里洗麻线，距离阿诗玛的家有五百米。

13. 考古文物佐证。1958年大炼钢铁时期，革腻一带出土了不少青铜文物，1968年又在革腻南边的山里发现了青铜器铜戈、铜矛、铜箭头等十余种。相当于今日的"手枪"。文物是活的证明，足以证明在历史上是酋长的重要基地，辉煌过一时，嘶喊声和呐喊声在回响。

14. 历史文献和古代文献兵家必争之地。《水经注·温水》《汉书·西南夷传》《三国志·蜀志李恢传》等书中都有提到，此地的重要性。当然在元、明、清时期在革腻关也曾是战火之地，出土的大刀就是后期的战争文物。西街口乡镇的毕氏、普氏、昂氏相传在这时期逃难中离去，还有代代相传祖宗在革腻的传说。可见撒尼圭山南部，在血与火的洗礼中谱写过壮丽的诗篇。

15. 关于阿支和阿支土城。阿支是阿诗玛故事中关键的反面人物，是古代撒尼聚居区的统治阶层，要知道阿支的原形态才能清楚阿诗玛时代的撒尼历史画面。

阿诗玛塑像落成8周年庆典活动暨春节文艺展演（圭山彩虹公众号）

除了"阿诗玛诞生地周年庆"，革腻村正在争取和强化作为"阿诗玛家"所在地的地理空间。位于革腻村村口的阿诗玛石雕像，是民间艺术家普光辉的第一个石雕，于2009年7月20日落成。革腻村村长毕光辉说起这尊石雕很感慨："这是经过革腻村在外参加工作的各位领导的大力支持和全部村干部群众的共同努力建成的。"阿诗玛石雕像总共花费一万多元，对革腻村的村民来讲,自然是意义非凡,对于外来的游客来说,阿诗玛石雕像更是革腻村作为"阿诗玛原生地"的一个地标性建筑。2017年2月2日,革腻村举行了"阿诗玛塑像落成8周年庆典活动暨春节文艺展演",周边村子的男女老少,身着盛装,汇聚到革腻村村口的阿诗玛文化广场,依旧是唱歌跳舞以示庆祝。

阿诗玛故乡"阿着底"的命名

而早在2005年12月26日,石林彝族自治县维则乡阿着底村就"喜气洋洋,欢庆阿诗玛故乡"正式由汉语地名"干塘子"恢复成彝语地名"阿着底"。"阿着底"系彝族撒尼语,意思是"青山绿水环绕的富饶美丽的地方"。20世纪50年代,由于盲目扩大耕地毁湖造田,阿着底村也由此更名为干塘子村。"阿诗玛故乡恢复彝语地名,将进一步弘扬民族文化,提升民族文化产品的知名度,有利于促进当地民族经济的发展。"[①]

根据《阿诗玛》原始资料,《阿诗玛》的故事主要发生在"阿着底",这并无疑问。但是"阿着底"在哪里,它指称的是一个多大范围的区域却存在较大的争议。在原始资料的注释中,阿着底所在地理位置有三种解释:一说在大理,一说在曲靖一带,一说在罗平境内。而学者们则提供了更为复杂的解说,认为不仅在云南境内的曲靖、大理、罗平、文山等地有阿着底,四川西昌、贵州境内也有以阿着底命名的地方。至今,关于阿着底的地理位置,代表性说法有以下7种[②]:

1. "阿着底"是个随彝族各族群不断迁徙而不断改变地域指称的地

[①]《阿诗玛故乡恢复彝语地名阿着底》,《云南日报》2005年12月26日。
[②] 参见巴胜超《象征的显影:彝族撒尼人阿诗玛文化的传媒人类学研究》,北京大学出版社2013年版,前引书,第33—36页。

名，其最后的落脚点是在石林圭山地区。根据彝学研究的成果①，认为"尼米阿着底"是彝族"六祖分支"后，对东迁部族中第一个定居下来的坝子——曲靖的称谓。后来该族群迁徙到四川西昌，又将西昌命名为"阿着底"，之后举族又迁徙到大理。南诏后期，该族群又从大理经昆明迁徙到石林圭山地区，于是现在石林长湖一带又出现了"阿着底"。由此可见，"阿着底"原在曲靖坝子，后随着族群迁徙带到了西昌，再到大理，最后落脚在石林圭山地区。

2. "阿着底"是以人名命名的地名，是家支名——阿佐赤演化而来的地名②，指的是一个区域名。"阿佐赤"家支属于白彝，简称为"赤家"，六祖之一的默部始祖慕齐齐的后裔，曾与赤家有争斗，曾雄踞一方的阿佐赤家支住在今宣威境内，而其地界为宣威、沾益、曲靖一带和周边一些地区，后人将这些地区以家支名命名为"阿佐底"，即"阿着底"。可见"阿着底"指的是一个区域，而非某个具体的村落，大致包括沾益、曲靖和陆良三个相连的坝子。

3. 阿着底在大理。此种说法的主要依据是撒尼人是从大理迁徙来的，此说法是在20世纪50年代《阿诗玛》叙事长诗的搜集整理中被汉语学者确定的。1953年搜集的《阿诗玛》撒尼文原诗译本在"尼米阿着底"下面的注释中说：阿着底，地名，阿诗玛家住的地方，传说在大理。整理发表后的《阿诗玛》也沿用这种说法："阿着底，即现在的大理。"③ 根据传说，撒尼人原住在大理，后逃到昆明碧鸡关，因反抗租佃压迫失败，才迁到路南圭山地区。王方在《〈阿诗玛〉所说的阿着底在哪里》一文中也认为阿着底在大理。公刘在《有关"阿诗玛"的新材料》《谈〈阿诗玛〉的

---

① 参见乌谷《〈阿诗玛〉之我见》，《阿诗玛国际学术研讨会论文集》，云南民族出版社2006年版，前引书，第38—39页。
② 参见昂自明《"阿着底"新考》，《阿诗玛国际学术研讨会论文集》，云南民族出版社2006年版，前引书，第193—196页。
③ 傅光宇：《阿诗玛的故乡"阿着底"究竟在哪里?》，《阿诗玛研究论文集》，云南民族出版社2002年版，前引书，第344—345页。

整理工作》》①中认为：格路日明家所在的都鲁木山即大理的点苍山，而阿着底的意思就是南诏，阿着底在大理。

4. 阿着底在四川西昌、在"滇、黔之际"、在罗平境内等地。这些说法一方面是根据撒尼人的迁徙路线，认为在撒尼人曾经路过的西昌、云南、贵州境内，都有叫阿着底的地方。另一方面则来自口头传说，据说有猎人到贵州打猎，在云南和贵州的交界地看到了阿诗玛石像，这个石像就是《阿诗玛》中所说的"刮来一阵大风，把阿诗玛挂在石岩上"的那块石头，阿诗玛的家在石像的西边，热布巴拉家在石像的东边，则阿着底就在滇黔交界处了。而阿着底在罗平境内的说法则来自1953年搜集阿诗玛的传说故事时讲述者的说法，其中《芭茅村的传说》②中对"尼米阿着底"的注释是："阿着底，地名，据说在罗平境内。"

5. 阿着底在曲靖坝子③、曲靖附近、曲靖一带等说法。撒尼人在称呼"阿着底"时，一般会说"尼米阿着底""南米阿着底"，其汉语意思均为"撒尼地方阿着底"，之所以有"南米""尼米"的前缀，均与所指之地为"阿着底"的上游或下游有关。根据撒尼人的其他叙事长诗《竹叶长青》《牧羊人小黄》等记述，"阿着底"指的是现在曲靖坝子的整个地带。根据《彝族源流》《西南彝志》《彝族创世纪》《六祖纪略》等彝文文献的记载综合归纳，阿着底就是沾益和曲靖的坝子。而且撒尼人的祖先曾在曲靖定居，现在撒尼语称曲靖仍为"阿着鲁"，"鲁"即"城"，阿着鲁即阿着底，曲靖就是《阿诗玛》的发源地。其他的一些研究资料

---

① 公刘：《有关"阿诗玛"的新材料》《谈〈阿诗玛〉的整理工作》，《阿诗玛研究论文集》，云南民族出版社2002年版，前引书，第10—27页。

② 《芭茅村的传说》，赵德光主编《阿诗玛原始资料汇编》，云南民族出版社2002年版，第421页。

③ 参见毕志光《试论〈阿诗玛〉中的地名词释义》，《阿诗玛国际学术研讨会论文集》，云南民族出版社2006年版，前引书，第208—209页；王继超、王明贵《〈阿诗玛〉中若干典故考释》，《阿诗玛国际学术研讨会论文集》，云南民族出版社2006年版，前引书，第224—227页；毕志峰《阿诗玛故乡在曲靖》，《阿诗玛国际学术研讨会论文集》，云南民族出版社2002年版，前引书，第233—240页；黄建民《〈阿诗玛〉中的地名、人名评考》，《阿诗玛研究论文集》，云南民族出版社2006年版前引书，第333—343页。

如《云南民族民间文学通讯》《普兹楠兹》等都认为阿着底就在曲靖境内。

6. 阿着底并不是某个特指的地名，而是一种对"坝子"的美称，这种美称还被撒尼人寓意为死后灵魂归属的地方。据 1959 年《路南圭山区彝族撒尼支社会历史调查》①中的记载，阿着底的意思是平缓的大坝子。而在彝族文献中，阿着底及类似的汉语译名在古籍中曾多次出现，大多是对某个水草丰美、适宜居住的坝子的称呼。撒尼人死后送灵，毕摩依据《指路经》，要将人的灵魂送到某地，而人们会说，那里就是阿着底。

7. 阿着底是一个实际存在的村落，在云南省昆明市石林县维则乡宜政村委会的"干塘子"村，阿诗玛就出生在这里。这种说法认为，阿着底村以前叫"干塘子"村，其撒尼发音为"阿朵底"，"阿"是语气词，"朵"意思是"出"，"底"是"坝子"。据当地老人讲，干塘子原来村西有个大水塘，塘子底会冒水，到雨季更是一片汪洋。20 世纪 50 年代后，为解决耕地被水淹没的问题，村中组织开槽放水，后来水就变干了，称其为"干塘子"。2005 年，中国西南民族研究学会会长 HYH②等著名专家学者齐聚石林，经过多方考察和论证，根据国家地名管理的有关规定，正式批复同意该村恢复历史彝语地名"阿着底村"——彝语意思为"青山绿水环绕的富饶美丽的地方"。

2016 年年初，我们在石林县撒尼村寨进行调研，问及阿诗玛的故乡阿着底在哪里，田野报道人也为我们提供了各不相同的回答，将这些报道人认知的"阿诗玛故乡"的地理位置总结起来，内容如表 4-1 所示：

---

① 苏夏调查整理：《路南圭山区彝族撒尼支社会历史调查》，路南彝族自治县委员会文史资料编撰组《路南文史资料选辑》（第四辑），云南省地震局印刷厂 1989 年版，第 113 页。

② 按照文化人类学的规范，此处人名为化名。

表4-1　　　　　　　　"阿诗玛故乡"地理位置总结

地点	特色	讲述者	理由
曲靖市朱街	阿诗玛的故乡	徐燕晴（阿诗玛旅游小镇文化长廊"老板"）	"阿着底"的发音在撒尼语中与曲靖市的"朱街"接近
长湖镇宜政干塘子村	被政府命名为"阿着底"	王玉芳（《阿诗玛》叙事长诗国家级"非遗"传承人）	阿诗玛生长在一个名叫"阿着底"的地方
西街口村	阿诗玛的故乡	虎志兰（《阿诗玛》叙事长诗县级"非遗"传承人）	"路南说阿诗玛的家在圭山，正儿八经是在哑巴山（月湖村）水塘铺交界，以前我老祖说的，我是听我老爹讲的，都有360年了"①
月湖村	阿诗玛的故乡	昂秀兰（民间艺人）	2005年，月湖被命名为"石林镇月湖彝族传统文化保护区"
大糯黑村	阿诗玛文化调研点	曾绍华（彝王宴农家乐老板）	利用农家乐的经营模式，接待各种调研阿诗玛文化的学者、绘画写生的画家
小糯黑村	《阿诗玛》撒尼剧	何文珍（阿诗玛文化传承人高月明的弟妹）	舞咏歌舞团撒尼剧《阿诗玛》中的演员、伴奏者多居住于此地
额冲衣村	《阿诗玛》头像	黄永玉	黄永玉先生笔下的阿诗玛的模特儿名叫"普兹苇"，住在"耳勺衣"
小圭山村	《阿诗玛》叙事长诗	金荣芝、普文昌（小圭山村的民间艺人）	很多撒尼音乐的民间艺人居住于此，很多音乐作品创作于此

---

① 杜迪:《虎志兰的采访记录》，2016年1月19日，西街口村。

第四章 百变阿诗玛：文化旅游情境中"阿诗玛文化"的发明

续　表

地点	特色	讲述者	理由
革腻村	阿诗玛的诞生地、公房所在地	毕智光（革腻村村长）、毕光辉（革腻村老年协会会长）	村里有《阿诗玛》长诗中所涉及的"搓麻地""洗线沟""关羊洞""绵羊累积山"等地点和传说

在各村寨追逐"阿诗玛故乡"的地理标识过程中，阿着底村（干塘子村）的实践无疑最具代表性。阿着底村是宜政村委会下的一个村，宜政村委会一共管理三个村，分别是：老寨、大海子村、阿着底村（旧称干塘子）。2005 年，专家学者齐聚石林，经过多方考察和论证，有关这一彝族地名的"历史悬案"终于尘埃落定，有了明确的说法：阿诗玛的出生地阿着底就在石林彝族自治县维则乡的阿着底村，泛指今天的长湖片区。据住在阿着底的王玉芳讲述，阿诗玛的家就在阿着底（音：阿都底），也就是干塘子边的山上，现在宜政村还有一块阿黑的地。2006 年，为了让阿着底村在游客的视觉感知上更接近阿诗玛的故乡，村长组织了一批农民画家，在石林农民画家毕文明、赵光亮的带领下①，根据《阿诗玛》叙事长诗创作了美术作品共 92 幅，以壁画的形式表现在石林阿着底的农家墙壁上。

在 2014 年之前，从石林县县城出发，前往阿诗玛的故乡——阿着底，吃农家饭、观摩民族刺绣，晚餐后乘车返回，是阿着底村民间文化与旅游结合的基本模式。有学者认为："阿着底村的刺绣产业发展以及由其带动的农家乐、民族歌舞展演等活动不仅在乡村文化产业方面探索出了新的发展路径，而且也为传统的农业生产加入了新的内涵，使该村

---

① 根据《阿诗玛》叙事长诗创作的《阿诗玛》壁画，艺术总监：毕文明；创作：赵光亮；色彩设计：金牛；绘画成员：赵光亮、金牛、马树平、毕进文、王正学、毕文亮、李春、杨华林、娄学明、杨云春、普光辉等。

阿着底村的《阿诗玛》壁画

的产业结构得到了合理的调整并呈现出良好的发展态势。"① 而据笔者观察,在阿着底的发展过程中,村长个人生命的历史,直接左右着村落的发展,阿着底村 PF② 村长 2014 年 8 月 14 日在云南省文化产业博览会上的发言③,可见一斑:

> 我们彝族妇女被称作阿诗玛,她们各个心灵手巧,每个人都能歌善舞,更都会刺绣,用刺绣绘出她们内心的美丽与憧憬,彝族的生活离不开美好,更离不开刺绣。但这些生活离不开的刺绣只是为自己的生活服务和锦上添花,还没有向外界展示它的美好与艺术的力量,也没有把它变成艺术品和商品,而我这个村长要做的,我的历史使命就是要把我们彝族的"撒尼挑花"实现它的艺术价值和商品力量,让广

---

① 马翀炜、刘从水:《从干塘子到阿着底——乡村文化产业发展的个案研究》,《西南边疆民族研究》2010 年第 7 辑,第 118 页。
② 按照文化人类学的规范,此处人名为化名。
③ 云南文化产业宣传 QQ 群 (281541062) 资料。

大彝族妇女不只是享受它的美好，更要享受它给现实生活带来的实际的收益。

我首先做的是把刺绣从自用品向商品转变，1999年成立了阿着底刺绣厂，由10名妇女、8平方米的刺绣厂房组成，尝试把村里的刺绣向外界销售。实践证明无名的彝族美丽妇女不但心灵手巧，意志也是坚强的，经过六年的发展，我们的刺绣厂呈飞跃式发展，截至2005年产值已达1700万元，直接就业妇女达80多名，产品销往全国10省区。此阶段达到了把自用品向商品的成功转变。

2005年年底，我们成立了石林刺绣协会，吸引有更高技艺的彝族妇女加入协会，统一发料，统一工艺，统一收购，统一销售，创造了公司加农户的新模式。同时我们也吸引云南其他地州的妇女入会，对彝族刺绣工艺及经营模式向外界推广，扩大影响力及市场。此阶段更是呈爆炸式的发展，会员规模紧密型达3200名妇女，松散型达2.1万多名妇女，入会妇女平均年收入1.8万元，最高的达30多万元。截至2013年，产值达1.3亿元，产品出口世界20多个国家。此阶段的发展，达到了由个体户经营向企业化经营的转变，由村里几个人赚钱向整个村妇女脱贫致富转变以及带动影响全县妇女就业的新趋势。

2014年，我们刺绣公司在县政府的支持下，自筹与引进外资筹建了"阿着底风情小镇"文化与旅游地产项目，创办云南第一个民族刺绣专业市场与文化旅游展演项目，配合石林旅游的"由自然景观向人文景观的过渡"的倡导，本项目预计投资8.6亿元，目前项目"三通一平"动工中。这个阶段的开始，预示着我们石林阿着底村的刺绣，由企业概念做到了行业概念，尝试对云南省民族刺绣行业做一种新的行业模式的探讨与实践。

彝族撒尼刺绣的主要材料是麻布、土布、棉布、七彩丝线等，传统的刺绣布料多为手纺麻布，颜色灰白，间有深蓝色细条纹。制作工序较为繁杂，首先要将生长了一个月结了籽的麻秆砍回，挂在树上晾晒30天左右，然后扎起来放到河水中泡软，再用稻草包裹捂一夜，第二天用木棒捶打至柔软，撕出麻秆纤维再挂晒一两天，然后，将这些纤维搓捻成两股在纺车上纺成麻线。为了增强麻线的韧性，还须将纺好的成团的麻线放入锅中加草木灰煮四五个小时，出锅后还须用力搓洗。其中一部分麻线要用从县城购买的染料浸染成深蓝色，其余的用燕麦水漂白，全部晾干之后才能用纺车纺成布匹。经过多道工序制成的手纺麻布幅宽在20到30厘米之间，结实耐磨。由于自织麻布的制作工序比较繁杂，目前很多人都已经不会这项手艺了。撒尼人还用过一种当地称为"火草"的植物纺线织布，这种原料柔软细白，韧性较强，但价格较贵。火草的纤维细小而柔软，纺织过程也比麻布简单，但由于"火草"不易寻找，产量较低，所以现在用火草纺布的非常少，即使做出来一般也只供给自己家里使用。

以刺绣产业为核心，阿着底试图以"农家乐+刺绣产业+歌舞展演"的模式来开掘乡村文化旅游的路径，但实际上，阿着底村10多户农家乐，只有与村长有亲属关系的"玉兰园"，会经常接待旅游团、政府或学者考察团，其他农家乐的生意却很惨淡。在石林县的规划中，"阿着底风情小镇"位于彝族第一村旁，该项目建设内容包括刺绣创作中心、刺绣展示中心、刺绣作坊等，项目建成后，将成为石林县首席刺绣专业市场。但是因为资金等问题[①]，原本计划于2015年5月建成并投入生产的"阿着底风情小镇"未能实现。

在石林当地人的眼中，被命名为"阿着底"的干塘子村，只不过是政府为了发展当地的旅游而命名的"阿诗玛的故乡——阿着底"。阿着底的村民说，自从村长因为经济问题被关起来后，这里的旅游不再兴旺，

[①] "阿着底风情小镇"原规划总占地133亩，总投资6.63亿元，计划工期23个月。该项目原定于2015年5月建成并投入生产，据推算，投入运营后，可带动2000余人就业，年带动刺绣产品产值4800万元，平均每年缴纳税金932万元。关于"阿着底风情小镇"的破产，流传最广的一种说法是：因为项目负责人存在资金诈骗的行为，被相关投资商起诉，资金链断裂。

甚至成为一个徒有虚名的"旅游废地"。而一些陈年旧事也被重新讲述，比如石林旅游网曾经描述阿着底村："仅有300多人口的阿着底村有4支文艺队，业余演员150多人，上到七八十岁的老人，下到六七岁的孩子，都是文艺队中的演员。阿诗玛故乡深厚的民族文化底蕴可见一斑。"现在问及阿着底的文化旅游，县里一位分管文化产业的工作人员告诉笔者："阿着底（宜政村）要唱酒歌和歌舞表演都得去请外村的演员表演。"

2016年冬天，我们再次到阿着底调研，村里民居墙壁上的《阿诗玛》壁画，大多已经剥落、褪色，村里新建的红砖房，逐渐将曾经"修旧如旧"[1] 的彝族民居遮盖了。玉兰园里那个供民族歌舞表演的大舞台，只见"风情醉国人"[2] 的横幅和空空如也的舞台。

阿诗玛导游[3]

在一个地方的旅游发展中，政府（人大）既是国家相关法规、各种旅游政策的制定者与实践者，同时，面对旅游带来的可观经济收益，政府也与当地人、企业以及各种利益相关者进行着各种形式的、不同程度的合谋。总体来讲，政府权力主导着一个地区旅游发展的方向，石林亦然。在此主导过程中，地方政府不断调整其策略和方向，表现在具体的管理和规划中，则是在景区发展的不同阶段对导游"民族身份"和"性别"角色认识的变化，这些变化从让撒尼人全面卷入旅游发展的前台，到以汉族为主的其他族群导游的涌入，以及现在多方关系的共谋，使得人的景观——阿诗玛导游和自然景观一起成为石林共同的旅游产品。

---

[1] 吴平：《"阿着底"乡村文化报告》（http://ta.yunnantourism.com/ciiyun/new/new2_index.asp?news_id=6）。
[2] "山石冠天下，风情醉国人"是石林风景名胜区对外宣传的口号之一。
[3] 此部分为史艳兰博士所著《云南石林景点导游作为景观的旅游建构》，发表于《旅游学刊》2012年第7期。

（一）阿诗玛导游的"制造"

在石林风景名胜区的导游建设过程中，石林景点导游招聘政策的变化主要分为三个阶段。

第一阶段是1982年，即在管理局成立伊始，由于国家外事接待工作需要，石林风景区第一支导游队伍——"阿诗玛导游组"成立，首次招收8名"彝族女导游"开展接待工作。由于缺乏招聘经验，《导游招聘要求》非常简单，凡具有高中文凭的彝族未婚女性均可报名参加考试，考试内容为语文、数学和政治。在第一批导游中，目前仍留在管理局工作的只有李岚[①]（1983—1987年从事导游接待工作）。据李介绍，"因为达到要求的人不够，最后招收政策放宽到初中毕业生，但必须是女性，彝族，身高1.6米"。也就是说，在石林景点导游发展的第一阶段，"民族身份""性别"成为导游招聘的主要准则。第一批导游队伍的建立不但结束了五棵树村民作为景区民间向导的历程，也预示着权力关系开始介入石林喀斯特自然景观的旅游发展中，以统一的模式和要求来塑造石林景点导游。

1983年的阿诗玛导游（左），2009年的阿诗玛导游（右）（石林旅游网）

---

① 按照文化人类学惯例，人名均为化名。

第四章　百变阿诗玛：文化旅游情境中"阿诗玛文化"的发明

　　第二阶段是 1995 至 2005 年。随着游客急剧增多，当地政府意识到旅游的经济潜力，开始加强对景区的管理。个体导游一度被取缔。1995 年，第一位职业导游管理员王玲来到阿诗玛导游组。来自昆明高校、代表"专业"管理的王玲表述了对当时导游组的看法："所有导游都是小学、初中毕业生，那个时候给我的感觉是这些干导游的怎么是这样——没有文化，很多导游只是带着走走，然后讲一下传说……根本牵扯不到'导游'这个概念！"因而，王玲的出现，说明随着旅游市场的发展，旅游局对"导游招聘"的要求已经发生变化，开始强调学历尤其是导游自身的文化素质。对民族身份、性别的限制有所放宽。王接手后对导游组进行了全面改革："当时导游组有 130 多人，考核后就辞退了 65 人。他们有些连自己的名字都不会写，甚至不会讲，这就牵扯到对地质成因的理解和把握，还有讲解、跟客人交流等，对这些东西的领会，如果没有一定的文化程度，你还是理解不了！"

　　这就使得阿诗玛导游组出现了一个矛盾：一方面，在旅游实践中，随着市场需求的激增，导游队伍需要不断壮大，改革却使许多学历相对较低的彝族导游被辞退；而另一方面，在人的景观的建构中，彝族导游的民族身份又成为很重要的内容，"因为他毕竟是民族[①]，举手投足之间他有些东西就会自然流露出来，他跟客人交流的思想方式，都明显带有一些传统，彝族的传统，我们要求汉族导游必须学会 50—100 句彝族话，还有必须学会吹树叶等，但这些东西（学彝族话、吹树叶）仅仅只是表面上的，真正能体现民族文化的是他本人，你跟纯正的彝族交流和跟穿着民族服装的汉族交流是两回事"。这就说明，服装的、身份的、族群性的模仿并不能使外来导游成为文化上真正的彝族，游客与"服装导游"和"身份导游"的交流不是一回事，改革却排除了许多具有族群身份的彝族导游。面对这个矛盾，从 1996 年开始，管理局到昆明专科院校——云南省旅游学校等招聘

[①]　这里讲的"民族"指石林彝族撒尼人。

导游，同时也自己培养导游①。因而在外来的大批汉族被吸纳到阿诗玛导游组的同时，彝族撒尼服装成了最直接也是最重要的符号性表达，并在政府的规范中，服装上的"彝族"获得了合法性，服装作为道具扩展了不同族群身份的景点导游在石林景区的文化实践。

第三阶段为2005年至今，阿诗玛导游组继续向"职业化"靠拢。管理局相继制定了《导游准入制》《导游淘汰制》《导游管理规定》《导游服务工作要求》等管理条例，逐渐形成招聘、管理、培训等完善的规范体系。但是，除了掌握景区知识、具备服务技能，应聘者还要学会讲简单的彝族话、唱彝族歌、跳彝族舞等。在这里，政府既追求标准化管理，同时也注重体现景点导游所承载的撒尼文化作为人的景观在石林旅游规划与建构中所具备的价值和意义。因此，以汉族为主的外来导游身份扮演的合法性不断得到强化，更多的汉族导游、外地导游有机会进入景区和当地导游一起进行撒尼文化的展演。在这一被建构的过程中，貌似规范化、地方化以及对撒尼民族文化的保留性再创造是政府改革中并行不悖的准则，可以自由拿捏把握。而现实则是当地人面临着在文化展演中被淘汰的危险，因为其民族身份所赋予的文化心态赶不上主流文化所掌控、所主导的旅游发展列车，但是他们的文化又还有用。于是，服装成了景观，展演的主体性则不断被弱化，导游作为旅游景观的重要文化传递者从以"包装"为主转变为以"制造"为主。

（二）导游词的创设

当旅游者来到石林，景点导游根据瞬时的感官交流开始对石林地质概况、特殊荣誉②等进行选择性介绍。但是，所有导游均以"欢迎您来到阿诗玛的故乡观光游览"开场，并通过服饰介绍撒尼人的社会生活及各种文

---

① 管理局从1993年开始与县民族中学合办职业高中，学生接受三年制的导游培训后到景区从事景点导游工作。
② 国家重点风景名胜区、地质公园、世界自然遗产等称号。

第四章　百变阿诗玛：文化旅游情境中"阿诗玛文化"的发明

化习俗。也就是说，从游客入园，还未真正接触石林喀斯特地貌自然景观，导游即在自我预设的符号选择中开始和游客进行互动，并不断调整符号"表述"，促成游客对石林公园的"想象"。

关于导游词的表述，冷静而受欢迎的汉族导游王小磊这样认为："导游词是不断变化的，一定要听别人怎么讲，然后自己不断创新。你比如说人工草坪那里，原来导游词是说妖怪把孙悟空的师傅带走了！后来有人发现旁边石头很像孙悟空，所以现在大家都给游客介绍说孙悟空在后面追妖怪救师傅，后来我自己又在远处发现有块石头很像孙悟空的金箍棒，你又可以联系起来讲说孙悟空拿着金箍棒去救师傅。导游词是人讲的，是灵活的，就看你了，你有自己的东西，客人才会找到快乐，你永远都讲那些是不行的。"王小磊完整地呈现了导游词不断被创造、更新的过程。但在这样一个文本创造中，导游也必须遵循一些文化习俗和传说故事的基本构架。那最早期、最基本的导游词是怎样"创造"出来的？笔者认为，石林导游词主要经历了口传身授和规范化与个性化结合两个阶段的变化。

据王玲回忆："1993年前纯粹没有导游词，导游词是一个带一个，比如说我要来当导游，就去跟老导游走两圈，他怎么讲我就怎么讲，这就使得口传、误传很多，而且众说纷纭，没有统一性。而且导游词的内容主要是传说和象形石的讲解，完全没有对石林的科学介绍。"在此背景下，管理局对导游词进行了系统编撰和整理，以聘请石林彝族研究学者编书[①]和使用石林县民族宗教事务局关于撒尼人的文化资料为主。1999年又与昆明市旅游局合作，聘请专家对喀斯特地貌，即地下溶岩、溶洞的成因等地质知识以及石林县情县况进行增补。此后，导游讲解均按该知识体系进行操作和扩充。

通过以上梳理，我们看到地方民族文化是怎样通过政府和导游的建构

---

① 这里主要指中央民族大学黄建明等编写的系列丛书。

呈现给游客的。而对这个建构所表现出的宽容和接纳让我们明白，在旅游发展的浪潮中，面对外来导游以及其他利益相关者的涌入，五棵树的撒尼人更需要借助政府的文化手段来完善自身的文化表述，更需要有一个"完整的故事"来展演本民族的文化，从而应对竞争带来的紧张和冲击，实现自身利益诉求。

（三）阿诗玛导游的行为符号

基于撒尼文化和喀斯特地貌景观天然的地缘关系，身着撒尼服饰的景点导游成为满足游客对异域好奇与消费需求的旅游吸引物，传统社会分工观念使得性别成为早期石林导游招聘准入的另一重要条件。然而，随着旅游经济的快速发展，职业化、标准化成为比民族身份、性别差异更为重要的招聘准则，服装导游、身份导游的紧张关系悄然出现，因而拆台、化妆等符号行为应时而现。对彝族导游而言，接受标准化，具有标准化的能力是他们必然的选择，但在接受外来文化规训的过程中，他们又不得不借用本民族的文化来增强自身优势，并在此互动中不断地建构自己，从而塑造出新的"文化景观"。导游之间的行为符号以及角色表演等既是人的景观的再阐释，同时也深刻地反映了当地人对旅游认知的变化，它是当地人应对旅游发展的实践进程。

（1）拆台。阿诗玛导游组工作地点位于石林散客接待中心（以下简称散客中心），那是一片开阔的区域，由许多长凳围成两排U形座位，所有导游均在那里接受"挑选"。具体做法是旅游者开具聘请导游发票后，把发票交到指定导游手中，该导游即获得工作机会。在此过程中，景点导游们也不是完全被动地接受选择，大家会使出浑身解数，以吸引或逃避游客的眼球。而因导游招聘中的"性别"偏向问题，男导游一直很少。因此，男导游被默许在散客中心附近区域自由招揽游客，这也促成了"拆台"现象的出现。所谓拆台，是指当某男导游在招揽游客或者带团时，其他族群的男导游使用某种策略故意使其招揽失败或者在带团"展演"中出现尴尬、窘迫的行为过程。

2008年7月22日上午,汉族导游王玉看到几位游客,于是上前搭话,交流中彝族导游也凑过去,彝族、汉族导游都在和游客交谈,结果大家都没有带到这个团。王玉安静地回到散客中心,和汉族导游们私语、抽烟(装作若无其事的样子)……几分钟后,又来了一批游客,这一次,汉族导游按兵不动,彝族导游凑了上去,在他们招揽游客的过程中,汉族导游开始吆喝:"不要找阿黑哥(男导游)!找阿诗玛(女导游)!找阿诗玛!"并且迅速地从椅子上跳起来给游客引路,让游客找"阿诗玛",游客被女导游带走了……最后,只要见到游客,大家都吆喝:"找阿诗玛!"

彝族、汉族男导游以吆喝"找阿诗玛"这种"帮助"女导游招揽游客的形式破坏了双方的目标客源,这样一种被笔者称为"软暴力"的形式,其最初的起点可能并非源于对方有意的破坏,只是不同族群身份的人在旅游经济中按照各自的文化实践表现出的招揽策略。就以上招揽为例,汉族男导游喜欢单枪匹马,彝族导游则习惯集体行动。当彝族导游不经意的举动变成汉族男导游实现既定目标之障碍时:"你撮客人(说服游客请自己带团的行为和过程,当地人叫'撮')的时候,比如说客人来了,我撮着,民族(指代彝族导游)就会嗡上去,你说四五个导游嗡上去是什么概念,你说你来到石林,一个导游来撮你,刚要心动,旁边四五个人一下子嗡上来,你心里会怎么想?游客肯定以为你是骗人噻,那些都是搅屎的,所以说我恨,他整着我一两回,下回我还不是会去整他,我不带了嘛他也别想带着!"(汉族导游:苏民)"拆台"也就应时而现。也就是说,男导游能接受揽客失败这一事实,但他们不能接受另一族群引致的失败。另一方面,不同意识形态指导下的实践行为也产生了不同的经济效益,汉族导游明显占了上风。与木讷、淳朴,手段方法单一,主要以带路为主的彝族导游相比,汉族导游知识丰富、口齿伶俐,善于把握游客心理,每一位汉族导游都有自己带团的法宝,彝族导游的劣势被无限放大:比如普通话说不好，而且"脑子慢，争不过汉族导游"，这就使得收益锐减，更重要的还是心理上的巨大反差。在这样一个紧张的关系中，其中一方任何一个无意的行为都有可能被认为是恶意捣乱，引致"拆台"。

而拆台所隐含的权力关系也就悄然凸显。一方面，政府的建构使得汉族导游大量进入阿诗玛导游组。在此之前，汉族、彝族导游都要经历规范化、标准化的训练和考核，此标准主要以旅游浪潮下的汉族文化为标尺，所以谙熟本民族文化背景的汉族导游当然能驾轻就熟。另一方面，由于大部分旅游者皆为汉族，这就使得相同文化背景的人，在沟通上有很大的便利。彝族导游的语言思维、对外界的把握以及曾经封闭的生活和汉族都是不一样的，虽然他们也接受了标准化的教育和训练，但更能适应本民族的文化，所以差异也就表现出来。在具体的旅游情境中，在面对谋生、经济收益的时候，接受标准化，具有标准化的能力成为当地撒尼人必然的选择；而在接受外来文化规训的过程中，面对主流文化的冲击，他们又不得不借用本民族文化来增强自身优势。因此，在文化展演的过程中，回归自己的文化，找到自信，并在这个互动的过程中不断地建构自己，成为当地人旅游实践中的重要途径。

（2）化妆。拆台是男导游间竞争关系的符号表征，而女导游们最频繁的行为动作则是化妆。

在"被选择"的过程中，外形成为女导游们认为的游客进行选择的重要标准，而化妆则是弥补这一外形缺憾的一种重要方式。因此，化妆是女导游们时刻进行的一种身体表达：出团前一定要化妆，没有游客雇用以及出团后均要补妆，就连吃饭之前都要照镜子，饭后继续补妆……正如波伏娃（Beauvoir）所言，"我们之所以能做出这种姿势，是因为有一些明显的和隐藏的钳子直接夹住了我们的身体"[1]。明显的钳子是导游

---

[1] S. D. Beauvoir, *The Second Sex*, H. M. Parshley trans, New York: Bantam Books, 1950, p. 533.

组的管理规定:"导游必须化妆才能上班!"隐藏的钳子则是关乎生计的问题:"因为我们是没有底薪的,必须要客人请才出得去,你才有钱,如果一天不带客人,你就相当于没有收入,没有水平……"在导游组,出团率既是收入高低的体现,也是衡量女导游漂亮与否的最佳尺度,更是能力的验证。

"大家都坐在那里,漂亮的人就有人请,而如果几天都没人请,自信心也会大受打击。"具有10年从业经历的女导游李丽芬不但是景点导游,还持有云南省导游证,因此景区游客少时她也去昆明带团。按她的经验,在昆明旅行社做导游是看能力,而在石林,"大家都坐在那里,别人首先看的是你的长相"。李是漂亮的,但在访谈中,她也含蓄地说:"我昨天、今天都没人请呢,都觉得不好意思了,现在老了,比不过年轻人了!原来还行,现在几天才能出一次……"许多女导游都认为:"如果不化妆,感觉你的脸就是枯燥燥的,没有血色,没有精神面貌,客人看你的眼神都不好!"有的导游则更直接地把化妆和出团挂钩,"人靠衣装马靠鞍,你肯定要化化妆,好好地打扮,都是在那里坐着,游客来了,他觉得谁漂亮就叫着谁走了!你不化妆,人家个个化,你根本出不去,他就是看哪个漂亮了"!

出团率高,就表示你是一个漂亮的人,有能力的人,说明你挣得多。这就造成了一种现象:女导游就运用各种方式让自己"变漂亮",而化妆、补妆就是最快捷、有效的方式。化妆、补妆也成为石林景点女导游近乎自觉的一种身体本能。漂亮与否确实和出团率有一定关系,特别是男游客,访谈中一些男性游客选择导游的标准确实看外貌,但如果我们放宽眼界,把男性游客放到游客这个更广阔的消费群体中来比较,就会发现游客选择导游的标准是多重的,并不仅仅是外貌这一唯一因素。

以下是在访谈中,分别和两位游客的对话:

案例一，60 岁老太太

问：您为什么会选她？

游客：这个……太年轻的我不喜欢！那小女孩，小毛丫头……太老的我也不要，我是女的，我也不愿意找男的！绕了那么一大圈，我瞄了一下，最后到她这里，觉得她还比较诚实可信吧！

问：那一路下来，您还觉得她诚实可信吗？

游客：行！行！行！

问：小女孩为什么您不喜欢呢？

游客：太活泼了，我们老太太跟不上，我怕她没有耐心，知道吧！所以找个年龄稍微大一点的，她经历的也多些，经验也足一点，所以我就找个这样的！一看这丫头，跟我年轻的时候差不多，这也要找适合自己的！

案例二，30 多岁男士

问：那么多的导游，您为什么会选那位女孩？

游客：你知道吗，许多导游都浓妆艳抹，只有那个小孩给人感觉比较清新！

这只是 21 份游客访谈中的 2 份，其他的理由还包括看人如看相，"一看面相就知道是哪一类人"，"看着比较年轻，活泼可爱"等。可是，在女导游中，漂亮与否却成为她们判断游客请导游的最重要标准。在生计这个基点上，化妆所延伸出去已经不仅仅是出团的机会，化妆成为女导游之间竞争关系和获取社会评价的表征。出团率高的女导游就有可能被领导看重，可以参加政府的各种公务接待，结识那些有身份、有地位的领导，虽然此类公务接待并不能给导游们带来物质上的好处，收益甚至比自己带团低，但却是一种荣誉的象征，最重要的是成为被领导看重、看好的导游。

第四章　百变阿诗玛：文化旅游情境中"阿诗玛文化"的发明

更为重要的是，以经济收益为导向的"人的景观"的建构改变了在景区工作的撒尼人传统的社会分工，许多妇女成为家庭经济支柱，而男性则退到后台。经济地位的改变使传统的家庭结构、婚姻嫁娶等都发生了变化。

石林景点阿诗玛导游作为旅游景观的建构过程，理论上来说，是以社会建构论的视角对地方旅游实践进行解读的一次尝试。我们从地方政府对发展旅游的认识和变化出发，阐释和分析了导游如何被建构为旅游景观的实践过程。在旅游发展初期，族群身份和性别差异是政府导游准入的关键标准，而随着旅游发展浪潮的推进，职业化、规范化与族群身份、性别差异成为导游招聘中既并行又矛盾的共同准则。因而，"拆台""化妆"等符号行为应时而现，成为新的文化景观。最后，在地方政府、村民、景点导游以及游客等共同的实践互动中，身着撒尼服饰的景点导游与喀斯特自然景观被"建构"为石林共同的旅游景观。

笔者认为，在现代性语境下，我们已身处于一个不断被建构的社会，对于石林旅游景观的建构及其过程之重要性，只有回到社会建构论的视角之下，才能找到更为客观的解释。社会建构论强调过程而不是结构，关注行动而不是情境，原因是对过程和行动的关注更能找到人们思考、解决问题的方式，以及对世界的看法。在石林，旅游景观的建构既是村民发展旅游的社会实践，更是当地人在旅游发展中对社会、生活变化的认识和体会。在此过程中，景观又成为被不断建构的对象。

而从人作为景观的建构过程对于当下研究的启示与意义来看，尤其是在旅游对目的地社会影响的研究中，在学者更多地关注旅游带来的正面或负面影响，即简单地追求对旅游发展中的结果影响进行论证的背景下[①]，就本案例看来，这对于解释和分析当代中国少数民族农村社会中的旅游发

---

① Derry M, Jago L, Fredline L, "Rethinking Social Impacts of Tourism Research: A New Research Agenda", *Tourism Management*, Vol. 33, No. 3, 2012.

展均有其不同程度的缺陷。石林阿诗玛导游的个案既反映了国家不同阶段、各级政府对于发展旅游认知的变化，更是中国少数民族农村应对旅游发展的缩影。

阿诗玛文化一日游

大众游客，特别是参团到石林体验广告语中"山石冠天下，风情醉国人"的"石林阿诗玛文化一日游"的真实情况是怎样的？为真实体验大众游客石林一日游过程中，导游对阿诗玛文化的传播和游客对阿诗玛文化的认知状况，我们以普通游客的身份，报团体验"阿诗玛文化旅游"的真实情况。此次"石林一日游"[①]在网上报名，因为深秋初冬之际是旅游淡季，各个旅行社都在打折降价，如表4-2所示。

表4-2　　　　　各大旅行社石林一日游的信息对比

旅行社	景点	行程和服务	价格
昆明中国国际旅行社	【石林风景区】（大石林景区—李子园箐景区—小石林景区）：游览石林湖、狮子亭、青牛戏水、石屏风、朱德题刻、鳄鱼石、石林胜景、千钧一发、刀山火海、且住为佳、莲花峰、剑峰池、拳打脚踢、极狭通人、仰天俯地、千年古藤、双鸟渡食、犀牛望月、象踞石台、千年龟、石钟、望峰亭、心脏石、跳月坪、唐僧石、阿诗玛等 【七彩云南】游览孔雀园，免费品茶，观茶艺表演、大型珠宝展	7:30 昆明市区各宾馆酒店接游客到旅游车集散地统一乘坐旅游车 08:00 乘车出发 12:00 午餐一小时 18:30 回昆明火车站附近	成人价：120元 儿童价：80元

[①] 2015年11月30日，课题组成员马媛媛、杜迪报名参加"石林一日游"，以游客身份对旅游体验进行深描。

续　表

旅行社	景　点	行程和服务	价格
春山秋水国际旅行社	【石林风景区】大石林、望峰亭、幽兰深谷、凤凰梳翅、莲花峰、剑峰池、小石林、石林长湖、步哨山、李子园箐、奇风洞、石林芝云洞、石林仙女湖、飞龙瀑、清水河、仙人洞、月湖 【昆明市区综合性展览馆】	7:00 集合点接送客人，出发去石林景区 10:00 到达石林景区 12:00 午餐一小时 14:00 返回昆明，经过展览馆 18:00 到昆明火车站	168元
昆明康辉永升旅行社	【石林风景区】代表景点有：双鸟渡食、象踞石台、千钧一发、望峰亭、剑峰池、阿诗玛等 【七彩云南】【玉石展览馆】景兰珠宝或翠玺珠宝和燮银店	8:30 出发 10:00 到达石林风景区 12:00 午餐时间 18:30 到昆明火车站	120元
昆明康辉旅行社	【石林风景区】石林湖、石屏风与桂花林、朱德题刻、石林胜景、千钧一发、剑峰池、极狭通人、望峰亭、小石林、阿诗玛 【昆明市区购物点】珠宝、茶叶、精油、银器，导游任选三个	8:30 出发 10:00 到达石林风景区 12:00 午餐时间 18:30 到昆明火车站	成人价：180元 儿童价：80元
昆明康辉永华旅行社	【石林风景区】大小石林、狮子亭、石林胜景、剑峰池、望峰亭、阿诗玛等景点，探寻岩溶地貌发育典型、地面石峰林立等景点	7:30 酒店接人 8:00 出发 12:00 午餐 19:00 送到昆明	160元

我们选择了康辉永升旅行社 120 元的一日游，一来康辉是大旅行社，服务应该相对是好的，而在各个旅行社所设景点相差无几的情况下，自然是选择了价格最低的。只是有些诧异，居然有比石林景区门票（成人票 175 元）还便宜的跟团费，那旅行社岂不赔本？同时也好奇，这样低的价格，又要走完旅游合约上所有的景点，会是怎样一个走法？

在环城南路地铁站，地接格外热情，带我们买完保险，领着我们走上一辆大巴，便离去了。上了旅游大巴后见到江导，她是带领我们一日游的导游"阿诗玛"。她身穿紫色轻薄羽绒服、牛仔裤，拿着名单在与前排的乘客核对信息。

待大巴开动，她打开麦克风："你们是来旅游还是来睡觉的？我看你们都没有休息好，你们都先睡会儿吧，到了石林我叫你们。"

江导说完，眼睛一翻，头一歪，看着昏昏欲睡的游客："你们真睡去石林吗？"

没有游客搭话。

"你说你们报这个团干吗的，来睡觉吗？开个酒店去睡更舒服！本来出来玩，就应该多见识见识当地的美景、文化，你们倒好，花钱来车上睡觉的。本来我有很多石林的介绍还有故事来跟大家分享的，既然你们想睡，我可以不讲，给你们耳根子清净，睡一路好了。到了景点你们头疼不舒服别来问我为什么。云南是高原地形，气候跟别处不一样，有新闻说一个老人在旅游车上就这么睡过去的，你们尽管睡好了，反正我天天都带团，你们不想听，我也正好休息。"

恍然大悟，导游生气了，或者假装生气？反正，游客都醒了，男游客还举手说要欢迎导游讲解，车上一下子闹哄了起来。

"嗯，欢迎我讲是吧，你们自己选择的，不是我逼迫的。""导游我们想听介绍。"大家都跟着起哄。

"嗯。我先跟大家自我介绍吧。我姓江，可以叫我江导。带团有 10 年以上的经验了，所以各位记一下我电话。这一天当中有事就打这个电话，一天过后也可以继续打这个电话,想知道云南旅游、美食、特产,任何问题来找我,都能帮大家解决。"

"你们知道车牌号吗?"游客答不上来,又是一顿责备。

"哎呀,要是黑车直接把你们拉去贩毒,怎么办?你们真是胆子大啊。这里是云南又不是你们家乡。都给我记好了云A·L1582,知道为什么有L吗?这是运营旅游的字母。其实大家只要看到L就可以放心了,这是全国统一标志,也只有专门的旅行大巴是这样的。记住了!等一下到景点,每个车都一样的,你们怎么区别,只有车牌,我团的团名就是车牌号,记住了!安全意识一点都不强。"

"来了我的车上有以下4条规矩:第一,不准扔垃圾在车上;第二,我不建议你们睡觉,因为这里是高原,从外省刚来会因为缺氧而贪睡,越睡会越困;第三,原座原位,旅行结束后带走你们所有的东西;第四,不要打听别人的家事,闲话少说,我们这是散客拼团,大家要自己小心。"

终于结束了开场白。接着她开始滔滔不绝了,从昆明、呈贡、宜良、石林说到玉石银器,直到石林风景区大门。

"我们昆明有三城之说。一叫作春城,因为夏天最高温度也不过30摄氏度,可谓四季如春。海拔高,处于云贵高原之上,所以到山上一些特别高的地方,水还不到100摄氏度就开了,沸点特别低,大概80摄氏度吧。中午吃饭,如果有吃到夹生的米饭,你们就别来找我了,因为旅游团餐不可能都给你用高压锅。另外,昆明也叫作花城,像你们家乡情人节送情人的玫瑰,很多都是我们昆明运送的,所以来了昆明不妨带点鲜花精油回去。第三,我们还是赌城,那赌什么你们知道吗?"

"石头、翡翠。"有人说。

"对了,就是翡翠。虽然我们云南不出产翡翠,但我们加工从缅甸运来的翡翠,翡翠原石,有大有小,看上去跟普通石头差不多,可这一刀下去有人欢喜有人忧。前段时间,报纸上登了,说我们昆明一哥们生意做不好,拿着三万块买了一个小石头,当场就让师傅切开,结果一刀切

· 141 ·

下去,哇,你们猜?那可是上好的种,马上让大师加工成一对镯子,这对镯子你们知道市场价是多少吗?八十万啊,这差距大家都懂。所以,等一下你们看见了石头也可以去尝试一下,说不定,来了趟云南,您就捧回一堆金砖。"

江导向游客发问:"云南的特色是什么?你们说说。"

游客开始七嘴八舌起来。"那个玉龙雪山、泸沽湖。"坐在前面的大叔说。"香格里拉吧。"这口音,一听就是东北来的。"云南白药,还是阿诗玛啊?""阿诗玛不是烟吗?""也是人好不啦。"这倒像江苏的口音。"白族是在大理吧?"

江导翻了翻白眼,摇头道:"哎,你说你们连特色都不知道,回去别人问你,你怎么好介绍呢?我们云南的特色是少数民族。整个省有多少个民族你们知道吗?"

"10个!""哪有那么少,20个。""不对,十几个吧?"游客又争着瞎猜一气。

"26个民族。"江导得意地说,眉眼也抬高了几分。

"那有多少个少数民族知道了吧?"

"26!"大家一起回答。

"唉唉,我问少数民族,汉族是吗?应该是25个。"江导也不知道这样问过多少个团了,看来她得像带着一年级小朋友一样好好看管我们了。

"我们这里,每个民族都有各自的民族风情。你们知道怒江边上山里的独龙族吗?听过没有?那里妇女的脸上都有刺青,刺青越多越美。因为这些刺青象征着家庭中拥有多少地、多少房屋、多少鸡鸭牛羊、多少金钱,一目了然。"江导边说边点头,眼睛瞪得大大的。

"这是独龙族的习俗,那你们知道今天要去的石林是什么民族吗?"江导问。

"白族吧,云南白族多。"有游客接话。

江导扑哧一下笑了:"哎呀,你看你们不听我介绍,回去要闹笑话了!

还白族，哎，所以说文化很重要啊。是什么族啊？彝族嘛！记住了，石林有位阿诗玛，阿诗玛是彝族人，明白了吗？"她稍稍顿了一下："你们想彝族的彝字，发音像什么，是不是蛮夷的夷啊？其实一开始的时候，就是汉人对我们的歧视，说我们是蛮夷之夷的那种夷族。后来中华人民共和国成立之后，在1954年第一届全国人民代表大会召开之前，毛主席认为，用夷字不利于民族团结，又有歧视色彩，将夷改成了现在的彝。彝是宫殿里放东西的，房子底下有'米'又有'衣'，有吃有穿，日子就富裕了，就是这个寓意。像我们云南有不少民族被汉人歧视，还说这里人野蛮，其实那是他们不懂，有时候野蛮就是我们的习俗。比如说抢婚吧，很多民族都有，我说说彝族的。怎么抢法，你们知道吗？我们的阿黑哥其实是通过媒婆事先跟女方家人还有阿诗玛打好招呼，日子说好，送上彩礼，就来女方家里把新娘抢过来，彝族人认为在新人的婚礼中没有抢亲是不吉利的，只有经历抢亲才能保证两人日后的生活事事平安。所以此抢非彼抢，这是一种特色。那我们彝族撒尼姑娘到底该答应哪个送彩礼的对象呢？"江导头一歪看向我们。

"彩礼送得多的。"坐在中间的男人说。

"阿黑哥。"大家跟导游互动起来。

江导看着大家点了点头："嗯，还是有一定了解的嘛。我来跟大家说说。我们彝族撒尼姑娘的头饰上有两个三角形像蝴蝶一样的头饰，在座的男士千万别好奇，摘一个下来。要不然你就完蛋了，姑娘家的把你拉去山上做夫婿，你可别怪江导没有提醒你。"

"那好啊，不用工作，还能娶到一个老婆，多好啊。"有游客又来起哄。

"好？你以为在山上那么简单，你是不用上班，但是农活你得做，半生饭你得吃，每天就是看山看天看土地，我看你受得了不！"江导瞥了他一眼，大家都窃笑起来。

"当然，我们美丽的阿诗玛以前喜欢老实本分又会唱歌的阿黑哥，是疼老婆的好男人。但我们还有一种好吃懒做又不疼老婆的人，我们叫这类人为阿白哥。车上的男士，你们是哪种哥哥？"

大家都抢着说自己是阿黑哥。

"各位阿黑哥别急，我们彝族还有阿花哥，你们想做吗？"

"不想。""那个肯定是很花心的男人！"游客和导游互动得挺热烈。

"知道什么是新时代三好男人吗？疼老婆、疼丈母娘又会赚钱，把一大家子人招呼得和和美美的，就是我们的阿花哥啦。过去条件不好，我们嫁人就觉得忠厚老实最重要，而现在对人的要求也高起来了，无论阿黑哥、阿花哥都好，只是别做阿白哥哦！"

"所以各位阿花哥千万别忘记带礼物回去给你的家人啊！带什么？我刚刚不是说了昆明是赌城，带块美玉回去，无论是丈母娘还是老婆大人，都会高兴，她们一高兴，你们下次是不是更容易出来旅游了？！"导游自己也被自己逗乐了。

接下来，导游介绍昆明丰富的物产。差不多过了1个小时，车到达石林县。真正的游玩开始了，江导走在最前头，戴着麦克风，头也不回地介绍起来，她挥动着小旗子指向对面的展板："跟上了，今天我们来到石林，这里生活着彝族的一个支系，叫作撒尼人。撒尼人，你们看他们会刺绣、摔跤、斗牛，还有我们的电影《阿诗玛》，杨丽坤。"

展板上《阿诗玛》的故事是这样叙述的：

撒尼人有个美丽的故事。说的是一个叫阿诗玛的姑娘，和阿黑哥本是一对恋人，但地主家的儿子阿支想逼阿诗玛和他结婚，被阿诗玛断然拒绝。于是，就趁阿黑去远方牧羊之际，派人将阿诗玛劫走。阿诗玛乘隙将与阿黑定情的山茶花掷入溪中，溪水立即倒流，阿黑获讯赶回救援。阿支提出要和阿黑赛歌，一决胜负，阿支赛输。阿诗玛和阿黑喜悦地同乘一骑回家。他俩来到溪边，下马小憩。阿支带人偷走了阿黑的神箭，并放洪水将阿诗玛淹没。洪水过后，阿黑悲愤绝望地呼唤着她的名字，但阿诗玛已化身成一座美丽的石像，永驻石林，千年万载，长留人间。

从进入大门开始，一路都是穿着大红色民族服饰的阿诗玛导游们，这些阿诗玛大都十分忙碌，一来是招徕合影生意，15元一张；二来都在招徕讲解生意。虽然不是旅游旺季，但游人却熙熙攘攘。

江导继续介绍："石壁上的石林二字是1931年龙云视察石林时所题。而'龙云题'三字则是龙云的儿子龙绳文于1985年9月22日来石林亲笔书写后刻上去的。继续向下看。"

江导用小绿旗指了指"天造奇观"四个大字："你们知道是谁写的吗？这是蒋介石的夫人，宋美龄女士写的。宋美龄女士也曾经到石林游玩，她觉得此处实在太美了，就留下了这四个字。她当时说写在哪里不重要，写得怎么样也不重要，但她只有一个要求，就是要用绿色颜料，因为宋美龄女士一生都爱翡翠。20世纪30年代，有位北京翡翠大王买到一块翠料，翠色极佳，能工巧匠将它雕琢成一对手镯，款式新颖，玉质鲜艳，如水般剔透。上海青帮头子杜月笙以4万块大洋的价格买到手镯。宋美龄见到杜夫人佩戴的翡翠手镯，一见钟情，爱不释手，杜夫人只好割爱送给宋美龄，估计到今天如果拿到香港，拍卖会上至少可以拍出1000万港元的价格。"

我们被江导带着继续往里走，步入了石林之间，参观了大鹏展翅石像、千钧一发、望峰亭和试心石，只是著名的"一线天"没有游览。大石林景区基本上就游览了这些景点。

"小石林位于大石林东北部。如果大石林以其雄伟壮观、诡秘神奇取胜的话，那么小石林则以玲珑剔透、清新俊雅著称，难怪有人说：大石林好比阿黑哥，小石林就是阿诗玛啦！小石林的草坪如硕大的绿色地毯，四季常绿。"江导一路走一路讲。

终于，要开始找阿诗玛石像了。

遇见阿诗玛

游人们和阿诗玛石峰合影留念

"你们进去找阿诗玛，合个影就出来，我等你们20分钟，在那边树下。俗话说有缘千里能相会，无缘见面手难牵，能不能找到阿诗玛就看你们有没有缘分了。"

事实上，阿诗玛的石像是很好认出的。从门口狭窄的石缝间进入，一汪绿水扑面而来，里面就是绕着湖水一周的花草山石。这池水叫玉鸟池，正前方这尊天公传神杰作，就是撒尼人心中的好女儿——阿诗玛。"阿诗玛"在彝语里的意思是：金子般美丽的姑娘。她凝视远方，日复一日，年复一年，盼望阿黑哥的到来。这也是整个旅程的最后一个景点。

中午吃饭的餐厅，除了我们所在的团，还有一个二三十人的小团在用餐。在用餐的同时，宴会厅拍卖水墨书画的主持人也没闲着。"这梅花似卧龙，是收藏价值极高的孤品，开价500元，喜欢的游客举手示意，老先生将此画赠予您。""我们这位美丽的女士真有眼光，30元就得到老先生的小方墨竹图。"

吃完午饭，导游带游客去参加"七彩云南"的购物活动。伴着午后灼热的阳光和闷热的车厢，江导的玉石、银饰介绍也开始了："由于云南旅游市场翡翠价格的混乱，七彩云南建立了企业《翡翠分级和评估标准》，全国统一定价，诚信经营，绝不二价，以自身标准带动云南翡翠规范化。"江导鼓动大家："这次跟团购买可以打9折，要抓住机会，到云南带个礼物给亲人……"

阿诗玛旅游小镇

阿诗玛旅游小镇，是桂林一家房地产公司在石林开发的一处房地产项目，与石林中路中段的石林县行政中心隔路相望。该小镇名称为"石林万城阿诗玛旅游小镇"，是一个综合型旅游地产项目，规划有阿诗玛风情水景步行街、大型旅游商品市场、柏树林城市公园、星级度假酒店、高级住宅等。项目以世界自然遗产为依托，融入阿诗玛和撒尼文化元素，为石林由传统旅游向休闲度假复合型旅游发展打造特色旅游精品[1]。

据刘世生先生2009年的博文记载，6月1日下午，石林县政协组织对民族文化有研究的石林县部分领导和专家，专程到阿诗玛旅游小镇建设现场踏勘，查看已经进行的部分建筑的外装饰，然后又回到县政协进行讨论，参加者逐一对该项目的建设提出意见和建议。从发言的情况看，主要分为两种观点：一派从阿诗玛旅游小镇的名称出发，主张要更多地使用石

---

[1] 参见刘世生《阿诗玛：石林是中国的还是世界的———座旅游小镇建筑文化特征争论的实例》，2009年6月4日，新浪博客（http：//blog.sina.com.cn/ishsheng1967）。

林地方民族文化元素，从大的色彩色调到细小的建筑构建都要有石林彝族的特点，让游客到这里就能够感受到强烈的阿诗玛文化氛围；另一派则认为不能太局限于单一的地方民族文化，要更多地吸收外来文化的东西，石林民族文化的东西有一点就可以了，不能够太单一太局限也不能太花哨，而更要追求淡雅和"洋气"。

刘先生认为这是一个涉及民族传统文化、世界性文化结合转换和新文化的创新，当代中国乃至世界都普遍遭遇的问题，其评述内容如下：

> 持第一种观点的，主要是来自建设部门主管城市设计建设的领导、石林县的彝族干部和艺术工作者。原政协常务副主席黄桂芳，本人是石林彝族撒尼人，长期担任县内的领导干部，是全国人大代表，对彝族文化有深入的研究和较深的感情。她在发言中说，既然是阿诗玛旅游小镇，就要紧扣阿诗玛文化的主题。彝族的文化比较有影响的一个是凉山的彝族文化，一个是楚雄的彝族文化，一个就是石林的彝族文化。万城阿诗玛旅游小镇现在做的几处外装修，做得很好很漂亮，但其主要的风格是大理喜洲白族的建筑文化，里面也采用了少量彝族的虎头和牛头图案，但那是楚雄的东西。现在才开始装修，还有很多的机会，希望能够把外地的画师和当地的画家结合起来，好好地突出一下石林的阿诗玛文化。石林彝族农民画画家毕文明，曾经获得过全国首届农民画展一等奖，又参与过石林县城风貌改造设计和组织本县农民画作者进行外墙体农民画绘画，在会上会下都极力主张使用石林彝族文化中的图案、文字等元素，对万城阿诗玛旅游小镇的建筑进行装饰，体现石林"全国现代民间绘画画乡"的风采和魅力。他特别强调现有的绘画，由于绘画者的文化背景不同，画出的东西没有石林的味道和风格，还提出在木构建中特别是栏杆、格子门窗中使用彝族的图案和文字。来自县城市建设主管部门的两位副局长，也认为真正能够体现石林建筑特点的就是防火墙的设计，只要有了这个石林独

有的建筑文化符号，就可以搞出区别于江南水乡和大理丽江的建筑风格，自成一个体系，而且这个构建不需要增加更多的成本，这在石林的建筑风貌改造中也已经得到各方的认同。

持第二种观点的，主要来自县政协的领导同志。原政协副主席何忠清，从万城当初的设计到后来的变化谈起，提出了自己的看法。万城原来是准备搞鹿阜古镇的风格，定位于明清汉族民居建筑，功能定位是商贸和旅游，所以有了水景街和魁星阁等建筑设计，现在转型为以居住为主，商贸旅游为辅，而且加了个"阿诗玛"，整个都得有变化，但变化还没有跟上，所以就出现了"魁星阁"等文化不对称不协调的现象。石林的文化，特别是建筑文化特色，究竟是哪些目前还没有统一的认识，大家说得多的就只有防火墙一种，但一个建筑至少得有三到五种文化特征才比较完善，所以我们应该更多地借鉴外来的文化样式。原政协副主席赵淑珲则明确提出，她认为地方性民族性的东西不能太多，要容许更多的式样存在，否则会限制企业的发展。时任政协主席者培仙也表示了类似的意见，即既要有一些本地民族的文化元素，但也不能太抢眼太花哨，还是应着眼于追求一种既淡雅又洋气的风格。

2016年，我们再次来到已经建成的阿诗玛旅游小镇，从"吃住行游购娱"六要素去勾勒"阿诗玛旅游小镇"的旅游现状，并试图对7年前政协关于小镇建设的谏言在多大程度上被采纳进行实地验证。

（1）吃。在阿诗玛旅游小镇，提供吃的地方主要有普氏老民族餐厅、阿诗玛会所和古镇大食堂三个饭馆。

普氏老民族餐厅主打阿诗玛文化主题餐厅，五一、十一等年节期间每晚七点半，可免费欣赏撒尼歌舞剧《阿诗玛的婚礼》，这部撒尼剧由餐厅的员工共同排演，"美味食物与视觉大餐交织的盛宴"是餐馆对外宣传的主要亮点。

餐厅的外墙石柱上挂着各式各样的木牌，写有：悟空很性感，豹纹加

· 149 ·

钢管；香飘十里，醉倒阿黑；大事小事，有事没事，喝酒就是好事；美女想要看闪电，你拿菜刀砍电线；相约阿诗玛对歌请拨10086；我的中国梦就是做烧烤；烤肉中的唐僧肉，烤鸡中的战斗机等话语。

　　室内装修部分，用孔雀羽毛、犁耙、三弦、月琴、鼓、南瓜、玉米、腊肉、电影《阿诗玛》剧照、牛头等装饰细节来呈现民族风格。在食谱方面，当地人推荐了较有当地特色的菜单，有红烧土鸡、野菜、玉米荞麦饭、乳饼、酸菜土豆汤、炒蚕豆、茉莉花鸡蛋饼和小酥肉，8个菜一共280元，一盘最简单的炒青菜价格是18元，而且这都是打过折的价格，在节假日游客多时，随便吃一顿也要上千元。

阿诗玛旅游小镇入口

　　阿诗玛会所，是由石林雅尼旅游文化产业有限公司投资的一个集特色餐饮、客栈、酒吧、画廊等内容为一体的餐饮、休闲彝文化主题会所，在规划中，设有原乡画廊，是石林农民画、石林现代民间绘画的集中展示地，被云南省文化馆授予美术示范点，由石林县委、县政府支持开设了石林国家级非物质文化遗产长廊。但实际运作中，客栈、酒吧、画廊并不见起色，目前主要以雅尼私房菜维持运转，食谱主要为彝族杀猪饭、彝家土八碗。古镇大食堂则基本为大众家常菜。

（2）住。红珊瑚温泉酒店是阿诗玛小镇规模最大的酒店，包括度假酒店、古镇客栈、天然温泉森林spa会所等320间房，其中度假酒店主打高端休闲住宿，古镇客栈指的是阿诗玛旅游小镇内的8个民居客栈，以核桃花客栈、梭梅花客栈、三弦花客栈、太阳花客栈等花名命名，客栈的墙面以撒尼人物和生活场景的卡通画进行外观装饰，大堂、房间内以刺绣靠垫、方巾等撒尼刺绣元素装饰。目前这8个民居客栈只有太阳花客栈1家营业，其他客栈因为客流量不足而大门紧闭。

（3）行。阿诗玛旅游小镇位于石林县石林路景观大道中段，距离石林风景区6公里，交通便利，小镇比邻石林行政中心、柏树林生态公园、巴江河、桃园水乡等，小镇周边有多家医院和学校、民族体育场及市民广场等。

（4）游。阿诗玛旅游小镇白天几乎没有游客，作为一个新建的旅游地产项目，水景街、魁星阁和仿明清建筑，是唯一可供游览的内容。

（5）购。白天，小镇的店铺大多没开门，晚上7点至10点，才有留宿的游客来逛街。服装店挺多，名字也各有特色，有"红袖添香""蕴绣坊""美伊花开"等，但白天真正开业的只有一家叫"幕衣巷"的服装店，卖的衣物多是流行女装，也有带些民族绣花的风格。另外还有两家是卖"石林彩石"的店铺。

相较于白天，阿诗玛小镇的夜晚要有人气一些，很多商铺，尤其是服饰店在晚上开的较多。商贩们说，白天没有人，更别说是在这样的淡季中。零星的特色商品中，最多的是刺绣，有包、抱枕、衣服、挂件等。在一间名叫"方寸间"的店里，有撒尼刺绣传承人毕跃英的作品展区，门口的装饰挂件是用麻做的，店里出售的工艺品大多为木质的，设计精巧，从店铺继续往里走，是毕跃英的刺绣作品展区。此外，小镇里还有印着"阿诗玛"头像的"谷冠"苦荞茶，以及用电影《阿诗玛》主演杨丽坤的头像灯箱做招牌的足疗店。

（6）娱。小镇的娱乐项目，只有两个酒吧。在小镇魁星阁的一楼，开发成了"彝火酒吧"，酒吧内除了一张阿诗玛头像和一些撒尼文字刻在木板上做装饰之外，并没有其他特别之处。店主对于阿诗玛、撒尼人并不了解，她是来这里开店的外地人，每年7月至10月生意比较好。红珊瑚温泉酒店一楼也有一个音乐清吧，主打撒尼原创民族风音乐，石林本土乐团蛮虎乐队会驻场演出。

从小镇"吃住行游购娱"的现状来看，阿诗玛旅游小镇的住房入住率和来访游客数量较低，整个小镇的商业化程度还处于半开发的状态，并未形成完整成熟的商业开发模式。

在石林的旅游开发中，如何让远方的客人留下来，一直是当地政府、企业未解之难题。《远方的客人请你留下来》是1953年4月由范禹和曲作家麦丁合作创作的，这首歌的创作灵感来源于云南彝族撒尼人热情淳朴的待客性格，歌曲中"远方的客人请你留下来"的旋律耳熟能详，但是为游客兴建的"阿诗玛旅游小镇"游客却寥寥无几。

远方的客人为什么留不下来？在调研中，在石林经营印象阿诗玛酒店的老板李先生和我们说了这样的"实话"[①]：

> 我接手这个酒店7年了，以前这里是政府招待所，这些建筑上的虎头和齿形纹全是前省委书记LWW的主意，他在位的时候把全城都刷成这样，就是你们现在看到的样子。现在你们要住的话一晚上60元，到了火把节300—400元，淡季这种准三星的价格是100元以下，准四星级的在120—140元。
>
> 石林的酒店不多，前两年连2000人都住不下，火把节那会儿人都住不下，（外来的商人）就都来建新酒店，如今像在淡季，酒店住客

[①] 李先生讲述，2016年1月9日，地点：石林印象大酒店，马媛媛整理。

连30%都不到。但是新建的酒店又以高档的四星、五星级酒店为主。

石林缺少那种价格实惠又有民族特色的酒店。这种酒店是旅行社最喜欢订的,他们是一年一年和酒店签协议,签了协议这一年的团客都在这里接待了,我们把这些叫作"难民团",好的、有消费力的团,很少有,所以(石林)那些国际化的高级酒店根本就是白建。像阿诗玛石像后面的那个"戴维国际大酒店",光租地就1000万一年,这怎么能养得起?所以我不看好那么多新建的国际大酒店。

(以上)这些总归还是因为石林旅游有"留不住客人"的原因,游客都是早上来晚上走,所以我认为政府应该有"景观游+休闲游"的路子。现在不是各自为战的时候,应大兴度假村,客人不光看喀斯特(石林景区的自然景观),还能休闲娱乐,自然有些(游客)就不走了,但这样的做法一直都没有兴起来。石林前(面)是弥勒后(面)是宜良,客人直接就去这两地(住宿了)。

另外一个原因,石林没有拉客的现象,老百姓也没有拉客的意识,因为彝族撒尼人对赚钱的意识不强,像火把节,底下村里的村民都跑上来县城里一起过火把节,那石林这些酒店、餐馆赚还不是赚自己人的钱吗?所以说,这钱都给旅行社赚了,他们的回报率有60%。

还有石林政府也有责任,他们是"不求有功但求无过"的状态,这旅游搞好了还行,搞不好乌纱帽不保。政府官员安安稳稳做几年都能往上升迁,他们为什么还弄什么旅游政绩?

旅游商品本来就是"走量不走价"的东西,所有像苹果、甜橘、枇杷、玛卡、三七、卤腐这些公认的石林特产,因为盲目迎合市场,我们石林真正的特色却丢失了很多。比如十字绣吧,浙江义乌仿造我们的花纹,单价还低,我们本土的刺绣难以走出去,于是有些刺绣厂专门雇佣老太太在那里做机绣包,说成手绣,这不是把刺绣搞臭了吗?

石林旅游的最大特点是分散,除了那个喀斯特石林靠近县城,其他风景区都分散在各乡各地。虽然政府支持农家乐,但是又不肯真的出钱,所以农村的基础设施像厕所一类的还是跟不上需求,怎么开发呢?真正去那里旅游的有几个?全是老师啊,调研的。我觉得弥勒的"可邑村"就做得很不错,政府招商引资开发,村子新建的地方不失本色但现代化,WiFi 全部覆盖了。等客人去了,手机一拍,微信一发,这不,知名度就有了。烂泥塘重修,花草新建,有些开发商提议收门票,但是村民还就是不愿意。而石林呢,就拿糯黑石头寨来说吧,资源多好啊,有盘江日报社的旧址,还是"圭山打响第一枪"的革命圣地,但是什么名头也没有搞出来!那里的村民还对外来游客有防备之心,再加上做农家乐有些做得好有些做得坏,自然会相互闹事,所以糯黑村弄不出来,我就不看好石头寨。另外糯黑石头寨的卫生也是有问题的,我听说有个老年协会在做卫生,但是就(只)是扫扫落叶,虽然比以前干净,但根本就起不了什么作用。我听说老年协会还因为村里不给工资而停工。民俗博物馆长年关门,新修的广场也空着,俗话说"家无梧桐树,谁引凤凰来",只单独一家、两家的农家乐没有意思,其他村民根本事不关己,应该"包产到户"才好。

再说说阿着底这个村落,名声是很大,但实际情况很差,没有特色,只有"阿诗玛的故乡"这个空名,就是个刺绣加农家乐的形式,离市区又远。现在刺绣厂的老板又被政府抓起来了,所以那个阿着底风情小镇计划就搁浅在那里。

新县城现在盖好但没人住的商品房特别多,都闲置在那里,本来石林人口少,其中有 7 万人是少数民族,多为撒尼人,城镇人口 3 万。老县城的楼盘照样不行,你着"水石坊""东门坊"这些正在新建的楼盘,哪里会有人住呢?我们都说:"房子住不烂、炒不烂,只有放烂!"

第四章 百变阿诗玛：文化旅游情境中"阿诗玛文化"的发明

撒尼人眼中的"摇滚版"《阿诗玛》

舞台艺术对《阿诗玛》的改编，在撒尼地区被改编为撒尼剧，云南省军区京剧院将之改编为京剧，辽宁省歌剧舞剧院曾将其改编为歌剧，云南省花灯剧团将之改编为花灯剧，云南省曲靖滇剧团改编了滇剧《阿诗玛》，云南省歌舞团曾将《阿诗玛》改编为组歌，云南省民族歌舞团则将其改编为舞剧。①

2016年2月6日，云南省文化厅在网站公布了云南省第十三届新剧目展演评奖结果的公示名单，由石林县文化广播电视体育局品牌赞助，云南大德正智传媒有限公司、昆明市民族歌舞剧院联合出品的音乐剧《阿诗玛》获综合奖（音乐、舞蹈类）金奖，舞美设计、灯光设计、服装设计、造型设计获舞台美术奖三等奖，总编导卢昂获编导二等奖，作曲张然获音乐创作二等奖，演员李炜鹏（饰阿支）、蔡鹏（饰阿黑）、蒋倩如（饰阿诗玛）获表演二等奖，李军（饰热布巴拉）获表演三等奖。在中国石林网的新闻报道中，该剧是国家艺术基金2014年度唯一资助的民营团体，也是首批国家艺术基金大型舞台剧和作品中获得最高资助的企业。石林县人民政府高度重视音乐剧《阿诗玛》的创作和演出，在该剧的创作过程中，石林县提供了大量的原始资料，并组织专家对该剧创作提出了意见建议，为促进鼓励社会各界支持石林民族文化艺术事业，县人民政府从文化产业专项资金中安排50万元用于扶持该剧排演，石林县文化广播电视体育局与云南大德正智传媒有限公司签订了创作演出合作协议。该剧运用音乐剧的手法对

---

① 关于彝（撒尼）剧《阿诗玛》、京剧《阿诗玛》、舞剧《阿诗玛》、日本人改编的《阿诗玛》舞台剧等舞台艺术对《阿诗玛》的改编情况，参见《象征的显影：彝族撒尼人阿诗玛文化的传媒人类学研究》，北京大学出版社2013年版，前引书，第158—178页。

· 155 ·

题材进行了提炼和加工，融合了现代都市文化元素，使民族文化与现代文化完美结合，使音乐剧更加符合现代青年的审美要求，拓宽了受众面，是一部难得的精品力作。①

打造一部诸如《云南映象》《印象丽江》《印象刘三姐》这样具有经济效益的音乐剧作品，让远方的客人在看完"山石冠天下"的石林喀斯特自然景观后，晚上留在石林看一出"风情醉国人"的音乐剧，是石林旅游实现"文化旅游"的期盼。我们在石林调研期间，问及石林"文化旅游"的基本情况时，石林风景名胜管理局负责宣传工作的 LK 曾说："石林是有旅游，无文化。"当我们问及阿诗玛文化是如何在石林旅游中体现的，LK 和石林县文产办负责人 ZJH 都叹息："石林的阿诗玛文化旅游是失魂落魄的阿诗玛。"意为：在石林的旅游经济活动中，目前主要还是观光型的旅游，真正的"阿诗玛文化"并没有融入旅游经济中，所以当地政府所提的"阿诗玛文化旅游"，在当地人看来是失魂落魄的。

在失魂落魄的文化旅游现实面前，一部"难得的精品力作"音乐剧《阿诗玛》，其产生的过程是怎样的？外来的文艺、资本与当地政府的合作过程是怎样的？音乐剧《阿诗玛》的剧本改编，有何特点？当地人对音乐剧《阿诗玛》的改编，评价是什么？根据石林县旅文广体局提供的信息，我们试图回答这些问题。

早在 2008 年，石林县就和各方接洽，开始了音乐剧《阿诗玛》的筹备打造。2008 年 4 月 24 日，由石林县和美国联合投资公司、作曲家王黎光共同投资打造的《黎光传说系列文化品牌》之大型原生态民族歌舞音乐剧《阿诗玛》在石林大酒店签约。据《美国影人助阵石林原生态音乐剧〈阿诗玛〉》：大型原生态民族歌舞音乐剧《阿诗玛》以阿诗玛为题材，项目总投资 1 亿元，首期投资不低于 5000 万元，美国联合投资公司占 85%

---

① 参见《音乐剧〈阿诗玛〉获云南省第十三届新剧节目展演金奖提名》，2016 年 2 月 6 日，中国石林网（http://www.chinastoneforest.com/showArticle.aspx? cid = 4&aid = 7628）。

第四章　百变阿诗玛：文化旅游情境中"阿诗玛文化"的发明

投资比例，石林县承担15%的投资比例。该项目为云南省的重点文艺题材，将作为新中国成立60周年的重要献礼作品。当记者问及《阿诗玛》将如何突破、何时能与观众见面等方面的问题时，王黎光表示："假如顺利的话，新中国成立60周年时与观众见面，在民俗和传统故事、舞台构架上都有突破。最大的突破是对彝族撒尼人传统故事的突破，以前主要是善和恶之间的冲突，此次要着重表现善和善之间的价值观也有冲突，好心不一定做好事，财富究竟是罪恶还是价值，阿黑的全新突破，避开阶级斗争，在善和善之间提升，成为一个阶段阿诗玛的现代气息。既要阳春白雪的艺术质量，又要有下里巴人的艺术情趣……"[①] 此事通过新闻报道热过一阵后，未见下文。

虽然外来的创作团队和投资还未见成效，但是石林本土的艺术家们，早在2006年年底就已经创作完成了大型原生态民族歌舞《阿诗玛秘地》。《阿诗玛秘地》意为神秘的阿诗玛故乡，以大型舞台表演艺术形式，用原汁原味的民族歌舞展示撒尼深远的历史、独具魅力的民风民情，用撒尼原生态经典音乐与舞蹈为基本格调贯穿晚会，展示多姿多彩的阿诗玛文化。作品内容梗概如下[②]：

序

用撒尼"创世古歌"，反映撒尼天地人合一的万物生命起源思想和"尼"的问世。

第一幕　神秘的民族

用撒尼原始的自然宗教、神话等传说，反映原始先民对生殖生育的崇拜，体现撒尼人对自然与生存的感悟。舞台色调以苍茫的绿色为主，古树茂盛。用撒尼民族乐器过山号、铓锣以及遥远的古歌等器乐音乐营造穿越时空的场景。引出庄重神圣的毕摩"吉祥舞"，

---

① 《美国影人助阵石林原生态音乐剧〈阿诗玛〉》，《生活新报》2008年9月26日。
② 大型原生态民族歌舞《阿诗玛秘地》文学脚本全文见附录部分。

富有撒尼独特韵味的篦玛"太平舞",展示撒尼神人相通的原始生存理念。

第二幕　勤劳的民族

用洗麻、刺绣等典型劳动、原生态情景等展现撒尼农耕式的田园生活。舞台色调以蓝天白云、绿色家园为主。用原生态优美的"洗麻、纺麻舞",生产生活情景表演、撒尼民族民间"刺绣舞"、丰收"打场""簸粮"等原生态舞蹈,反映撒尼人勤劳、自信、坚强的民族品格。

第三幕　多情的民族

用撒尼特有的乐器"木叶与三胡""抢包""闹婚"等表现撒尼人的恋爱与婚姻生活。舞台色调以静谧、明快、清新为主。用"木叶与三胡"相依相恋、独特的抢包求婚、迎亲对歌、抹花脸等婚恋民俗,以及石林"敬酒歌"等原生态舞蹈展现撒尼人自由的婚恋风情,反映撒尼快乐的人生观以及追求自由和热情好客的民族天性。

第四幕　火红的民族

舞台色调以浅红色为主。用原生态舞蹈"火塘情"、火把节"摔跤"、热情奔放的大三弦舞,表现撒尼人火的情结、火的豪情和火的炽烈性格,展现撒尼人火一样的热情和拼搏向上的民族精神。

尾声

《远方的客人请你留下来》音乐响起,歌声中演员分批上台向观众致意谢幕。

民族歌舞《阿诗玛秘地》创作完成后,并没有同《云南映象》《蝴蝶之梦》《丽水金沙》等旅游文化创意产品一样,进行常规的演出,而主要在每年的石林火把节期间作为迎宾晚会上演,虽能在节庆期间博得新闻媒体的关注,但其经济效益并不明显。

第四章 百变阿诗玛：文化旅游情境中"阿诗玛文化"的发明

时间回到2012年，大德正智传媒有限公司自2012年开始着手对石林的阿诗玛进行了文化产业运作的分析策划，并对市场进行了调查论证，出台了创作中国首部原创动画音乐剧电影《阿诗玛》及舞台音乐剧《阿诗玛》的创意初稿文案，报请云南省文产办立项后，被列为云南省60个文化产业重点项目之一。接着大德正智传媒公司组织第一批创作人员到石林采风，收集素材，并与石林相关领导进行了沟通对接。

据《〈阿诗玛〉项目可行性研究报告》，当创作出的《阿诗玛》文案第一稿首次拿到中国文化博览会上投石问路，即有三家国外驻北京的投资公司提出融资和投资意向。但因《阿诗玛》尚处于有待成熟完善阶段，更有意于云南民族文化品牌还是要姓"中"，为了使《阿诗玛》具有立足云南、面向全国、冲向世界的起点，公司决定按与国际接轨的影片档次打造《阿诗玛》。

之后大德正智传媒有限公司来到北京，邀请中国当今一流的创作人员加盟，公司首先找到了导演陈维亚和舞美服装设计师韩春启，组织专家对《阿诗玛》的舞台音乐剧和电影创意进行讨论，先期投入了音乐的创作，作曲家狗儿写作了《阿诗玛》的主要音乐片段，最终录制了20分钟的原创音乐形象立体声CD。[①]

2014年7月，大德正智传媒有限公司以创作的音乐剧《阿诗玛》申报了国家艺术基金，于2014年11月获得"国家艺术基金2014年度舞台艺术创作资助项目"立项资助资格，2014年12月与国家艺术基金管理中心签订了课题合同。至此，音乐剧《阿诗玛》完成了排演前的前期艺术创作工作，包括剧本创作、对白设计、歌词呈现、音乐小样、舞美设计稿、服装设计稿等，正式进入排演阶段。

而此时却面临着资金缺口问题。音乐剧《阿诗玛》项目实施总预算约为1300万元，国家艺术基金资助资金500万元，大德正智传媒有限公司投

[①] 参见石林县旅文广体局提供《〈阿诗玛〉项目可行性研究报告》，2015年5月，第6—7页。

入近 200 万元的前期经费，项目制作缺口约 600 万元，为了完成项目，大德正智传媒有限公司向石林县旅游文化广播电视体育局提出《关于给予制作音乐剧〈阿诗玛〉经费补助及联合推广品牌的报告》，希望能得到石林县相关部门的经费补助及政策支持。

根据大德正智传媒有限公司的规划，音乐剧《阿诗玛》于 2015 年年底通过文化部、财政部的验收，为扩大石林品牌的宣传力度，将在云南昆明、北京、上海、广州、深圳、杭州、西安、成都等地区及新加坡、马来西亚、泰国等东南亚国家计划不低于 100 场的演出。演出现场按每场 1500 人观众计算，直接的受众群近 20 万人。演出宣传结合新浪、搜狐、腾讯、网易等网络媒体，加上各地电视、广播电台、《中国文化报》《人民日报》、航空机上杂志、新华社等众多平面媒体联合宣传。使音乐剧《阿诗玛》的文化宣传力量达到极致，届时巡演的媒体宣传可以让近上亿人知晓了解到石林。这对于石林打造国际化旅游城市的宣传和营销将起到巨大的推动作用，同时对石林吸引北上广深的高端游客及对东南亚市场的宣传都起到相得益彰的作用，对旅游及相关产业经济增长起到了实质性的提升作用。

基于音乐剧《阿诗玛》对石林旅游产业促进的潜在影响力，石林县旅文广体局 2015 年 5 月 16 日召集县音乐协会 9 名专家[①]对音乐剧《阿诗玛》剧本进行讨论点评，其意见如下：

一　总体评价

1. 剧本对宣传石林、阿诗玛文化有一定的推动作用。对音乐剧《阿诗玛》创作团队关心关注石林民族文化付出的辛勤劳动给予肯定。

2. 电影《阿诗玛》给人们留下了深刻的印象，该音乐剧本类似于电影

---

① 参加讨论人员为：高磊、孙瑚霓、黄海、金仁祥、保家雄、高志雄、王云春、毕有和、毕义学。

《阿诗玛》的现代版，故事情节、音乐策划制作难以超越原作。在唱词中有部分无关石林的唱段，不宜在该剧中出现。

3. 从所提交音乐 CD 中来欣赏，该剧音乐平缓，缺乏石林音乐元素，未能更好地表现出彝族人热烈奔放的性格，主题歌不能给大家留下深刻印象。

二　建议

1. 从所提交的材料上看，该公司在前期工作中付出了大量的心血，取得了一定的成果。建议根据石林县文艺创作有关扶持政策应给予适当补助。

2. 音乐剧为公司作品，在宣传营销中建议该公司按市场运行规则自主独立运营，政府相关部门不宜直接参与运营。待该剧本搬上舞台产生一定的社会和经济效益，并为石林的宣传起到一定的推动作用后，按照石林县文艺创作有关扶持政策给予该作品适当的补助，补助方式可采取一次性补助。

3. 音乐剧是否适宜在石林落地，取决于该剧市场营运效果和专家进一步论证。

音乐剧《阿诗玛》舞美设计（石林县旅文广体局提供）

最后，石林县从文化产业专项资金中安排50万元用于扶持该剧排演。

音乐剧《阿诗玛》①的主要人物有阿诗玛、阿黑、阿支、热布巴拉、海热和老者6人。其人物设置如下：

> 阿诗玛：青年，女高。一个美丽善良、勇敢果断的彝族姑娘，生长在阿着底，是阿支心头所爱，可她却爱着阿黑并被阿黑深深吸引，最终坚守爱情，化身为石，成为流传至今永恒的象征——为爱坚守。
>
> 阿黑：青年，男高。彝族分支撒尼人阳刚帅气的小伙，流浪歌手，走南闯北，见多识广，善良勇敢，能歌善舞，与阿诗玛一见钟情，心心相印，火把节定情，互许终身。
>
> 阿支：青年，男高。寨主热布巴拉的儿子，从小立誓非阿诗玛不娶，对阿诗玛百般宠爱，虽然阿诗玛始终将其当作兄长，但他却依然倾其所能地爱着阿诗玛，甚至是舍弃生命。
>
> 热布巴拉：中年，男中。爱子如命的父亲，拥有富足家产的一寨之主，为了阿支他不惜抢婚强娶阿诗玛，热布巴拉是一个不理智的慈父，一个悲剧的缔造者。
>
> 海热：中年，女中音念白。热布巴拉忠实的执行者，大管家。能说会道，阴险狡诈，一肚子鬼主意。
>
> 老者：中年以上，男中。神秘的讲述者，阿着底穷困的巫师，半人半仙。

从人物关系、故事情节和故事结局三方面，与彝族撒尼剧《阿诗玛》、叙事长诗《阿诗玛》（文学整理本）和电影《阿诗玛》互为对照，能看出其差异所在，如表4-3所示。

---

① 大型原创音乐剧《阿诗玛》剧本全文见附录部分。

表 4-3　　　　　　　　　不同版本《阿诗玛》对比

版本/对比项	人物关系	故事情节	故事结局
彝族撒尼剧《阿诗玛》(金仁祥整理)	阿诗玛与阿萨是恋人；阿黑是阿诗玛的哥哥	序幕→过节→较量→说亲→抢亲→救亲→结局	回声
叙事长诗《阿诗玛》(黄铁、杨知勇、刘绮执笔编写，公刘润饰)	阿黑是阿诗玛的哥哥	序歌→求神→祝米客→成长→议婚→请媒→说媒→抢婚→追赶→考验→结局	回声
电影《阿诗玛》(葛炎、刘琼编剧)	阿诗玛与阿黑是恋人关系	第一本，阿黑和阿诗玛虽未见面，但已经爱恋上对方。 第二本，阿黑从远方骑马来寻访阿诗玛。 第三本，讲述火把节上阿黑和阿诗玛相识。 第四本，阿黑和阿诗玛相恋，热布巴拉为阿支请媒人。 第五本，阿诗玛和阿黑惜别，海热来阿诗玛家说媒。 第六本，阿诗玛不愿出嫁，阿支家将阿诗玛抢走，阿黑追赶阿诗玛。 第七本，热布巴拉家迎娶阿诗玛，阿黑赶到阿着底。 第八本，阿黑与阿支赛歌、比武射箭。 第九本，阿黑和阿诗玛骑马回家，阿诗玛被水冲走。 第十本，阿诗玛变成了阿诗玛石峰	阿诗玛石峰

续表

版本/对比项	人物关系	故事情节	故事结局
音乐剧《阿诗玛》（大德正智传媒有限公司）	阿诗玛与阿黑是恋人关系	序→相遇→决斗→解救→抢婚→尾声：千年守候	阿诗玛化成神女峰,阿支化成守候峰

问及看过音乐剧《阿诗玛》的撒尼人，他们觉得这是一个"摇滚版"的《阿诗玛》。其中阿黑是个流浪的喜欢弹琴唱歌的人——流浪歌手的身份设计，阿诗玛与阿支兄妹相称的人物关系，最终阿诗玛幻化而成神女峰、阿支化成守候峰的故事结局，他们都持保留意见。

特别是阿黑与阿支唱词中的：

芒市遮放出软米嘞
文山特产叫三七喽
宣威火腿味道鲜呦！
江川出的是大头鱼
蒙自有那过桥米线嘞
昭通的天麻更稀奇呦
迪庆高原出虫草
呈贡水果宝珠梨喽！

与《马铃儿响来玉鸟唱》中的：

马铃儿响来哟玉鸟儿唱
这是阿诗玛的故乡
蜜蜂儿不落呦刺蓬棵
蜜蜂落在呦鲜花上

笛子吹来哟口呀口弦响

小伙子放羊，姑娘采茶忙！

河水流不尽呦，马儿跑起脱了缰！

远远地望着美丽的阿诗玛

从此日月无忧伤，无忧伤。

相互交织，让人有时空穿越之感。

阿诗玛与石林彩玉的新故事

石林彩玉是"石林地区所产，具有独特绚丽多彩颜色和神奇迷离花纹的碧玉为主体的隐晶质石英类玉石"[①]。2017年年初，石林彩玉地方标准颁布实施，石林彩玉成为云南省珠宝玉石界继黄龙玉之后第二个拥有地方行业标准的全新玉种。

为把石林彩玉打造为石林文化产业的新品牌，自2015年开始，连续三年，每年火把节期间，石林县都组织彩玉展览，2016年火把节期间，石林县设有五个彩玉展览，分别是彝族第一村观赏石展、石林精品石展、美邑石奇石文化展、古玩奇石书画展和彩玉展销一条街。为扶持彩玉的营销，节日期间所有商户都免费入展，吸引了不少游客和当地群众参观。县文产办2016年还组织天润工贸等彩玉生产销售企业参加云南省文博会、泛亚石博会等省内外大型展会，宣传石林彩玉。2016年，石林石文化开发促进会与石林会展中心先后举办了三次以彩玉为主的奇石、根雕、字画博览会。此外，在火把节和国庆节期间，还定期举办"石林彩玉博览论坛"，进行理论研讨、经验交流，试图不断提升彩玉加工的技能水平。为拓展电子商务，凤云商贸公司还设立电子商务部，创建了官方网站，在淘宝等网站开

---

① 杨正纯：《云南新玉种：石林彩玉》，《中国宝玉石》2015年第6期。

设网店，集中销售彩玉摆件、挂件等。

5年前，有人发现这个东西（石林彩玉），可以到田埂上去捡。但是当时去田埂上捡彩玉的人，大家会说这个人是神经病，脑子有问题。但是这些玩（彩玉）比较早的人，手上的毛料就比较多。你现在要去找毛料，你得给当地的老百姓租地租田，一亩田的租金在1万多，挖完了之后，你要把田埂、地恢复好。挖石头要修路，修路占着地，也要给农户青苗补偿。现在挖一亩地，也要2—3万的代价。比如在这丘田挖着彩玉，那隔壁的田里也可能有（彩玉），你要租地挖，那租金就涨了，可能原来3000元，马上就涨到6000元，甚至1万元，坐地起价。①

ZYW原本是大可乡某村委会的村书记和村文书，因为迷上了彩玉生意，现在辞掉了文书一职，为了扩展彩玉生意，2017年从发现彩玉的大可乡入驻石林彝族第一村的彩玉街。

开始有16家报名入驻，现在有11家入驻，要10万的入驻费用，水上石林的老总提供店面，自己装修一下，卖出去的东西，按照提成来分配，水上石林老总提20%，我们有80%。今天10月1日开街，主要是搞模特的走秀，外面的时尚模特一队，我们本地的民族服饰一队，将近30个人，把民族服饰展示和石林彩玉展示结合在一起。搞彝族第一村彩玉街的想法是县妇联的妇联主席想出来的。之前的石林彩玉主要在老县城石林财富中心的大观园，都是面对本地消费者，石林总的人口才20万，喜欢彩玉的（消费）市场很小，本地市场已经饱和了，所以从那边搬过来，这是我们石林彩玉从县城走向外面的第一步，县城是向内的，这里是向外的。石林景区现在还没有彩玉进去，现在景区卖的都是10多元一件的轻飘飘的装饰品。②

---

① 访谈彩玉商人赵老板录音，2017年10月1日，彝族第一村彩玉街。
② 同上。

第四章 百变阿诗玛：文化旅游情境中"阿诗玛文化"的发明

为使石林彩玉获得"玉石"身份，石林县组织云南省石产业促进会专家考察组，先后4次对石林县内彩玉分布、产量、质地以及加工业现状做了初步考察。2013年岁末，云南省石产业促进会会长HZJ等专家前往石林考察调研石林彩玉。2016年3月至6月，MT等翡翠玉石界泰斗先后对石林县内彩玉分布、产量、质地以及加工业、市场营销现状，做了考察研究。组织撰写了《石林彩玉考查报告》《石林彩玉储量估算报告》等研究报告，彩玉商人们都期待着这块彩玉"小石头"和"大石头"（石林风景区）一样扬名海外。

在彩玉争取合法性身份的过程中，还将阿诗玛与石林彩玉"嫁接"在一起，产生了"阿诗玛与彩玉"的新故事。

自然风光神奇美丽看不够，人文景观底蕴厚重看不透的石林，有个石破天惊的爱情故事，像《梁山伯与祝英台》中的"化蝶"成为千古传奇一样，《阿诗玛》的"化石"也是一部醉人心魄的浪漫传说。

阿诗玛是云南彝族分支撒尼姑娘的统称，石林彝族自治县是阿诗玛的故乡。当我们在石林风景区参观旅游，在奇形怪状的"石林"中穿行，来到一个脚印形的石洞时，解说员会给你讲解，这是当年也许几千几万年前，美丽忠贞的阿诗玛姑娘被富家子弟阿支哥强行掠去囚禁此地的石牢。阿诗玛姑娘不恋富贵、不畏权势，时刻想念着力大无穷的青梅竹马两小无猜的阿黑哥。富贵子弟阿支哥用尽伎俩，拿出无数的财宝也无法征服阿诗玛的心。当阿黑哥得知阿诗玛被囚禁在石林石牢里时，不顾父母阻拦不畏权贵，只身闯到石牢前，飞起一脚将石牢的石墙踢出个脚印形的洞口，进去将阿诗玛姑娘救出。阿黑哥这一脚踢出了无数碎石子，碎石撒遍了石林的漫山遍野，在落地时沾染上了鲜花、绿叶，青草的红、黄、蓝、绿、紫等多种颜色和花草的芳香，经过了日月精光、大地华气和多年的地质变迁就形成了现在的石林彩玉。有的碎石没有落地而飞到了湖旁的石山上堆积成一个背着背篓的女子，酷似阿诗玛姑娘。

人们为了纪念阿诗玛姑娘的忠贞美丽，也把石林彩玉称为"阿诗玛玉"，深受广大游客的喜爱。参观完石林的"大石头"，游客都要购买一块石林彩玉的"小石头"带回去作为永远的纪念，也会给游客带来彩色人生的好运。①

以上将石林彩玉描述为"阿诗玛玉"的故事，出自文学想象的附会表述。下面这个故事，则是石林彩玉商人丁总为营销炒作石林彩玉的经济谋划。

从考古的角度来说，在新石器时代，就有石林彩玉了。远古的时候它（石林彩玉）是打火石，那个时候石林彩玉，就作为石林人民生产生活的工具了。

我们撒尼祖先对石林彩玉很崇拜。看到一个花花绿绿的石头，比如说热布巴拉家，他们家收集这种好的彩玉石，认为是财富和权力的象征。阿诗玛是幸福吉祥的象征。所以我们石林出了两种七彩的东西，一个是阿诗玛的头饰——彩虹包头，另一个是我们的石林彩玉。

我们还有一首诗：天上飘着七彩云，地下撒落七彩玉，撒尼刺绣七彩虹。我的产品现在已经进入"七彩云南"②了，我和他们说，七彩云南七彩玉，你是最有炒作的噱头了。

所以你问我石林彩玉与撒尼文化的关系，你看这个石头（展示茶几上的一块石林彩玉原石），竖起来看，你看这是一个火把，这面，竖起来看，是一个老虎头，撒尼人崇尚火和老虎。这个石头买来的时候很贵，赋予它意义之后就更贵了。实际上在侧面还有一个阿诗玛，只是要仔细看。你看这是阿诗玛的头、背篓和身子。

---

① 赵晓强：《石林彩玉与阿诗玛》，石林彝族第一村石林彩玉店铺宣传资料。
② 七彩云南品牌是由昆明诺仕达企业（集团）有限公司依靠云南民族文化和资源优势，建立的多元化产品品牌集合。

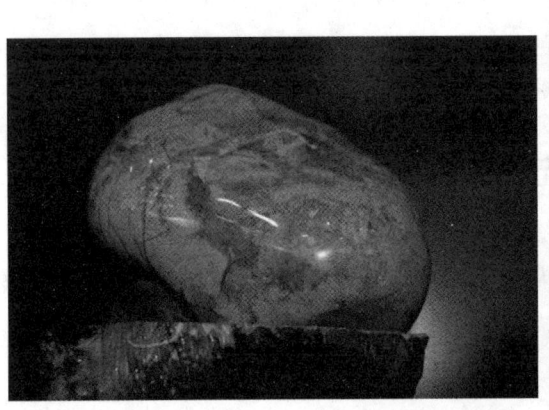

石林彩玉原石（左），石林彩玉人物雕刻（《东方珠宝》提供）

10年前，人们开始挖石林彩玉，但是大家只是玩，没有人将其炒作成一个产业，我进入其中也才两年，县里要求我把这个产业带起来，我进入其中后发现，石林彩玉颠覆了我们对玉的认知。因为玉之前是通透的，靠种、色这些，石林彩玉则要用多彩、艳丽等词来形容它。

石林彩玉的矿脉主要在大可板桥河古河床两边一公里以内，总长有58公里，一直延伸到弥勒境内。我请了15个专家来做调研，产量15年之内没有问题。但是我们现在只能挖一点，因为我们的销售跟不上。

在推广上，这几年我们参加了两次泛亚石博展，每次展览都大力推广石林彩玉，去年（2015）来巡展的贵宾在我这（石林彩玉展厅）停留了56分钟，今年42分钟，领导给我们站台。我们还参加了很多次南博会、文博会、礼博会、香港国际珠宝展，全国的展会也去了一些。

今年（2016）石林彩玉已经过了地方标准了，明年我们争取进国标，现在我们已经开始着手了，这些专家、主任啊，我们开始拜访了。

我们现在最多时有成百上千人和我们玩石林彩玉，这些人从开始的时候什么都没有，现在买轿车、盖房子的很多，他们一年有10—20

万的收入。他们很多年前开始捡石头,但是没有商业化运作,但是被我炒作起来之后,他们的收入增加了,就也算是扶贫贡献了。①

唐先生的阿诗玛家园

杨丽坤,唐凤楼②的夫人,1942年4月27日生于云南宁洱县磨黑镇,彝族。曾出演了电影《五朵金花》和《阿诗玛》两部电影,在中国亿万观众心中留下不可磨灭的印象。后在"文革"中受到迫害,1978年得以平反。2000年7月21日18时30分杨丽坤因病在上海家中去世。

在2016年第二届国际阿诗玛文化节期间,我们有幸见到了唐凤楼先生,在9月30日晚上进行的"阿诗玛文化节主题演唱会"上,主办方邀请唐先生上台和观众分享他与杨丽坤的爱情,他说了8个字——简简单单,互相牵挂,然后又简短讲了他和杨丽坤的故事:"别人介绍,我们认识。我们通信,通信后我们见面,见面后产生好感,就谈婚论嫁。结了婚,我们就有了孩子。她生病,我照顾她。她走了,我现在很怀念她。就那么简单。"

晚饭后问及唐先生:"阿诗玛文化在云南以外的地区该怎样传播?"唐先生笑着答道:"阿诗玛就是和美连在一起的。阿诗玛不仅仅是个爱情故事,它更是一种文化现象,它是国家级的非物质文化遗产,每个人有每个人的解读。"唐先生有个想法,让世界唱响阿诗玛:"美国搞一趟,英国搞一趟,法国搞一趟,澳大利亚搞一趟,其中很多电视台参加,方式是旧的,内容是新的,把云南的旅游文化推广到全世界去。我在云南昆明搞了一个杨丽坤文化产业投资集团公司,现在还没开展业务,这是第一个业务。"

---

① 访谈彩玉商人丁总录音,2016年7月25日,石林彩玉大观园。
② 唐凤楼,集著名翻译家、书画家、商人、阿诗玛扮演者杨丽坤的丈夫等身份于一身。

早在1982年，唐凤楼曾写下回忆录《我与阿诗玛的悲欢》，其初衷在于：

"你以前未去过云南，是怎么和《阿诗玛》的主角杨丽坤认识的？""你们是怎么结婚的？""杨丽坤当时的处境那么艰难，你又是怎么考虑的？"……在不同的场合，不同的人出于不同的想法，向我提出一连串类似的问题。遇此情况，我总是淡淡一笑，然后把话题扯开。现在，我写出多年来对之缄默不言的往事，不仅仅是因为我们过上了安定的生活，而更主要的是，想让读者了解，在那令人不知所措的动乱里，一个名演员的遭遇，一个普通人的命运以及两者结合起来的一个小小家庭的酸辣苦甜。

2016年8月14日，根据《我与阿诗玛的悲欢》改编的音乐剧《风中丽人》在上海美琪大戏院首演，"讲述著名彝族演员杨丽坤的人生历程和她参演的电影作品《五朵金花》和《阿诗玛》交织而成的瑰丽画卷。回顾了一个艺术家的成长与自己的作品和家人荣辱交错、荣辱与共的命运，来聆听云南各民族生活在绿水青山之间的悠久历史和美好夙愿。她充满戏剧性的悲欢人生，她的善良与美丽，她对于这个世界充满了憧憬与感恩。她成功的喜悦，她对美好甜蜜爱情的向往，她遭受不公正的对待与摧残。她与唐凤楼的相遇、相知、相恋、相依，他们一起走过的幸福但不平静的人生"①。对于这部音乐剧，唐先生说："往事像落日映照的河面，我捡闪光的珍藏在心中。"

"她走了，我现在很怀念她。"2015年8月12日，唐凤楼先生在昆明登记注册了云南杨丽坤文化产业投资（集团）有限公司，经营范围有：组织国内外文化艺术交流活动；文化旅游产品及广告的设计、制作、代理、

---

① 音乐剧《风中丽人》宣传介绍（https://www.douban.com/event/27084277/）。

发布；货物及技术的进出口业务；企业管理咨询、经济信息咨询；计算机软硬件的开发、应用；国内贸易、物资供销等。

  唐先生更愿意把杨丽坤文化产业投资公司叫作"阿诗玛家园"或"阿诗玛会馆"，唐先生的微信更新频繁，所"晒"内容，基本能窥见云南杨丽坤文化产业投资（集团）有限公司对阿诗玛文化所进行的创新实践。

普洱袋泡茶：小九①是普洱人，三藏②的主业是外贸，做普洱茶是为了纪念杨丽坤（云南普洱杨丽坤茶叶有限公司），不在乎赢利与否（2016年8月20日）

昆明有新居，为一带一路，落户同德昆明广场，弘扬"阿诗玛文化"，已不仅仅是个人的事（2017年5月17日）

---

  ① 杨丽坤家中兄弟姐妹10人，由于她排行第九，身边的人都亲昵地称呼她"小九"。
  ② 唐凤楼自称为"三藏"。

第四章　百变阿诗玛：文化旅游情境中"阿诗玛文化"的发明

朋友为三藏开发的旅游纪念礼品——灵璧石阿诗玛半身像（左）（2017年6月1日）

杭州丝绸冠全球，各类阿诗玛主题小包（中），100%桑蚕丝（2017年6月20日）

云南杨丽坤文化产业投资集团公司，联手杭州万事利丝绸国礼集团公司，为一带一路旅游市场，共同推出（2017年7月9日）

早有夙愿，将英译长诗《阿诗玛》用英文书法展现在"阿诗玛会馆"中，落户昆明广场的"会馆"装修即将完毕（2017年7月14日）

在文化与商业如何结合上，唐先生有这样的比喻："把文化硬塞进商业，就像在赤裸的上身，系上领带……""阿诗玛家园"是唐先生的精神家园，唐先生对阿诗玛文化的真诚实践，值得期待。

阿诗玛文化节①的玩法

针对石林"阿诗玛文化旅游"中"有旅游经济无阿诗玛文化"的"失魂落魄"局面，2015 年开始，石林县连续三年，在火把节之后的"十一"假期，以电影《阿诗玛》中的故事情节为启发，举办了"中国石林国际阿诗玛文化节"，以期阿诗玛文化节的传统继承并发扬光大，增加石林旅游的文化含量，拉动游客量。

阿诗玛文化节的活动主题是"千古爱情阿诗玛·浪漫真爱在石林"，活动目的为：传颂阿诗玛，复兴民族文化，打造石林浪漫真爱之都，促进文化与旅游融合发展。在 2016、2017 年，为了配合国家宣传战略，活动目的增加为：讲好阿诗玛故事，弘扬阿诗玛文化，传播阿诗玛品牌，打造石林浪漫爱情圣地，践行社会主义核心价值观，促进石林旅游文化深度融合发展。活动由石林彝族自治县委、县人民政府主导，云南 JD 文化传播有限公司负责实施和市场运作，人民网云南频道负责媒体推广。三届阿诗玛文化节活动对比如表 4 - 4 所示。

表 4 - 4　　　　　　2015、2016、2017 三届阿诗玛文化节活动对比

对比项	首届国际阿诗玛文化节	第二届国际阿诗玛文化节	第三届国际阿诗玛文化节
时间	2015 年 9 月至 10 月	2016 年 9 月 28 日至 10 月 7 日	2017 年 10 月 1 日至 10 月 8 日
活动 1	揭幕暨点火仪式	揭幕点火仪式暨微视频大赛启动仪式	揭幕点火仪式暨阿诗玛形象大使选拔大赛启动仪式

---

① 此部分参考罗雨、巴胜超《文化旅游背景下少数民族节庆品牌化发展研究——以中国石林国际阿诗玛文化节为例》，《昆明理工大学学报》（社会科学版）2017 年增刊第 1 期。

续　表

对比项	首届国际阿诗玛文化节	第二届国际阿诗玛文化节	第三届国际阿诗玛文化节
活动2 演绎《阿诗玛》电影经典片段和情景体验	1. 阿黑阿诗玛情歌对唱 2. 阿黑阿支英雄射箭竞赛 3. 阿黑背媳妇 4. 阿黑阿支摔跤比赛 5. 阿诗玛走秀 6. 阿支抢婚	1. 阿黑阿诗玛情歌对唱 2. 阿黑阿支英雄射箭竞赛 3. 阿黑背媳妇 4. 阿黑阿支摔跤竞赛迎娶阿诗玛趣味活动 5. 阿黑阿诗玛荡舟唱山歌比赛 6. 品世界最大最浪漫鲜花饼	1. 阿黑阿诗玛荡舟唱山歌比赛 2. 阿黑阿支抢婚表演体验
活动3	阿诗玛文化节主题演唱会	阿诗玛文化节主题演唱会	阿诗玛文化节主题演唱会
活动4	阿黑阿诗玛采摘人参果趣味竞赛活动	阿黑阿诗玛采摘人参果趣味竞赛活动	阿黑阿诗玛采摘人参果趣味竞赛活动
活动5	乃古石林集体彝族婚礼	大型传统彝族婚俗集体体验活动	阿诗玛婚俗集体体验活动
活动6	首届东南亚少数民族美食购物节	石林民族特色美食街	彝族第一村石林特色美食一条街体验
活动7	放映《阿诗玛》电影	放映《阿诗玛》电影	《阿诗玛》电影放映活动
活动8	无	原生态歌舞剧《阿诗玛的婚礼》展演	彝族第一村民族民间歌舞展演
活动9	无	"真爱石林·海枯石烂"主题婚纱摄影	"真爱石林·海枯石烂"阿诗玛婚纱摄影大赛

续 表

对比项	首届国际阿诗玛文化节	第二届国际阿诗玛文化节	第三届国际阿诗玛文化节
活动10	无	民族团结宴	彝族第一村彝王汤锅宴
活动11	无	百名阿诗玛绣石林暨百名阿黑哥彝文书写叙事长诗《阿诗玛》比赛活动	彝族语言文字传学活动
活动12	无	阿诗玛"爱在人间"麦田计划公益活动	阿诗玛"爱在人间"麦田计划公益活动
活动13	无	彝族第一村牛王争霸赛	彝族第一村牛王争霸赛
活动14	阿诗玛文化网络论坛	无	无
活动15	巴江之秋百姓大舞台	无	无
活动16	山歌大赛	无	无
活动17	无	阿诗玛文化节休闲体验互动活动	无
活动18	无	阿诗玛文化进校园活动	无
活动19	无	狮子会忠善服务队、美狮服务队关爱石林孤寡老人慈善活动	无
活动20	无	首届阿诗玛微视频大赛	无

续　表

对比项	首届国际阿诗玛文化节	第二届国际阿诗玛文化节	第三届国际阿诗玛文化节
活动21	无	无	彝族第一村摔跤、射弩
活动22	无	无	彝族第一村阿诗玛新婚闹婚
活动23	无	无	彝族第一村石林名特优土特产品展示
活动24	无	无	彝族第一村石林非物质文化遗产展示
活动25	无	无	彝族第一村千人大三弦万人大狂欢篝火晚会
活动26	无	无	阿诗玛形象大使评选活动
活动27	无	无	阿诗玛网红直播活动
活动28	无	无	农民画家画石林采风和石画展示活动

通过表格的对比，可以看到三届阿诗玛文化节的异同，具体而言：

1. 活动主题保持不变，三届阿诗玛文化节都聚焦在阿诗玛文化中的爱情部分，由此将石林打造成"浪漫爱情圣地"。

2. 在同一活动主题下，活动目的有所变化，比如首届提出的是"传颂阿诗玛",而第二、三届提出的是"传播阿诗玛品牌",其品牌化目的已经明确。

3. 从活动核心上看,首届没有明确指出,而第二届提出申请两项吉尼斯世界纪录的宣传口号,十分响亮而吸引人。

4. 从活动内容上分析,具体如下:(1)活动数量增多,首届共10项活动,第二届共17项活动,第三届达到21项,活动内容大大增加,活动形式也更丰富。(2)活动具有延续性,三届阿诗玛文化节相似的活动共7项。(3)第二届在延续首届活动时,并非一成不变,而是在不断调整,比如重点活动"演绎电影《阿诗玛》经典片段和情节体验",这项活动在前两届阿诗玛文化节中都由6个小活动组成,其中有4个小活动相同。第二届更新的"阿黑阿诗玛荡舟唱山歌比赛"在石林湖进行,一方面展示了彝族撒尼人唱山歌的传统习俗,另一方面又对石林湖起到了很好的宣传作用,可谓把文化与旅游融合发展的典型,而从媒体对"最大最浪漫鲜花饼"的报道热度来看,这一变化也吸引了人们的眼球[①]。(4)第二届相较于首届,节庆范围扩大了,阿诗玛文化的内涵在阿诗玛文化节中得到了外延,比如斗牛比赛和公益活动的增加。

通过对2016年第二届阿诗玛文化节的田野调研和相关报道人的深度访谈,我们能看到阿诗玛文化节筹办的具体"玩法"。

相比第一届"从全球甄选出99对新人伉俪在石林体验彝族传统婚俗,演绎阿诗玛电影经典情景",第二届阿诗玛文化节举行前,通过媒体宣介,面向社会招募60对新人伉俪免费参加,"新人伉俪在石林期间的吃穿住行等事项全部由组委会承担。届时,组委会将带领招募的60对新人伉俪在石林演绎《阿诗玛》电影经典片段和情景、体验石林彝族传统婚俗、品石林

[①] 人民网云南频道在2016年9月28日发布了一篇名为《演绎千古爱情 尝最大鲜花饼 第二届阿诗玛文化节邀您来》的文章,该报道被国内各大门户网站纷纷转载。

地道羊汤锅、免费观看明星表演等"①。

问②：今年（2016）新人为什么选定为60对呢？

王：选定为60对新人的原因是因为今年是石林县60周年县庆。

问：新人通过什么渠道挑选？

王：向全球招募，主办方在人民网和各大旅行社发布信息，在第一年（2015）时就用他们在全国的网络平台发布招募信息。

问：对最终能参与本次活动的新人有什么要求？

王：选拔标准呢，第一要求是新婚；第二个要求是对身高和颜值有一定限制。区域的话要选择有代表性的，是大范围选拔的。身高男一米七以上，女要求一米六以上，颜值要高一些。具体是由人民网等平台运作的。

问：主办阿诗玛文化节的费用来自哪里？

王：本次活动的费用主要是由政府主导、市场运作、社会参与，宣传费用、招募新人的费用，还有里面二十多项活动的费用都是这样。二十多项活动还是比较大的。整个费用是300多万，政府出资了100万元都不到，其他的部分主要是靠市场运作。

问：活动主题"千古爱情阿诗玛，浪漫真爱在石林"，这一主题会不会一直延续下去？

王：应该会延续下去，阿诗玛文化是很博大精深的，很宽泛，（但）它有一个核心主题，宣传的是"永恒的真爱"的爱情观。

问：阿诗玛文化节的国际性如何体现？

王：国际性，首先，阿诗玛文化不仅是石林的，完全是一个国

---

① 《第二届阿诗玛文化节面向社会招募60对新人伉俪》，人民网云南频道（http://yn.people.com.cn/news/yunnan/n2/2016/0918/c228496-29018598-2.html）。

② 石林风景名胜区管理局王永乔副局长访谈录音，2016年10月3日，石林风景名胜区管理局，杜迪、彭慧颖采录整理。

际概念。《阿诗玛》叙事长诗已经翻译成五十多个国家的文字了。另外从我们宣传角度来讲，分为线上和线下，我们线上的宣传已经走向国际了，尤其是我们前两天的活动，已经在中新社翻译成英文、德文了，在全球传播。再一个就是我们招募的新人，也是国际性的，他们不仅仅是中国新人，有很多外国新人，爱情、真爱是一种国际主题。

问：国庆是（十月）一号开始，而活动（九月）二十八号就开始了，为什么错开国庆节呢？

王：这个是有考虑的，因为在国庆、春节等黄金周期间人流量比较大，景区压力也比较大，错开黄金周可以控制人流量。如果阿诗玛文化节和国庆节凑在一起的话不容易控制人流量，人流量太大，会出现很多安全隐患和安全压力。第二个是从成本来讲，错开国庆节后，吃的、住的、行的成本相对来讲要低一点。

问：今年的活动有哪些创新点，增加了哪些活动？

王：去年（2015）没有卫视频道（转播），卫视频道也是我们传播的一种渠道，参与的观众、群众都可以通过卫视频道把这些美好的记忆留存下来，放在平台上进行传播，扩大了传播的效果。第二个，是体验性的活动，今年在石林增加了山歌对唱，也就是增加了一个划船山歌对唱。这个去年是没有的。增加的目的就是我们彝族撒尼人对山歌本来就有一种传统习惯。通过这种表现形式，把我们的文化表现出来。第三个就是去年没有鲜花饼，今年增加了鲜花饼品尝活动。这个意义在哪呢？

饼是圆的嘛，相当于圆圆满满，是对新人的一种祝福，是浪漫幸福的一个象征，是这样的一个概念。同时，为什么做这么大呢？这是为了让我们的游客来共同分享这枚鲜花饼，分享浪漫与幸福，是有这个寓意的。哦，对了，说到不同，还有一个，去年是没有新郎、新娘学习刺绣和书法大赛的。他们设计的就是新娘阿诗玛学习

第四章 百变阿诗玛：文化旅游情境中"阿诗玛文化"的发明

世界最大最浪漫鲜花饼（彭慧颖 摄）

刺绣，新郎也就是阿黑哥学写彝文，用意就是让他们来体验彝族撒尼人的生活情境。体验生活中，女人是怎样织布刺绣的。因为《阿诗玛》叙事长诗是彝文的，有很多年轻人不喜欢，这是非常危险的，我们要唤起大家，还是要重视彝族文化，学习彝文，这是第四个不同点。

问：鲜花饼是不是还要申请吉尼斯世界纪录？

王：主办方是有这个打算，但对接的结果不知道能不能申请（成功），他们为这个活动进行策划，想着以后每年增加一圈，今年两米二，明年三米三，后年四米四，不知道能不能申请到。主要用意还是想让游客们分享新人的快乐、浪漫和幸福，代表圆圆满满，祝福新人。

问：在这么多活动中，哪几项活动是比较重要的？

王：通过这些活动，我们主要体现的着力点，第一，《阿诗玛》

电影的情景体验,这个是最重要的环节。因为《阿诗玛》电影的体验,让我们的新人感受阿诗玛文化,就是参与一些互动性的活动,真正能够体会和感受到阿诗玛文化的内涵。比如点火仪式,是很神秘的。还有就是结婚体验。第二,是主题演唱会,主题演唱会主体还是爱情为主,主线还是以阿诗玛为主线,穿插了一些现代的新人。比如请到了《阿诗玛》的原唱杜丽华老师,还有杨丽坤老师一家子都来了,这个还是非常有意义的,现在还可以录一些资料,若干年以后,这些就是阿诗玛文化活生生的见证。

问:通过阿诗玛文化节,想获得怎样的效果?

王:第一,通过这种形式来唤起人们对阿诗玛文化的新的认识、再认识。第二,就是传递真爱爱情观的正能量。真爱的爱情观和社会主义核心价值观是统一的。第三,我们通过这种形式把阿诗玛文化深入挖掘、整理、弘扬、发展。第四,是想通过这个活动把文化与旅游融合起来,促进文化和旅游的深度融合。第五,就是通过不断地举办活动把阿诗玛文化品牌打造出来,培育和打造一个阿诗玛(文化)体验性非常强的项目,把它项目化,以后不只有60对新人参与,项目落地以后,让来的游客都能体验到阿诗玛文化,这才是我们最终的落脚点。

问:游客节假日来的时候可以看,平时来的时候也可以看到吗?

王:对于游客来讲其实是很痛苦的,来了(石林)之后只看到了石头,其实阿诗玛文化跟石林的石头是相生相伴的,但大家来了之后就只能看到石头,文化的东西已经没有了,最多也只看到了阿诗玛的服饰文化,所以说非常有必要搭建这个平台,让大家来共同享受参与阿诗玛文化,增强游客的体验感,同时增加我们的文化旅游。

问:阿诗玛文化节策划方面有什么遗憾?

王:阿诗玛文化是逐步挖掘出来的,要说它的缺陷和缺憾,肯定每一年都会比较多。一个就是在我们整个运作过程中，它的整个决策过程还是有点儿慢了，宣传本来应该提前，但现在是很多东西宣传不到位，很多人都不知道。其实好多人还是很愿意并喜欢参加这个活动的，但很多人还是不知道，所以说提前宣传的面还是不够。就比如说招募新人，好多人都不知道，知道的都想来参加，其实在招募新人的质量、品质上与要求的还是有点儿差距，今年的新人和去年相比还是更好一点，但是你们也看到了还是有几对新人没有达到我们的要求。再一个，这项活动有一些阿诗玛文化的元素还是没有完全体现进去，在演绎的过程中，有一些还是没有达到我们预期的效果。比如射箭、摔跤还是少了原汁原味的那种感觉。再一个就是我们在运作的过程当中，时间上的衔接还是有点问题的。如果在国庆期间呢，会有很多人赶过来，但在国庆之前，就有很多人因为时间问题想来但参加不了，但是我们也要考虑，如何让大家能参加，又尽可能地错开黄金周。再一个就是招商这一块，去年我们也搞了一次，去年不是很理想，今年这块也不是很理想。跟整个经济下行有一定的关系，他们主办方还是比较难招商。

问：以后景区管理局的管理模式上会有一些变化吗？

王：肯定要有一些变化，石林景区现在是一个政治型的，重点是放在打造平台和管理平台上。下一步就要从经营品牌方面来做了，这块是比较薄弱的。政府经营这块其实是块短板，说白了就是这么多资源，这十万游客来了以后，除了一张门票以外，其他的（收益）微乎其微。这些项目做起来，要想达到好的效果，政、市、企要分开，必须要企业运作。现在我们旅委、石林旅游局、石林风景区管理局、石林旅游度假区管委会、石林旅游集团公司，都是我们几个人，都是一帮子人，就是政企没有分开。经营这块，与同类景区相比，我们这块还是非常短板的。

2016年阿诗玛文化节，延续了第一届文化节的理念，以电影《阿诗玛》的故事情节为基础，以新人参与的形式，试图深度演绎石林撒尼恋人之间相识、相知、相爱的甜蜜历程。同时在游客的参与下，一起诞生了两项吉尼斯世界纪录：世界最大鲜花饼和世界最多少数民族团结宴。从2016年阿诗玛文化节的田野深描中，可以更直观体验节日事项的具体情况。

阿诗玛阿黑哥荡舟唱山歌。所谓荡舟唱山歌活动，顾名思义就是撒尼男女演员身着传统民族服饰，泛舟游于湖上。澄澈的湖面上游着四条船，每船有七八名演员。男女演员边演奏乐器边互对情歌，引得岸边的游客纷纷驻足、拍照。演员们一看就经验丰富，看到游客们拍照，马上摆出各种造型配合游客拍摄，俨然专业的模特。演员们演唱完几首歌曲之后就下船，匆匆赶赴下一个演出地点。

阿黑阿诗玛情歌对唱活动（彭慧颖 摄）

情歌对唱。情歌对唱活动现场，一位导演在指挥参加演出的演员们进行彩排。彩排过程中，观众已经陆续到达现场开始入座。主持人拿起话筒走入观众席中互动，为观众讲述阿诗玛的故事，并戏称现在家庭优越且为第三者的男性青年叫"阿支"。主持人与大家的说笑成功吸引了观众们的注意力，台下观众大多为主办方邀请来参加本次活动的来自全国各地的新人。在众多新人当中，一对乌克兰情侣因其西方面孔格外吸引媒体的注意，纷纷围着他们拍照、采访。聊天得知，两人都来自乌克兰，男孩在昆明工作，女孩在昆明读书，他们相识于昆明，而后相恋。他们得知石林举办活动，自己很感兴趣，便过来参加，顺便可以游玩。台上演员彩排完毕，主持人宣布情歌对唱演出开始，舞台左侧为美丽的阿诗玛姑娘们，右侧则为阿黑哥们。双方对唱情歌，再现彝族撒尼人婚恋时情歌对唱的情景。

简陋"美食街"。情歌对唱完毕，已经到了中午饭时间。准备去美食街觅食。但一进入"美食街"，我们均傻眼，一大片空地上铺了一张白色防水布充当"地板"，零星几个帐篷搭建在"地板"上，稀稀落落显得荒凉无比。整条"街"很难找到顾客。来回转了一圈，看到有些店铺还在布置中，有鲜花饼店、香菇特产店等。好不容易找到一家卖米线的店，虽然价格偏贵，但周围确实没什么可以吃东西的地方了。美食街店铺都是招商进来的，他们要交纳一定的资金，换取摊位。

一对来自重庆的夫妻边吃边和我们聊天，夫妻俩告诉我们，本次活动一共在网上选拔了60对新人，名义上为新人，但其实有很多人是结婚多年的夫妻。他们两人就是结婚十周年纪念日，过来参加活动也是为了游玩一下，留个纪念。参加此次活动的新人们提前在网上报名，主办方会要求新人上传证件、照片等，审核资料选拔出60对新人后，每人上缴1200元的押金，押金会在活动结束后退还给新人。活动期间主办方负责安排新人的行程，免费提供食宿和少数民族服装，但新人们的机票需要自理，三号活动结束之后，新人们就可以自由活动了。

摔跤竞技、背媳妇跑步。下午的活动有抢亲环节、摔跤、射箭、背新娘跑步等，新郎们被要求背上新娘在指压板上赛跑。观众看得开心，新人

· 185 ·

阿黑背媳妇活动（彭慧颖 摄）

们玩得也很开心。活动主办方对外宣称是为了体现民族婚俗，但实际上很多婚俗被演化成为一种为娱乐大众而包装的"四不像"的活动了。比如摔跤环节，本意是阿黑哥欲抢回阿诗玛，但遇到阿支的刁难，要与阿黑进行摔跤比赛，所以摔跤是男子们为了心爱的姑娘进行一对一的力量与技巧的较量，但为了观赏性和娱乐性，主持人不仅安排一对一、二对一、三对二式比拼，更增加了阿诗玛摔跤大赛。羞答答的新娘们大都腼腆羞涩，抱着来回转圈圈，倒更能惹得观众开心了。还有射箭也是阿黑哥与阿诗玛都可以体验的，仔细看过弓箭，弓是现代工艺制成的弹簧式弓，箭由塑料制杆，金属制箭头，完全是现代工艺制法，看起来杀伤力挺大，反倒是草编的箭靶比较有少数民族的特色。

分享鲜花饼。演出结束，跟随主持人的指引，我们来到景区的一个斜坡处分享鲜花饼，这个亚洲最大鲜花饼直径122.8厘米，厚15厘米，重400公斤。鲜花饼被放置在一个一米高的展台上。分享活动遭遇到了两轮拥挤人群。首先在主持人的授意下，媒体记者、摄影爱好者们一窝蜂地挤到前面俯拍、仰拍，把这块将要申报吉尼斯世界纪录的鲜花饼全方位无死角拍摄一番。后面早已按捺不住的观众们一拥而上，分切鲜花饼。记者们被挤到角落里动弹不得。穿越拥挤的人潮，捧着默默领到的饼，周围的阿姨们已经排成了几条长龙。

《阿诗玛的婚礼》演出（彭慧颖 摄）

《阿诗玛的婚礼》原生态歌舞展演。晚上到普世老民族饭店，观看原生态歌舞展演。普世老民族饭店位于阿诗玛旅游小镇中，店内格局很有特色，处处彰显着民族风情。进入店中映入眼帘的是一块四四方方的舞台，舞台不大，只能并排站六名左右的舞蹈演员。舞台周围铺满了新鲜的松针。饭店老板叫普文忠，以前是石林"阿黑哥组合"中的一员，擅长做民族文化的宣传，2007年时创办了"老民族"，2011年注册为普世老民族餐饮文化有限公司。普文忠很懂得如何宣传自己的品牌，周围走廊的墙壁上挂满了很多名人的照片，有影星刘晓庆、主持人高博，另外还有当地的阿黑组合、窝雀组合等。

吃完饭演出才正式开始。原定七点开始演出，但服务员说，因为今晚参加表演的演员都是本店的厨师和服务员，他们必须要在端菜服务结束之后才能开始准备演出。演出内容以歌舞为主，主要讲述了彝族撒尼少女阿诗玛从出生到长大后与阿黑哥相遇、相恋，后来被阿支掳走，阿黑哥勇敢去救阿诗玛的故事，形式更像是一场音乐剧，以多幕的形式展现。在演出过程中，演员们都是对口型，并没有真的演唱，这场演出他们排练了两三天就成了。

婚俗体验活动中的跨松枝环节（彭慧颖 摄）

彝族撒尼人的传统婚俗。阿诗玛文化节第二天，来到乃古石林景区，跟60对新人一起体验彝族撒尼人的传统婚俗。乃古石林位于石林风景区北部，"乃古"，彝语是"黑色"的意思。顾名思义，乃古石林，就是黑色的石林。一进景区的大门，千亩波斯菊竞相开放，远处是黑色的石林矗立，景色特别壮阔。

第四章 百变阿诗玛：文化旅游情境中"阿诗玛文化"的发明

婚俗体验活动中的牛车娶亲环节（彭慧颖 摄）

在乃古石林游客活动中心，演职人员跳起三弦舞蹈，欢迎远道而来的阿诗玛和阿黑哥。参加活动的阿诗玛和阿黑哥是坐着牛车进入景区的。牛车慢慢地行驶在千亩花海里，从牛车上下来以后，新人们跨过火盆，跨过九道门，来到两棵树前，树前面有点燃的松枝。两棵树前有一张红布装饰的桌子，桌子上面有酒、装五谷的碗和点燃的香火。在两棵树和桌子的中间，有两根藤缠绕在一起。毕摩口中用彝文念着一些祝福的话，为参与体验的新人做结婚仪式。

整个婚礼仪式结束后，主持婚礼仪式的毕摩陈润德说，新人们跨越九道门是祛除邪恶的过程。因为九在彝族文化中是最大的数字，跨过这九道门之后，身上不干净的东西、邪念全部给你清洁了，从这九道门出来以后就成为一个崭新的人。火盆是用松枝点燃的，升起的烟，为的是告知神灵，新人要成亲了，让神灵给他们祝福。桌子上放的东西如五谷、酒之类则象征着五谷丰登、吉祥如意。桌子前面放的藤是血藤，血藤是非常珍贵的材料。两根血藤缠绕在一起，象征着夫妻永不分离。血藤的上面扎着的小人是用石林香茅草做成的，分别代表着一个男人、一个女人，象征着永结同心、白头偕老。毕摩在仪式上念诵的经文大意为：感激天地，感激万物生育了我们人类；感谢父母，给了我们生命；感激我们的亲朋好友，让我们有了这么好的条件，让我们在万人之中成双成对。在仪式上，向天空放箭是为了生殖，放的箭头是男性龟头的形状，象征着男性的强壮。毕摩说，我们要用最大的弓，也就是最大的生殖器，生最强壮的小孩。在树上拴红绳是多子多福的意思。

现代婚纱摄影。礼毕，主办方召集摄影师分组为新人拍照。新人或穿着民族服装或身着婚纱骑马拍照。组织方为摄影师们分组完毕，两名摄影师带两对新人，由于时间匆忙，摄影师对环境也不熟悉，光是寻找合适的角度就费了很大一番周折，加上天气不太好，光线不稳定，所以出片率一直不高。新人告诉我们，活动上介绍的是主办方会专程安排摄影师为他们拍摄照片，有很多新娘都千里迢迢带了自己的婚纱过来，为了美丽只穿了高跟鞋，这一会儿奔跑下来，新人们都累得吃不消，新娘的笑容也显得很勉强。按照现场情况来看，新人们的婚纱拍摄并没有落实到位，摄影师是主办方邀请的自由摄影爱好者，比如有三位摄影师，都是退休在家的阿姨，因为喜欢摄影，主办方又提供食宿，所以过来拍摄。但由于每位摄影师风格不同，有些擅长拍风景而非人物，更有些从未拍过婚纱照，所以拍摄效果不太好。

发展文化旅游，关键在文化。阿诗玛文化节，顾名思义，活动内容必定与阿诗玛文化有关，那么已举办过三届的阿诗玛文化节中，蕴含了哪些阿诗玛文化呢？通过对比分析活动内容与阿诗玛文化的关系，按照活动内容对阿诗玛文化的展现程度，大致可将阿诗玛文化节中的活动分为六种类型：对阿诗玛文化的还原活动、对撒尼民间文化和习俗的体验活动、对撒尼民间文化的表演活动、有现代元素加入的时尚活动、对阿诗玛文化的宣传活动、对阿诗玛文化精神内涵诠释的公益活动。活动的形式内容既有对阿诗玛文化的传承发扬，也有出于旅游经济考虑加入的现代元素。

（1）对阿诗玛文化的还原活动。首先，阿诗玛文化节的重头戏——演绎电影《阿诗玛》经典片段和情节体验活动，其中有 4 个小活动"阿黑阿诗玛情歌对唱""阿黑阿支英雄射箭竞赛""阿黑阿支摔跤比赛""阿支抢婚"，都能在电影《阿诗玛》中找到相关片段。以对歌为例，除"阿黑阿诗玛情歌对唱"外，首届还设置了"山歌大赛"，第二届设置了"阿黑阿诗玛荡舟唱山歌比赛"。情歌对唱在电影《阿诗玛》中多次出现，如庆祝火把节的夜晚，阿诗玛和阿黑两人的对唱：

阿黑：只要鲜花把头点\ 哪怕岩高路儿险\ 不知你心爱什么人\ 什么样的人儿你才喜欢

阿诗玛：青松直又高\ 宁断不弯腰\ 上山能打虎\ 弯弓能射雕\ 跳舞百花开\ 笛响百鸟来\ 这样的人儿\ 这样的人儿我心爱

电影中公开对歌的情节也有很多，如阿黑赶到热布巴拉家营救阿诗玛，但阿支要求先赛歌，阿黑赢了才能进门：

阿支：远古的时候没有天\ 远古的时候没有地\ 问你哪个来造天\ 问你哪个来造地

阿黑：哎嗨……远古的时候\ 云彩有两层云彩有两片\ 重云落下就是地\ 轻云飞上就是天

由此可见，情歌对唱和公开对歌这两种撒尼传统对歌类型[①]在阿诗玛

---

① 关于撒尼人的对歌习俗，《阿诗玛论析》一书中写道："撒尼人的传统对歌有多种形式，这些丰富多彩的对歌形式大概可以分为两类。一类是在大庭广众面前唱的对歌；一类是背着众人两个相爱的人对的情歌。"书中继而又对这两种分类进一步解释："在公开场合下对歌的内容多为历史知识（如开天辟地），生产生活常识。""情歌对唱可以是一对相恋的年轻人，也可以是一群充满青春活力的年轻人，按性别男女各为一阵营，两边进行对抗赛，但不许老年人或未成年人以及有血缘关系的异性青年参加。"（黄建明：《阿诗玛论析》，云南民族出版社 2004 年版，第 171 页）

文化节中都有所体现，撒尼人能歌善舞，一生以歌为伴，阿诗玛文化节中的对歌活动，可以说展现了阿诗玛文化中具有显著特征的部分。总的来说，这类活动重在还原电影《阿诗玛》的经典情节，但是"阿黑背媳妇"这一活动，在电影《阿诗玛》中没有与之相关的情节，并且"背媳妇"的活动不只出现在阿诗玛文化节上，同时也出现在其他的民族旅游活动中①，所以"阿黑背媳妇"这一活动存在跟风的嫌疑。

（2）对撒尼民间文化和习俗的体验活动。阿诗玛文化节中所界定的阿诗玛文化并不只限于与阿诗玛有关的文化，而是扩展到了石林彝族撒尼文化的层面，是广义的阿诗玛文化，所以活动中有"百名阿诗玛绣石林暨百名阿黑哥彝文书写叙事长诗《阿诗玛》比赛"和"乃古石林传统彝族婚俗集体体验活动"。撒尼刺绣是撒尼人的传统手工艺，而彝文有深厚的历史文化底蕴，活动现场由石林刺绣和彝文的传承人教授新人、游客学习刺绣和写彝文，这对非物质文化遗产撒尼刺绣和叙事长诗《阿诗玛》的传承无疑起到了宣传作用。集体彝族婚礼由毕摩主持，活动的主要环节有：骑马相亲、牛车娶亲、交换结婚信物、跨火盆、跨松枝、跨五谷、拜祖、拜天地、呼唤"阿诗玛和阿黑哥"、集体誓婚、爱情宣誓以及拍摄彝式传统婚纱照等。现在的彝族婚礼还保留着这些传统习俗吗？答案是不完全，所以这项活动有助于恢复传统的彝族婚俗文化。可见，这类活动对阿诗玛文化起到了宣传和复兴的作用，内容上弘扬和恢复了传统文化，形式上又不乏创新，使之更好地被外界所接受。

（3）对撒尼民间文化的表演活动。前面两类活动需要新人参与完成，而首届的"巴江之秋百姓大舞台"和第二届的"展演原生态歌舞剧《阿

---

① "'背新娘'在不少民俗村、民俗风情园甚至在毫不相干的溶洞景点内也比比皆是，挑逗诱骗游客上当，强行索要小费等不愉快的事件屡见报端。"（王晞：《论"大众化旅游"对旅游地社会文化的负面影响》，《社会科学家》2002年第6期）而关于彝族撒尼人恋爱方式的论述，可以参看陈学礼《从"拖"到拖：石林县彝族恋爱方式中时空区隔的维系和失范》，《云南社会科学》2014年第4期。

诗玛的婚礼》",则完全属于舞台表演性质的活动。值得注意的是,活动的表演地点由石林县双龙广场改换到普世老民族餐馆,表演内容由展示阿诗玛文化经典节目与传承节目变为展演歌舞剧《阿诗玛的婚礼》,由此可以看出展演内容中的民族文化丰富性在减少。笔者调研时发现,第二届歌舞剧《阿诗玛的婚礼》展演时间是19点至20点30分,而表演人员则由普世老民族餐馆的工作人员担任,单看表演的时间和地点,便可发现其问题所在——所有观看表演的现场观众,变相被要求在普世老民族餐馆消费,这似乎有点强制消费的意味在里面。而表演人员的变化也引人深思:一是表演内容的质量能否保证,餐馆的工作人员是否真的有高质量高水平的表演能力;二是可以反映出旅游经济的发展给石林社会带去的变化,即使是餐馆也知道用撒尼的民族文化吸引游客。此类活动还有在彝族第一村举办的斗牛比赛,值得关注的是其门票价格分三种:10元(卖给周边5个村的村民)、20元(卖给老年人)、30元(卖给外地人),从门票价格的区分便可感受到商业味十足。由此不难看出,旅游中的文化现象显然不再只是单纯地展示文化内涵,而且还是吸引游客的重要经济手段。

(4)有现代元素加入的时尚活动。阿诗玛文化节不仅展现了撒尼的传统民族文化,而且很多项活动都加入了现代元素,比如婚纱摄影和美食购物活动等。这类活动与时俱进,活动内容与现代社会的发展相契合,但如果把握不好度,就会造成低俗化、商业化的现象,其中以第二届的"石林民族特色美食街"最为典型,临时在石林风景区的步哨山搭建起来的活动展位,十分简陋,现场环境相当糟糕,而且销售的商品也不具备石林民族特色,给人一种"路边摊"的感觉。

(5)对阿诗玛文化的宣传活动。阿诗玛文化节不仅设置了在当地举办的现场活动,而且还有一系列其他活动,比如"阿诗玛文化网络论坛""阿诗玛文化进校园""首届阿诗玛微视频大赛"。这三项活动,以不同的传播方式向外界宣传阿诗玛文化,同时组织者又借活动从外界获取反馈信息。

（6）对阿诗玛文化精神内涵诠释的公益活动。在阿诗玛文化节主题演唱会中有涉及公益的部分，此外还有资助石林偏远山村中小学和关爱石林孤寡老人的公益活动。公益活动的文化内涵与阿诗玛的文化内涵，相通之处在于，阿诗玛不仅外表美，她的心灵更是美，可以说她就是善良、勇敢、热心、坚强、聪明、勤劳的化身，而公益活动也是人间大爱的体现。

综上，阿诗玛文化节中，具有鲜明特征的阿诗玛文化每一年都有展示，同时在展示的形式上加入了现代元素。但不可否认的是，某些活动的确过于商业化，导致已经没有阿诗玛文化作为支撑。在发展过程中，如何做到即使阿诗玛文化得到传承与弘扬，又把握好现代文明的参与度？如何平衡文化与旅游经济之间的良性互动，这是阿诗玛文化节亟待面对的实际问题。

阿诗玛文化的资本化

前述诸多以"阿诗玛"命名的"百变阿诗玛"文化现象，学者肖青、李淼将其理论逻辑归结为：改革开放以来，振兴和发展地方经济成为各地政府的中心工作和重要目标。全球化市场经济体系下文化消费的崛起，促使各级地方政府日益重视对各种文化资源的发掘。在此背景下，作为民族艺术经典的"阿诗玛"因其较强的艺术性、表现力和潜在的经济价值，成为地方可运筹的"文化资本"。在"阿诗玛"的"故乡"，从官方主导的地方文化标志打造，到商家运作的民族风情旅游展示，再到民间草根的多元话语建构，"阿诗玛"几乎无处不在，体现出它作为"文化资本"在地方经济发展和形象打造中的全方位投放。并且，"回归"故里的"阿诗玛"走出了媒介，进入了"日常"的物质世界，呈现出"再地方化"的景象。在此，"再地方化"是对已被"去地方化"的

第四章 百变阿诗玛：文化旅游情境中"阿诗玛文化"的发明

文化符号的"地方性"的再生产。如果说"去地方化"重在构筑一个"同质化"或"标准化"的叙事，那么"再地方化"则更强调确认文化符号的"初始性"或"原生性"，发掘并展现"初始"的多样。而这些维度的文化符号重构，却通过挪用此前被"去地方化"了的表征元素而获取"正名"。这是一个文化符号"去地方化"和"再地方化"辩证互动的又一个方面。①

阿诗玛文化的"再地方化"，也可以解读为一种地方"文化自信"情景中对传统的发掘、发明与回归——地方的"文化自觉"。其"文化资本"运作的逻辑起点，在于"民族文化资本化"的合法性。"民族文化资本化"论题的实质，集中在三个层面：

> 在第一层面上，直指作为"边缘"的不同民族参与当代主流社会和经济的必要性和条件问题。如果说，人类学更多地关切于"弱势"群体，并接受了他们阐述和解释自己文化的自由大于其改造社会的能力的认定，那么，"民族文化资本化"研究的主要内容，就是去理解这些"弱势"群体在多大的程度上真正接受或拒绝现存的世界秩序，如何从被排拒的边缘转变为参与的边缘。其次，认识到"民族文化资本化"的可能性既生成于"边缘"参与"主流"的过程中，也强调了不同的民族共同体只有在"参与"中才能获得自我保护与生存的基本条件，也就是规定了"边缘"参与"主流"的必然性和必要性。"民族文化资本化"论题在第三层面上所提出的问题是，文化或制度的融和与创新。②

阿诗玛的符号价值，是阿诗玛文化得以"百变"的基础，叙事长诗《阿诗玛》中撒尼人勤劳、勇敢、善良的寓意，电影《阿诗玛》中杨丽坤

---

① 参见肖青、李淼《民族文化经典的"再地方化"——"阿诗玛"回归乡土的个案》，《新闻与传播研究》2017年第5期。
② 马翀炜、陈庆德：《民族文化资本化》，人民出版社2004年版，第12—14页。

的美丽与现实生活中的人生悲剧,是阿诗玛符号价值得以彰显的底色。纵观"百变阿诗玛"的文化事项,均是"阿诗玛文化资本化"的表征,呈现为"阿诗玛+某某"的"阿诗玛化"的"复制"逻辑,而这种复制逻辑,是文化旅游情境中民族文化存续的真实状态:

> 云南各少数民族在旅游开发的特定场景中,族群意识借助于民族身份的再认同被强化,甚至比以往更强烈,并在与民族旅游发展的互动中不断传承、延续、发展。在这一过程中,云南的民族旅游推动着各少数民族传统文化的复兴和民族身份、民族精神的再建构得以不断展现,而且为族群文化的复制、再造和再生产提供了前所未有的场景和舞台。文化的存在形式是什么?是复制。文化被不断地复制,在复制中存在,在复制中保持价值和意义,复制是一种运动形式。所谓原汁原味的文化,从严格意义上说,是不存在的。①

从旅游资源开发的角度看,"百变阿诗玛"利用的是阿诗玛文化的"符号经济价值",在消费社会中,人们在传统的交换价值和使用价值之外,更加关注商品的符号价值。旅游者对符号价值的追求推动了符号产品的生产和消费,揭示了旅游业的符号经济属性。② 在文化旅游情境中,阿诗玛,特别是以叙事长诗《阿诗玛》和电影《阿诗玛》为核心的符号资源,被各种力量主体争抢,并在各种类型的文化、消费场域中使用。

在阿诗玛文化与资本对话的现场,阿诗玛以撒尼人的化身、杨丽坤、舞剧演员、声音形象、导游小姐、形象大使、地理概念、景观概念、地产代言人、非物质文化遗产等所指符号,轮番亮相。生发于石林县撒尼人村寨的阿诗玛,在政府规划、资本追逐、学者研究和媒体传播中,文化归属

---

① 杨慧:《民族旅游与族群认同、传统文化复兴及重建——云南民族旅游开发中的"族群"及其应用泛化的检讨》,《思想战线》2003年第1期。
② 参见李庆雷、廖春花《旅游资源开发理论研究》,武汉大学出版社2014年版,第254页。

与认同空间逐渐扩大,演变为云南省的阿诗玛文化、中国的阿诗玛文化、世界的阿诗玛文化,并以各种阿诗玛文化的"变身",为各种利益主体创造着经济价值。

这容易给人一种"阿诗玛文化繁荣发展"的印象,但在笔者的调研中,除了热闹与繁荣,也听到了一些来自基层的反思声音,诸如:关于阿诗玛文化,媒体热闹的宣传报道背后,真实的情况是——阿诗玛文化旅游"有旅游无文化"的"失魂落魄"现实;各种名目的节庆期间数额巨大的商业洽谈签约背后,真实的情况是——政府招商引资"越引越资"①。

阿诗玛文化,在未来的发展中,必将继续在保护传承、政府规划、资本运作与市场需求等多种力量的博弈中继续前行。"文化遗产的旅游化(态)保护"是可供借鉴的一种协调方式:

> 旅游化(态)保护,是与文化遗产生活化保护传承相对的概念,强调文化通过旅游利用得到生存发展和有效保护。它只是民族文化遗产保护模式中的一种,却是民族文化旅游地文化遗产保护最主要的方式。民族文化遗产的旅游化保护,已成为文化旅游背景下民族地区社会经济与文化可持续发展的共同要求。
>
> "旅游在场"与"文化再现"是民族文化旅游化保护的两大基本特征,两者互为条件、相辅相成,体现文化旅游与文化保护的互动关系。前者反映民族文化旅游化保护的背景、状态和过程,主要体现旅游作为文化保护客观环境和外力因素的规律特点;后者说明民族文化旅游化保护的文化样态和表现形式,主要体现文化旅游背景下文化发展变迁与再生产的规律特点。"旅游在场"使文化的价值得以实现,是"文化再现"的重要动因和场域;"文化再现"则为"旅游在场"

---

① 资,云南方言,意为无可奈何,没有解决办法。

提供了鲜活的文化内涵和持续不断的文化生命力。

  旅游化保护的基本原则：一是社会经济文化协同发展的多元主体保护原则；二是文化再生产的动态保护原则。通过文化旅游资源的商品化生产与市场化运作，提升民族文化自身的适应性与生命力。使其通过文化旅游产业进入社会公共空间，获得广泛的社会认同，确立自己在全球化时代多元文化体系中的地位，最终实现传统与现代的结合，经济利益与社会效益的统一。①

  以上百变阿诗玛，正是"旅游在场"后的"阿诗玛文化再现"，但从村寨到景区，丰富多元的阿诗玛文化事项，多为外来者——政府、商人来主控其文化走向，村民——阿诗玛文化的持有者，在诸多阿诗玛文化现场的话语权是缺席的，阿诗玛文化遗产的旅游化（态）保护，如何发掘村民的主动性，前述（第三章）大糯黑村的阿诗玛文化旅游实践，是可供借鉴的一种方式。

---

① 桂榕：《重建"旅游—生活空间"：文化旅游背景下民族文化遗产的可持续保护利用研究》，中国社会科学出版社2016年版，第355页。

第五章 《阿诗玛》文化遗产传承人口述影音的采录与使用

《阿诗玛》是在石林彝族撒尼民间世代传承的一部文学色彩浓厚的彝语诗歌作品，有口传本，也有彝文本，由于彝族几千年前就创制和使用文字，所以现在还没有证据可以证明是先有口传本还是彝文本。[①] 1950年代云南省文工团圭山工作组搜集整理为汉文版本出版时，被定性为"叙事诗"，后来有的研究者认为还应该是一部史诗。这部长诗除以多种文字在国内外出版外，还被改编成戏剧、电影等形式进行传播，产生了广泛和深远的影响。

1989年，由马学良等根据彝文本翻译整理的彝汉文对照的《阿诗玛》科学版本，获得全国第二届民间文艺荣誉奖。1992年，云南省歌舞团排演的大型歌舞剧《阿诗玛》公演，先后获文化部第三届"文华奖"、中宣部"五个一工程奖"，在1994年被评选为"中华民族二十世纪舞蹈经典作品"。1999年，人民文学出版社1960年出版的《阿诗玛》（重新整理本）以唯一的民间文学作品，入选"百年百种优秀中国文学图书"。进入21世纪后，阿诗玛被石林地方政府视为文化符号和旗帜，作为石林地方文化和民族文化进行广泛的宣传和打造。2004年，在石林召开了首

[①] 有关叙事长诗《阿诗玛》和阿诗玛文化的相关情况，可以参阅刘世生主编的《石林阿诗玛文化发展史》，云南民族出版社2010年版。

届阿诗玛国际学术研讨会,标志着阿诗玛的研究已为国际学术界所关注。①

2006年,石林彝族撒尼语口传叙事长诗《阿诗玛》被列为中国第一批国家级非物质文化遗产。《阿诗玛》原始版本的搜集,据2002年出版的《阿诗玛原始资料汇编》统计,共有古彝文版本8份、汉文口头记录稿18份、故事传说7份、音乐记录稿7份。②这些原始资料,由于各个方面的原因,都没有交代搜集记录的情况,演唱者、讲述者、记录者的身份和经历也不清楚,这就使得这些资料的利用研究价值受到了限制。③半个多世纪之后,"阿诗玛文化"的核心——口传叙事长诗《阿诗玛》的传承人群体,其传承保护的实际状况如何?以《阿诗玛》文化遗产传承人的口述记录为基础,我们揭开阿诗玛文化遗产传承人的真实生活和传承脉络。

《阿诗玛》文化遗产传承人的口述记录

虽是亲眼所见,但笔者还是不太愿意相信,在"阿诗玛"列入国家级非物质文化遗产名录十年后,在"中国非物质文化遗产网·中国非物质文化遗产数字博物馆"中,"阿诗玛"国家级传承人的基本信息还是这样的:

国家级传承人:毕华玉④

---

① 参见赵德光主编《阿诗玛国际学术研讨会论文集》,云南民族出版社2006年版。
② 参见赵德光主编《阿诗玛原始资料汇编》,云南民族出版社2002年版。
③ 参见刘世生《镜子的蕴义和历史的制作》,巴胜超、杨文何主编《阿诗玛文化遗产传承人口述史》,云南人民出版社2016年版,第9页。
④ 资料来源:http://www.ihchina.cn/6/15996.html,2017年4月13日。

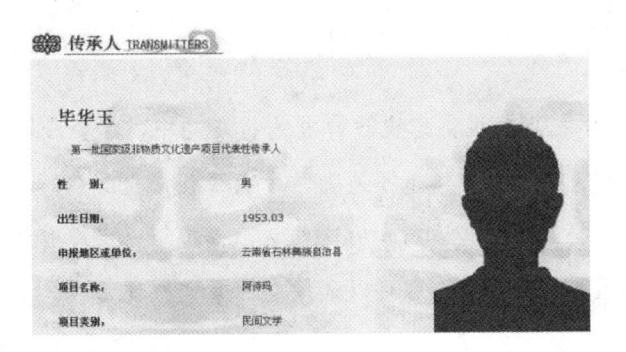

国家级传承人：王玉芳①

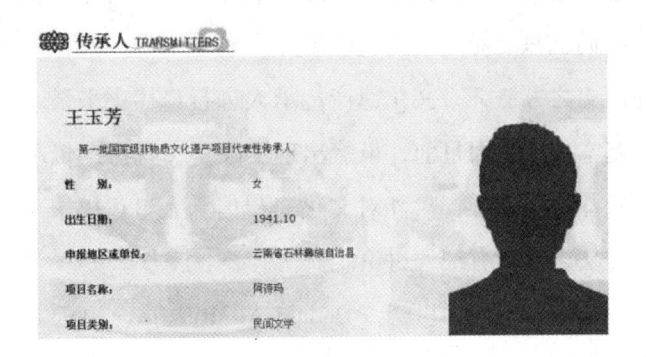

于是，笔者开始在传媒时代的信息云雾中，搜索他们，笔者依然不太愿意相信，一篇题为《沉痛悼念毕华玉大师》②的文章，已成历史：

> 云南石林著名毕摩，国家级非物质文化遗产、彝族撒尼语口传叙事长诗《阿诗玛》国家级传承人毕华玉大师于2013年3月26日不幸去世，享年60岁。
>
> ……
>
> （刘世生）他的溘然离世，是石林阿诗玛文化的重大损失。先生已在办理退休手续，准备在老家继续传承毕摩文化，他的过早离世，

---

① 资料来源：http：//www.ihchina.cn/6/16007.html，2017年4月13日。
② 《沉痛悼念毕华玉大师》（http：//www.yizuren.com/plus/view.php?aid=14711）。

让人扼腕悲叹。

……

（陈学礼）我记得您说过葬礼的指路经中，您会告诉逝者什么果子不能吃，什么地方的水不能喝，才能回到祖先所在的地方。我相信您一定记得您曾经告诉别人的这些话，相信您一定能够顺利回到祖先所在的世界。在那里，您可以继续您的彝文整理工作，会创造一个美好的世界……

一个非常紧迫的问题摆在面前：如果不对"阿诗玛"传承人进行口述影音记录，我们就只能对着墓碑访谈了。

以口述历史之方法，对文化遗产传承人进行口述史采录，是文化遗产保护传承的基本要求。而目前，虽然出现了大量文化遗产传承人的口述记录，但其质量却良莠不齐，学界对文化遗产传承人口述史采录、整理、制作的规范、方法，也未有细致讨论。

美国历史学家唐纳德·里奇（Dotlald A. Ritctfie）的《大家来做口述历史：实务指南》（*Doing Oral History：A Practical Guide*）[1] 中文版出版之年（2006年），正好是中国第一批国家级非物质文化遗产名录认定之年。《大家来做口述历史：实务指南》，重点围绕口述历史如何开展、经费预算以及工作人员如何招募、器材设施如何筹备、访谈如何展开、如何保存访谈的素材、如何利用口述历史材料等方面进行口述史方法与理论的普及，阅读本书，容易得出这样的体会：人人都能做口述历史，人人都应做口述历史，大家都来做口述历史。口述历史的重要性毋庸置疑，特别是以口头传承的文化遗产，因存在"人绝艺亡"之险境，故以口述历史之方法，记录口传文化遗产，对传承人进行口述历史的存录，天经地义，刻不容缓。

按中国非物质文化遗产项目之十大分类：民间文学、民间音乐、民间

---

[1] ［美］唐纳德·里奇：《大家来做口述历史：实务指南》（第二版），王芝芝、姚力译，当代中国出版社2006年版。

舞蹈、传统戏剧、曲艺、杂技与竞技、民间美术、传统手工技艺、传统医药、民俗，自 2007 年至 2018 年 5 月，我国共认定了五批国家级非物质文化遗产代表性项目代表性传承人共计 3068 人[①]，对这些传承人进行口述史记录，是文化遗产传承保护的重要课题。3068 位国家级传承人分类占比如下图：

国家级非物质文化遗产代表性项目代表性传承人分类统计图

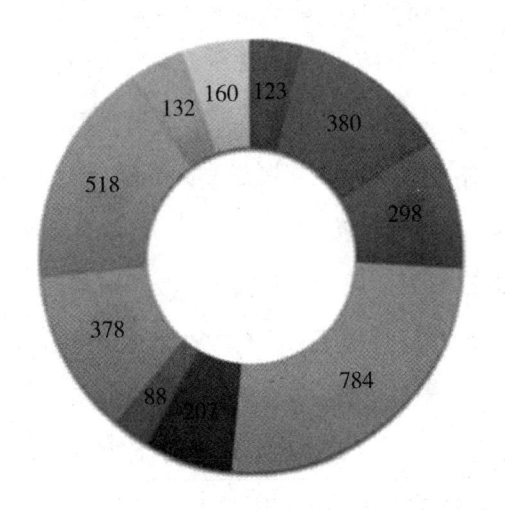

- 民间文学 123 人
- 传统音乐 380 人
- 传统舞蹈 298 人
- 传统戏剧 784 人
- 曲艺 207 人
- 传统体育、游艺与杂技 88 人
- 传统美术 378 人
- 传统技艺 518 人
- 传统医药 132 人
- 民俗 160 人

ⓒ中国非物质文化遗产保护中心

图片来源：中国非物质文化遗产保护中心

2006 年 10 月 25 日文化部部务会议审议通过的《国家级非物质文化遗产保护与管理暂行办法》中，第八条第（一）款明确规定：国家级非物质文化遗产项目保护单位应当"全面收集该项目的实物、资料，并登记、整理、建档"；2011 年 2 月 25 日第十一届全国人民代表大会常务委员会第十九次会议通过的《中华人民共和国非物质文化遗产法》第二章"非物质文化遗产的调查"中也有：文化主管部门和其他有关部门进行非物质文化遗产调查，应当对非物质文化遗产予以认定、记录、建档，建立健全调查信

---

① 参见中国非物质文化遗产保护中心《国家级非遗代表性项目代表性传承人数据统计》（http://www.ihchina.cn/12/56012.html）。

息共享机制。以上法规之条款，自然包括了对传承人进行记录、建档的内容，但在实际操作中，却存在"重项目申报轻传承人培养""重项目宣传轻传承人记录"的现象。

基于此，原文化部2015年启动了"国家级非物质文化遗产代表性传承人抢救性记录工程"，制定了《国家级非物质文化遗产项目代表性传承人抢救性记录工作规范》（以下简称《抢救性记录工作规范》），在全国陆续展开国家级传承人抢救性记录，要求各省非遗中心根据项目濒危情况和传承人身体状况，经过前期走访联系，与传承人本身充分沟通协商，将传承人区分轻重缓急，合理安排记录次序和记录时间，开展记录工作。[①]

《抢救性记录工作规范》内容丰富、完整、规范，从记录准备工作、记录工作开展、资料的整理编辑、验收四个方面进行要求，还附有14个附件，用于指导基层文化工作人员进行规范记录，包括附件1：传承人基本信息登记表；附件2：工作方案及预算表；附件3：抢救性记录工作小组成员表；附件4：工作人员保密协议；附件5：收集资料清单；附件6：资料收集与使用授权书；附件7：伦理申明（传承人和记录者）；附件8：著作权授权书；附件9：资料采集、收藏与使用协议；附件10：传承人口述访谈问题；附件11：拍摄日志；附件12：场记单；附件13：采集及整理资料清单；附件14：验收报告。

《抢救性记录工作规范》中对"传承人口述"的规范，主要从访问提纲［学艺经历与人生经历、传承项目背景、技艺（艺术）流程与特色］和采集要求（时间安排、地点选择、访谈流程、用光要求、摄影机分配、照片拍摄、时长要求、民族宗教问题）两个方面进行提示，并提供了传承人口述访谈问题的参考版本，还要求对传承人的师傅、徒弟、家人、同事、研究者、受众等进行访谈，重点关注传承人的人生经历、风格特色、技巧

[①] 参见《国家级非物质文化遗产项目代表性传承人抢救性记录工作规范》（试行稿），发布时间：2015年5月8日。感谢原文化部非遗司为笔者提供此工作规范。

第五章 《阿诗玛》文化遗产传承人口述影音的采录与使用

经验及其背后的民俗背景、文化生态、文化记忆等。可见，"国家级非物质文化遗产代表性传承人抢救性记录工程"的启动，在中国文化遗产事业工作人员的日常工作中，呈现为"大家都在做口述史"的繁忙状态。目前此工作正在全国各省区陆续展开，其口述史的工作方法是否有效，还有待实践检验。

从2014年开始，我们①陆续到石林彝族自治县的村寨进行"阿诗玛文化传承"的主题调研，在调研过程中，我们发现："阿诗玛"非物质文化遗产传承人缺乏基本的口述史记录，普遍存在"有传承人，无传承人口述史"的情况。而梳理已有的口述史材料，均是以电影《阿诗玛》的主创为口述对象，如北京电视台纪实频道2015年9月21日播出的胡松华（电影《阿诗玛》中男主角全部唱段的演唱者）的口述史影像《口述：从东方红到阿诗玛》；2015年11月2日播出的杜丽华（电影《阿诗玛》中女主角全部唱段的演唱者）的口述史影像《口述：我和阿诗玛》。除此之外，与"阿诗玛文化"有关的口述材料，仅零星存在于少量对非物质文化遗产项目《阿诗玛》国家级传承人（毕华玉和王玉芳）的新闻报道中。于是决定，在调研任务中加上"阿诗玛传承人口述史"的部分。

如何做"阿诗玛"传承人的口述史？查阅口述史研究、制作的书籍，试图寻找一些启发。当时学术界出版的口述史著作，大多数是以"精英"为对象的口述史，以对社会、经济、政治、文化有巨大影响力的社会精英为口述对象，诸如《张学良口述历史》②《胡适口述自传》③《这个世界会好吗？——梁漱溟晚年口述》④ 等。另一些为"大历史"背景下"小人

---

① 参与调研的成员包括：巴胜超、杨文何、刘操、蔡珺、田聪、谌舒雅、赵冬晓、马媛媛、杜迪、彭慧颖、冯婧、罗雨、何婷。
② [美] 唐德刚：《张学良口述历史》，山西人民出版社2013年版。
③ [美] 唐德刚译注：《胡适口述自传》，广西师范大学出版社2005年版。
④ [美] 艾恺：《这个世界会好吗？——梁漱溟晚年口述》，生活·读书·新知三联书店2015年版。

物"的口述史,诸如《走过两个时代的台湾职业妇女访问纪录》[①]《战争阴云下的年轻人:1931—1945中国往事》[②]以及"北京口述历史系列"[③]"倾听与发现:妇女口述历史丛书"[④],关注大历史背景下小人物的历史记忆,试图发掘历史叙事的多种可能性。专门针对非物质文化遗产传承人口述史的论著却不多。

而就目前各国口述史制作的方法来看,基本可以归纳为以下几种类型:(1)专题式口述史研究,以追求"客观史实"为导向的问题设计,主控了整个口述历史访谈的过程和回答方向。目的主要在于弥补官方史料、学术界史料的不足,难以彰显口述历史的特色。(2)传记式口述史研究,以传记方式发现社会大众所代表的文化精神和生命历程。(3)事件式口述史研究,以具体事件为中心的文化记忆搜集。(4)社区式口述史研究,社区中每个人都会根据自身独特的生命经验,来建立一套具有内在一致性的认同与道德叙事逻辑,口述历史的工作就在于协助受访者集合感情、意义和事件完整的陈述逻辑。(5)生命史口述史研究,以受访者为中心的叙事,能够深刻地呈现受访者的叙事逻辑,由情感意义衬托史实的风貌。在

[①] 游鉴明:《走过两个时代的台湾职业妇女访问纪录》,"中央研究院"近代史研究所1994年版。

[②] 崔永元口述历史研究中心、张钧主编:《战争阴云下的年轻人:1931—1945中国往事》,广西师范大学出版社2016年版。

[③] "北京口述历史系列"(10册)由北京出版社出版:《学院路上:口述中的北航》(胡懋仁,2015年),《诗书继世长:叶赫颜扎氏家族口述历史》(杨原,2014年),《找寻京郊旗人社会:口述与文献双重视角下的城市边缘群体》(邱源媛,2015年),《宣武区消失之前:黄宗汉口述》(定宜庄、阮丹青、杨原,2014年),《个人叙述中的同仁堂历史》(定宜庄、张海燕、邢新欣,2014年),《城墙之外》(定宜庄,2017年),《生在城南》(定宜庄,2017年),《八旗子弟的世界》(定宜庄,2017年),《府门儿·宅门儿》(定宜庄,2017年),《胡同里的姑奶奶》(定宜庄,2017年)。

[④] "倾听与发现:妇女口述历史丛书"(共10卷)由中国妇女出版社出版:第1—6卷为"追寻她们的人生:妇女生命史访谈录",第7—9卷为"记录她们20年的行动足迹"(北京95+20妇女活动家访谈录),第10卷为"她们人生经历的价值诠释与探寻"(妇女口述资料的分析研究)。已经出版的前5卷包括:《追寻她们的人生:新四军、志愿军女战士和妇女干部卷》《追寻她们的人生:学前和初等教育女性工作者卷》《追寻她们的人生:新疆生产建设兵团女性卷》《追寻她们的人生:女性专业技术人员卷》《追寻她们的人生:女工人和女行政人员卷》(张李玺主编,2014年)。

此访谈之中，访谈者不再主导访谈的进程，而是协助受访者记录独特的生命意义、情感价值判断和世界观。①

我们根据"阿诗玛文化"传承人的身份、口承文化的特点，采取传承人"传记式和生命史口述史研究"。作为在撒尼村寨世居的阿诗玛传承人，大多数不能流利使用汉语，大都（特别是女性传承人）需要在同村翻译的帮助下才能完成口述采录。他们的汉语教育经历大多在小学程度，少有初中毕业的，对于"非物质文化遗产"这个学术概念，并没有很清晰的认知。而且作为民间的口头传统，阿诗玛对他们而言，不是学者笔下的叙事长诗，而是撒尼人生活里的歌。基于以上事实，我们避免了一开始就直接询问与"阿诗玛"有关的问题，而是先从传承人的生命历程着手，在对其生命史访谈之后，从其回答中找到与"阿诗玛"之间的交集，然后在此交集空间，来询问与"阿诗玛"项目相关的传承、保护问题。这可以避免提问者先入为主的主观性，也可以呈现传承人生命的完整性，因为我们认同：被访谈者，在作为政府认定的"阿诗玛"传承人之前，其更为重要的文化身份，是一个在撒尼村寨出生、成长的撒尼人，在传承保护这个项目之外，他们拥有更加广泛的生命历程，"阿诗玛"传承保护只是他们生活的"局部"，在其相对完整的生命历程空间来看这个"局部"，才能更清晰地描述这个局部。

同时，回忆有很多不确定性，为了使口述史料的可靠性经得起验证，我们对传承人进行了回访和再次验证，以多次对传承人进行采访的方式，核实、补充获得的口述资料。虽然是提问式访谈，但操作中，我们将口述访谈视为参与式访谈，在受访者与研究者的良好互动、共同参与中，完成口述史的采录。

经过2014、2015、2016年持续不间断的田野调研，我们对石林境内的《阿诗玛》文化遗产传承人进行访谈，形成了11份口述史料，"它在过去

---

① 参见李向平、魏扬波《口述史研究方法》，上海人民出版社2010年版，第25—29页。

专家学者记录的《阿诗玛》原始资料之外,填补了阿诗玛文化研究的一项空白"①。《阿诗玛》原始版本的搜集,据2002年出版的《阿诗玛原始资料汇编》统计,共有古彝文版本8份、汉文口头记录稿18份、故事传说7份、音乐记录稿7份。②这些原始资料,由于各个方面的原因,都没有交代搜集记录的情况,演唱者、讲述者、记录者的身份和经历也不清楚,这就使得这些资料的利用研究价值受到了限制。我们在《阿诗玛文化遗产传承人口述史》的制作中,为了避免原始资料编撰中存在的缺陷,每一篇口述史料都由口述情境、人物简介、问答记录、田野日志四个部分构成,并辅之以有关的新闻报道等既有信息,让读者可以比较全面地知晓每一次访谈的缘起、被访谈人基本情况、访谈中问与答的详细内容、访谈人在访谈中的所作所为。这种让调研过程完全公开的"阳光史学"制作方式,这种让历史承载者完全自主讲述"我的历史和我的观点"的表述方式,正是后现代主义、后现代史学的精髓所在。这是之前其他各种调研成果中只见作品不见人,也看不到调研过程和各种访谈细节和内容的作品无法比拟的。③

活在民间的"阿诗玛"

这是我们对叙事长诗《阿诗玛》唯一健在的国家级"非遗"传承人王玉芳的访谈录。王玉芳,1942年12月出生于云南省昆明市石林彝族自治县宜政村,被称为"活在民间的阿诗玛"。2006年,叙事长诗《阿诗玛》入选第一批国家级非物质文化遗产名录,2007年王玉芳被命名为《阿诗

---

① 刘世生:《镜子的蕴义和历史的制作》,巴胜超、杨文何主编《阿诗玛文化遗产传承人口述史》,云南人民出版社2016年版,第9页。
② 参见赵德光主编《阿诗玛原始资料汇编》,云南民族出版社2002年版。
③ 参见刘世生《镜子的蕴义和历史的制作》,巴胜超、杨文何主编《阿诗玛文化遗产传承人口述史》,云南人民出版社2016年版,第9—10页。

玛》国家级非物质文化遗产项目代表性传承人，她也是目前唯一健在的《阿诗玛》国家级"非遗"传承人。王玉芳从小向父母学唱《阿诗玛》，年纪轻轻，就成为当地小有名气的"金嗓子"。46岁时，参加了石林彝族自治县长湖镇民间歌唱大赛，获得第二名，开始登台演唱叙事长诗《阿诗玛》。从2001年至今，她教授了上百名学唱《阿诗玛》的学员。王玉芳唱《阿诗玛》完全凭歌者的嗓音和记忆力，属于口口相传的撒尼语民间唱调。王玉芳对口传叙事长诗《阿诗玛》情有独钟，会唱多种版本的《阿诗玛》：小时候的阿诗玛、干活的阿诗玛、织布的阿诗玛，擅长"该谜"（情歌）"喜调""骂调""库吼调""叙事调""牧羊调""犁地调""绣花调""织麻调""月琴调""口弦调""三弦调""婚礼调""哄睡调"等撒尼民间唱调。有关《阿诗玛》的任何一种场景、故事，她都可以唱出来，用她自己的话说《阿诗玛》"三天三夜也唱不完"。王玉芳扎根撒尼人的生活土壤，为撒尼民间歌调的繁荣和传承奉献着自己的力量。

　　叙事长诗《阿诗玛》流传于云南省昆明市石林彝族自治县撒尼支系的日常生活中，它使用口传诗体语言，讲述阿诗玛不屈不挠地同强权势力作斗争的故事，揭示了光明终将代替黑暗、善美终将代替丑恶、自由终将代替压迫与禁锢的人类理想，反映了彝族撒尼人"断得弯不得"的民族性格和民族精神。笔者先后于2014年7月16日、2015年1月7日、2016年1月17日，奔赴石林县长湖镇宜政村，对王玉芳、她的老伴和二儿子普学才进行访谈，完整呈现王玉芳传承《阿诗玛》的生命史。

　　"活在民间的阿诗玛""老去的阿诗玛""艺人阿诗玛""流淌在血液里的阿诗玛""活在当代的阿诗玛"，是媒体报道里形容王玉芳常用的标题。她出生于阿诗玛的故乡阿着底旁的宜政村，从小就在口口传唱《阿诗玛》的环境中成长，对于她，《阿诗玛》的传唱与其说是一种技能，不如说是一种生活记忆。经历了旧社会、中华人民共和国成立、社会主义改造、人民公社化运动、"文革"、改革开放的历史风云，如今她被评为《阿诗玛》国家级"非遗"传承人，依旧过着耕地、织麻的传统农耕生活。通过这位年过七旬老人的娓娓道来，我们找到了她传承《阿诗玛》的源头，是生活和岁月，造就了今天勤劳、坚强、朴素、慈祥的王玉芳——活在民间的阿诗玛。

笔者：您是哪一年出生的？

王玉芳：1942年，今年76，虚岁了嘛，是撒尼人。

笔者：那个时候，出生了之后，家里会摆满月酒吗？

王玉芳：我爸爸他们的姊妹有四五个，一起吃饭的有28个人，28个搭伙吃了嘛。到后来的我记不得了，我哥哥他们见着。我哥哥取的名字，我哥哥叫王和光，我姐姐叫王玉珍，我叫王玉芳。

笔者：用撒尼话说"王玉芳"，怎么说？

王玉芳：撒尼话，我讲不来，取名字的时候，老民族嘛，（出生）三天之后取，jin chi wei（撒尼语发音）是我的小名了嘛！我妈妈那边是姓金的，就叫 jin，chi 是她家的孙女，wei 就是花嘛。

笔者：那您小时候有上学吗？

王玉芳：十岁还是九岁就上学了，和现在不同，社会不同了嘛！在大海子学校。以前没人啊，三四年级只是两个老师，一到四年级都是两个老师。上到初一，就读了一个学期。那时学校讲的现在都不讲了，那时候还不是（讲）打仗的那些，国家咋个建设，斗争牺牲。

笔者：放学回家做些什么？

王玉芳：放学回来，帮父母亲搞生产，星期六、星期天帮家里人放牛、放马、放羊。和小伙伴跳舞、打篮球，样样都整过了，跳三弦舞，老一套了嘛。

笔者：平时唱不唱《阿诗玛》？

王玉芳：嗯，12岁，我父母亲教我。还不是一面（边）织麻，一面（边）扭麻，他们一面（边）弄麻衣，在火塘边教。还不是教呢，就是讲故事了嘛。他说是以前咋个咋个困难，这下嘛咋个咋个困难，阿诗玛住在哪点，阿诗玛就是住在山洞里嘛，你们也不会听，那是哭音调了嘛，哭唱。我想起来就唱唱，想起来就唱唱，唱到1957、1958年（注：王玉芳将时间说前了10年，应该是1967、1968年"文革"时期），不准唱了。《圭山颂》那些都不能唱，密枝节也不能整，认为这些是迷信，不能相信了嘛。

笔者：那您的父母是谁教他们唱《阿诗玛》的？

王玉芳：还不是一辈传一辈（笑）。

笔者：也是一辈传一辈，《阿诗玛》学唱比较难吗？

王玉芳：难呢。我教给他们（徒弟）很多都认不过来。十七岁，我家母亲就不在了噻，十七岁、十八岁父亲母亲就不在了。

笔者：他们过世之后您跟哪个生活？

王玉芳：跟我哥哥姐姐了嘛。跟我姐姐跟我哥哥，跟我嫂嫂。

笔者：您年轻时的生活是怎样的？

王玉芳：年轻的时候嘛，我们的生活困难，衣裳那些也没有。我家两个姊妹哥弟穿一件衣裳，他们哥弟两个也没有新的衣裳。过去嘛没得这些（现代衣裳），只是穿这个麻布衣裳。我住的这儿，是祖父祖母的房子，我嫁到他家（丈夫家）就是养祖父祖母，祖父祖母当时七十么还是六十几（岁），他们做不动活儿（劳动）了，推磨、砍烧柴都是我们负责，他们一样也干不了。年轻时活计多，也只是拿手织，没得机器，用牛犁地。天不亮起来，推磨。晚上织麻衣、扭麻线，扭麻线拿来卖，（一捆）只是卖得五块到六块，现在（一捆）卖到一百多块了，涨好几倍了。年轻嘛（时候的事）说也说不完。我们过的生活，就是之后嘛（指现在），过得太好了。以前穷人苦呢，只是吃吃腌菜，大米都没有。我十八岁，父亲就死了。二十二岁才结婚呢。

笔者：结婚之后有几个孩子？

王玉芳：四个，两个儿子，两个姑娘，第三个是姑娘，第四个也是姑娘。1964年或者是1963年，大儿子生了，他们都读书呢，四个都读过了。大的呢，就读到初中了，老师犯法了就不读了。

笔者：老师犯什么法了？

王玉芳：男女关系，那时候（"文革"时期）男女关系是多严重了。（后来就）不读了，小的嘛，到海邑（读书），他的眼睛很不好呢，就不读了。

笔者："文革"的时候唱《阿诗玛》吗？

王玉芳：那时候哪敢唱，"文化大革命"的时候，还不是干活，月琴、三弦都不能弹的，要拿了烧掉，大三弦拿出来都是要烧掉的。偷偷地唱，都是自己轻轻地唱，要不是哪个敢唱？！

笔者：后来什么时候您又唱《阿诗玛》了？

王玉芳：嗯，有人来找了么，在喇叭上喊，哪一个会唱来这点报名。是1988年的时候，长湖镇搞了一个比赛，我得了第二名。

笔者：那命名为国家级传承人是什么时候？（王玉芳进屋拿照片）

王玉芳：这是国家级的，我记着有六年了，2007年6月份，这是文化部的。

笔者：给有证书呢？

王玉芳：有呢，被我家老倌（丈夫）锁着，在大儿子家那边，证书也有，褂褂（印有国家级非遗传承人的绶带）也有。

笔者：您认识另一个《阿诗玛》国家级传承人毕华玉吗？

王玉芳：是的，他是毕摩，人枯了（指生病）、人死了找毕摩。

笔者：您跟他唱的《阿诗玛》有什么不一样？

王玉芳：他唱的是《阿诗玛》毕摩调，我唱的是《阿诗玛》民间调。调子不一样。

在王玉芳的记忆中，叙事长诗《阿诗玛》的基本故事为：阿着底村有个彝族撒尼姑娘——阿诗玛，她勤劳美丽，与勇敢憨厚的阿黑哥一起过着平静的日子，放羊、织麻、绣花，长到18岁，美名传四方，被头人热布巴拉家的儿子阿支看上，趁阿黑哥远出牧羊，抢亲阿诗玛，但任财主家如何威逼利诱，也无法使她屈服。待到阿黑得知消息，去热布巴拉家通过赛歌比箭救出阿诗玛，阿支不服，放洪水报复两人，阿诗玛在大水中淹没，化成一座石像，长留人间。

叙事长诗《阿诗玛》总体的特点是：以阿诗玛出生、成长、死亡的故事为主线，将彝族撒尼人的日常生活、人生礼仪、节日习俗、婚恋观念、亲属制度等文化信息贯穿其中，以丰富的艺术形象、朴素优美的语言，展示了撒尼人的艺术才能，歌颂了撒尼人勤劳、智慧、勇敢的性格特点。故而撒尼人都说：《阿诗玛》，是我们民族的歌。

从传唱角度看，《阿诗玛》演唱的难点有以下几个方面：第一，当撒尼年轻人都听不懂撒尼古语的时候，《阿诗玛》原生版本中的古语，如何传授给年轻人？第二，随着王玉芳等传承人年龄的增长，身体状况的好坏，直接影响着口传叙事长诗的完整性，如曲调的准确性、长诗内容的完整度等。第三，在石林彝族自治县年度举行的"歌唱比赛"（如火把节期间的民歌比赛、七夕情歌会等）中，大量经过改编的、配电子乐的、流行歌曲风格的"民歌"越来越受到年轻人的喜爱，口头传唱的包括《阿诗玛》在内的民间原生态歌舞逐渐失去观众群。可见，因传承人年龄、健康等因素，影响着传承内容的完整性、精确性，而受众的逐渐缺失，也影响着《阿诗玛》的传承。

笔者：您可以给我们完整地唱一下《阿诗玛》吗？

王玉芳：完整的会唱，但是现在老了，口才声音变不过来了。

笔者：《阿诗玛》的故事是怎样的？

王玉芳：洪水来时，阿诗玛这一家藏在木柜里，漂在水上面，最终活了下来，漂到现在大石林那边，然后撒尼人就是从那时开始起家的。阿诗玛出生在什么地方呢？阿诗玛出生在阿着底，生出来之后没有几家人，三天后，还没有名字。那年是龙年，第一个取名叫龙花，然后又因为阿诗玛是蛇月蛇日生，蛇在我们民族话里是念 shi, shi 月 shi 日出生，所以就叫阿诗玛了。我给你们唱一段取名字嘛,阿诗玛取名字。后来的唱段就是:阿诗玛绣花、阿诗玛漂亮、阿诗玛种麻、阿诗玛年满十八岁、阿诗玛的好地方、阿诗玛故乡、阿诗玛待客、阿诗玛织布、阿诗玛不稀罕。"不稀罕"就是阿支家要娶阿诗玛,他家有钱,牛羊满山跑,但是阿诗玛不稀罕,不稀罕热布巴拉家。阿黑什么都没有,但是阿诗玛只喜欢阿黑,他是勤劳勇敢的小伙子。

(王玉芳用撒尼语唱"阿诗玛祝米客"唱段,汉语大意为:阿诗玛祝米客,阿着底这个地方开了一朵美伊花,又漂亮又高兴。阿诗玛的妈妈请隔壁邻居来,她请这么多人来,腊肉切成片,像堆成的一座山一样,但分到每个人手里却只有一小碗,对不起各位了。既然来了嘛,就待祝米客了,第一个取的名字不好,第二个取的就是"阿诗玛")

王玉芳:这一小段需要五六个人,一个就是阿诗玛她妈办祝米客(唱),取名字两个(唱),请客一个(唱),还有其他,唱的一个。

笔者:那阿诗玛出生唱完了之后,是长大的过程?

王玉芳:长大的过程,那就是阿诗玛漂亮、阿诗玛十七八岁。

(王玉芳用撒尼语唱"阿诗玛漂亮",汉语大意为:阿诗玛漂亮,她就是习惯一直穿羊皮,围腰就是长围腰,阿诗玛绣花鞋子,都漂亮)

王玉芳:现代版本的《阿诗玛》还唱了阿诗玛的耳朵(耳环)咋个咋个,手上(手镯)咋个咋个,那些我都不唱,那些内容是新加上的。我唱的是传统的,只是唱传统的。

笔者:阿诗玛出生之后到十八九岁,中间是不是还有个成长的过程?

王玉芳:那个么,比如说阿诗玛七个月会爬了,七岁跟着妈妈会搓麻,十岁跟着爸爸放羊,放羊就是唱伤心调。那个就是阿诗玛长大了,做这做那,都被认为是做不对。

(王玉芳用撒尼语唱伤心调,汉语大意为:我放牛直到太阳落下去了,我找些猪草做这做那,自己逼着自己做)

笔者:那这段是多少人唱?

王玉芳：要是会唱，这一段，一个人是可以唱的。只怕嘛，不会伤心的人。现在唱也唱不完，吃也吃不完，哪个爱唱伤心调！

笔者：那阿诗玛和阿黑是怎么认识的，您能唱出来吗？

王玉芳：那不就是放羊认识的。这个对唱也有，不对唱也有，过去有好几种（唱法）。

（王玉芳用撒尼语唱阿诗玛和阿黑哥的对唱，汉语大意为，阿黑唱：我们两个成了一家；阿诗玛唱：一样也没有，我们讨饭吃，还不是成了一家人了，一样也没得，家里没有土地，没得饭吃，我们两个也住一起了嘛）

笔者：阿诗玛跟阿黑是什么关系呀？

王玉芳：阿诗玛跟阿黑是兄妹，后来阿支家来抢阿诗玛，阿黑就去救阿诗玛。就是姊妹呢，你们怕是没有听说过，梁山伯和祝英台，他们就是姊妹。阿诗玛和阿黑就是放羊（认识）的关系，这个麻籽籽带三颗回来，羊胡子了嘛，羊胡子（把麻籽）带回来了嘛，三颗种子就拿来撒，撒撒嘛，就出了麻，做麻布嚒，这个麻就是从阿诗玛那点来的。昆明下来的好多不会听（撒尼话），就是我家儿子（二儿子普学才）给他们介绍。

（王玉芳用撒尼语唱阿诗玛织麻、汉语大意为：阿着底这个地方有个大石棚，往村子出去一公里的地方，就是那个大石棚，阿诗玛以前就是在那里织麻，搓麻，然后就织出来这个麻布，做成我们这个麻布褂）

笔者：那后来阿支家来说媒，是不是看上了阿诗玛，他们说媒的过程是怎么样的？

（王玉芳用撒尼语唱说媒过程中阿诗玛的唱词，汉语大意为：阿诗玛说，你家有金子银子我也不需要，你家有牛，有多少我也不要，你家有米，有这么大，有多少袋，我也不要）

笔者：这是用骂调的方式唱的吗？

王玉芳：是呢，用骂调。

笔者：那后来阿诗玛被抢走了，在阿支家她会唱吗？

王玉芳：在阿支家唱，被阿支家抢走了，关着，她就唱。

（王玉芳唱阿诗玛被关在阿支家时的唱词，汉语大意为：我在阿支家关着，要什么时候才会出太阳照耀着我，延伸含义就是要多久，阿黑才来救她）

　　阿黑就背着那些枪，猎枪，来抢回阿诗玛。

　　（王玉芳唱阿黑来抢回阿诗玛的唱词，汉语大意为：喊爸爸妈妈，要把枪那些带着，阿诗玛不抢回来不放心）

　　阿黑就是这样唱的。我们的话（撒尼语）我倒是会说，你们的话（汉话）我不会翻译。阿黑到阿支家的时候，对唱嘛，就是阿诗玛唱一句，阿黑唱一句，是两个人对唱。

　　笔者：那救出阿诗玛之后呢？

　　王玉芳：抢回来之后，就是（阿黑和阿诗玛）两个一路走出来，一路走一路唱。

　　（王玉芳唱抢回来了的唱词，汉语大意为：我们两个人成家了，不管是去哪里，还是去讨饭，都是我们一路走）

　　笔者：那您记得阿诗玛最后变成了什么吗？

　　王玉芳：阿诗玛最后是阿支家放水冲了。

　　笔者：那冲走了之后，阿黑哥他还会唱吗？

　　王玉芳：不唱了，阿诗玛被水冲了，然后就不唱了。

　　笔者：有没有阿诗玛这样一个人呢？

　　王玉芳：这个我也说不清了。

　　笔者：那完整的阿诗玛的故事，您要唱多长时间？

　　王玉芳：要几天几夜都不会唱完。唱不完，现在只是唱中间的、主要的。

　　笔者：您全部记得这些歌词吗？

　　王玉芳：嗯，全部记得了，这下老了唱不得了，只是记得，山上也唱，做活也唱，下下（时时刻刻）都是唱着的，有歌词的，就是你们认不得，我好好地唱，就是你们听不懂，只能听懂阿黑、阿诗玛。所以他们

（政府工作人员或者记者）来的话，就唱唱阿黑阿诗玛，要不是唱也唱不完。他们来采访也主要是采访阿诗玛和阿黑的段落。

笔者：村里有没有流传下来的《阿诗玛》文字版本或秘本什么的？

普学才（王玉芳二儿子）：本来有，"文化大革命"烧掉了。现在有从昆明带回来，云南出版社出版的。但是那个是简单的，没有原始的那种那么细致的。

笔者：您觉得阿诗玛表达出一些什么东西？

普学才：表达出我们民族向往勤劳、勇敢、善良的一些东西。

笔者：那您现在唱的这些部分，跟现在其他人唱的有什么不同？

王玉芳：不同的地方多了，40%相同，其他的不同，县上（石林县歌舞团表演的《阿诗玛》）唱出来的不同，他们跟我们的口音变了嘛，词语也变，他们自己（创）作的，我们只是唱老一套的，只是唱过去的嘛。人家县上省上来查看了，其他人要配着乐器三弦、二胡、笛子，我唱的没配乐器，所以就是清唱，只是拿嘴唱，以前都没有乐器，我说我唱的那些都是没有乐器的。以前有人说没得乐器咋个咋个，我说，你们要乐器或者说是三弦、喇叭，你们去采访他们去，我唱的传承的就是这些嘴上的，即使最后弹个三弦，不过（弹的）也少。

笔者：唱的词语主要是变了哪些地方呢？

王玉芳：词语嘛，词语就是他们自己编的，以前他们来这里唱了好几遍了，我就问他们了，你们怎么不同我们的唱法，他们就是词语变了，声音（口音）也变了，唱起来可能就是"尼米阿着底"变成了"尼米哈着底"。

笔者：阿着底变成了哈着底？

王玉芳：嗯，口音不同。

笔者：唱的《阿诗玛》的故事一样吗？

王玉芳：他们唱的阿诗玛嘛是戴着耳环，以前没有，以前嘛穷都穷死了，怎么会有那些珠珠（包头上的银泡），那时包头都还是很随便的。

笔者：电影《阿诗玛》里面的穿着打扮跟您小时候的记忆像不像？

王玉芳：耳朵上戴的不同，包头也不同。

笔者：《阿诗玛》的故事里有没有关于彝族撒尼人习俗的记录？

普学才：有的，比如说结婚。婚前请三回门，第一回是请两个媒人去说（亲），第二回拿两瓶酒去。关于酒，过去是用泥土封口，现在是用瓶子装好就行，第三回便是定时间了。结婚时，男方拿着长锣、猪肉、粮食去女方家里，女方会压门，这时候会唱歌，也就是对唱。最后开门，放菜、支锅，这样持续到晚上十点。三天后将女方请回男方家中，待三天之后男女双方再回到女方家中，这之后，再回到男方家，就算二人成婚完毕。

笔者：那在村子里面，有小孩子出生了，会唱《阿诗玛》吗？

普学才：唱的嘛，前几天我们整个"阿诗玛传习小组"都去唱了，去往这里15公里的海邑，小孩出生一个多月，45天，就请我们去那个地方去唱，就是唱那个"阿诗玛出生"的内容。

笔者：那婚礼上会唱《阿诗玛》吗？

普学才：会的，婚礼上现在大多数都唱留客歌，都是新一代的歌曲，像上面领导（来视察工作）都会（唱）的。白事，人出殡，祭坛那天晚上，照样请人去唱，主要唱伤心调。

（王玉芳用撒尼语唱伤心调，汉语大意为：当前两个人都在世的时候，春天的时候草地都长得绿汪汪的，两个人天天都在遇见着，小伙子就站在山顶上，小姑娘就在山下面，羊群就在中间，牛羊天天放，两人天天遇，小伙子去世了以后，小姑娘就天天做梦，做梦梦见那个小伙子，她怎么度过悲伤的时辰）

笔者：请您再唱一段喜调，比如说结婚的时候唱的喜调。

（王玉芳用撒尼语唱喜调）

普学才：结婚的时候她得吹口弦，你们可听见过？那个是一种乐器嘛，结婚，我弹这个乐器，祝两人要白头到老，万事如意。

笔者：除了唱《阿诗玛》，您还会唱其他的哪些？

王玉芳：《竹叶长青》《圭山彩虹》。走路唱，做农活的时候旁边放着一个录音机，以前没得录音机，只能嘴唱，后来有人让买个录音机，我说我的嘴就是个录音机了。

2007年，王玉芳被命名为叙事长诗《阿诗玛》国家级"非遗"传承人，生活有了些许改变，除了种地、织麻的传统农耕生活，需要对叙事长诗《阿诗玛》进行传唱教学，培养下一代传承人，最多的时候，68名徒弟在农家院子里学唱《阿诗玛》，王玉芳一边唱一边讲，如今，有一个专门的《阿诗玛》"传承房"是她最大的心愿。

王玉芳：明天十九号就对歌了，对山歌。长湖镇，19号，（下午）一点半。我们十点钟就去，没得车嘛就走路去了。

笔者：走路去太远了吧！

王玉芳：怕哪样远呢，路南（石林旧称）我们都还走着去呢。

笔者：您平时在家做些什么呢？

王玉芳：平时嘛，唱唱歌，扭扭麻，今早上在家，前几日都是到山上去，有时候早上五点多就去干活，找找菌子。

笔者：您家种了哪些农作物？

王玉芳：烤烟、玉米，还有麒麟果。

笔者：您家唱《阿诗玛》传了多少代了？

王玉芳：六代了，就是我老祖祖、我奶奶、我妈妈，我第四代，还有我家弟兄、媳妇、孙女，有六代了，是一代代地传下来的。男的很不会唱，大儿子家是孙子，小儿子家是两个姑娘，大的那个（孙女）大概都唱得出来了，小的那个（孙女）还不会唱《阿诗玛》。孙子他们也是读着书。

笔者：村子里面年轻人学唱《阿诗玛》的多吗？

王玉芳：年轻人学，有50多个，年轻人、老人、中年人，最小的7岁，最大的85岁。他们是热爱学的。（我）就是口头上去讲一讲，我唱一段讲一段，他们还是听得懂的。以前来我家学唱的人只有12个，后来发展到30个人，在隔壁（房子较大）去传承，至今发展到68个人（有了文化传习室）。现在随便喊一个过来都是会唱的，用彝语唱。

笔者：国家级传承人有没有什么补助呢？

王玉芳：一万，一年，云南省国家级申报的只有五个，我们县占着两个人。我们去省上也是被采访过，中央领导小组来找着，有采访时给你劳务费要去，不给劳务费也要去，有招呼吃饭要去，不招呼吃饭也要去。一月份镇上的人接我去昆明开会，和大家说我是如何培养徒弟的。我有姑娘两个，儿子两个，直直地说给你们了，（我把传承人补贴的钱）每人八千，都分给他们了，我一分都没得。我自己苦（钱）、自己织麻，零用钱就是这个。就是这个，织织（麻），卖卖，还有养老保险，每个月70块。

爷爷：75块。

笔者：平时您要是生点病，或是买点日常用品，钱从哪来？

爷爷：就是拿这个（搓麻）。或者是老年65岁以上，（养老保险）每月75块一个。那时候（年轻的时候）四扎能卖六块钱，现在得卖到几百块。四扎的话，一百多的有，两百的也有，好的话三四百，那时候（年轻的时候）最高十块钱，搓的那些（麻）全部五块钱一斤，（现在）一碗米线也五块钱呀，五块六块啦。

笔者：您的两个儿子主要是做什么呢？

王玉芳：搞生产。大儿子家的大孙子在广州大学毕业了，现在在路南（石林县县城），小儿子家的大孙女在县医院，小孙女读着高二。小孙女会唱四五首就可以啦，唱多了影响学习。

笔者：评为传承人之后，对您有没有什么要求？

王玉芳：一年要带三个（学生），我一年就带了30多个，他们就没说了。这会儿有80多个么。外地也有，海邑村、维则、所各邑都有。晚上，晚上他们来了嘛，唱给他们，不会唱他们就自己来问了嘛。他们说，你带学生给你钱了吗？我说没给我。（即使）他们给我，我也不要，因为是学生嘛，多带几个，我的意思是传习，等我不在了，个个都会唱。

笔者：那您教的这些学生，能完整唱的有几个？

王玉芳：徒弟嘎，有呢，多呢，有十多个，2015年11月份到12月份，出去到外地（演出），五六次了。是跟我唱的一样的，大部分都是同的，少部分不好（相同），还不是看口才好不好（意思是口音会有不一样的地方）。教的过程，以前嘛去我老房子那边，最后挤啦挤不下了，想要一个传承的房子，现在还没有。

笔者：您说要一个传承的房子？

王玉芳：给上边的管文化传承的，就是管国家文化传承的人说（要一个传承房的事），上面的让找下面的管理者，下面的人干部年轻化，他们不操心这方面。

笔者：那您现在最主要的传承问题是什么？

王玉芳：困难倒是多的，最主要的就是要个传承房。

笔者：除了传承房，还有什么困难？

王玉芳：相关的乐器，三弦、笛子，还有什么桌椅板凳，样样都没有，椅子得自己抬来坐。

旅游淡季的阿着底村，几乎没有什么外人，除了玉花园有一队弥勒来的驾校学员在用餐，村中其他的农家乐，都没有营业。赵光亮[①]在民居墙上所绘画的"阿诗玛"壁画，大多已经斑驳难认。下午两点多，来到宜政村临街的王玉芳奶奶家。从大门口到院子里，有一个过道，左边是厕所和猪圈，右边是放拖拉机等农具的棚子。

院子里，王奶奶穿了一身民族服饰，彩虹包头，蓝色布衣，清瘦，眼神清澈祥和，言语不多。她放下缠在双手间的麻线，特意准备了一簸箕的核桃和瓜子，放在镜头前充当前景。等架好了机器，我们准备开始采访和摄像，奶奶特意出去了一趟，给旁边施工的那家说了说，院子里这才安静

---

① 赵光亮（1972— ），彝族撒尼人，云南石林著名画家、诗人。

了许多。

采访正式开始，她的回答清晰，她对撒尼民间曲调的熟悉程度几乎是张口就来，只是现在年纪大了，嗓子不如从前，到曲调有些高的地方，唱得比较吃力，中间有一段高音的部分没唱上去，就停下来换了口气，笑了两声，害羞地抬眼看了一下我们，缓解尴尬氛围，再接着往下唱。

访谈结束后，王玉芳告诉我们，一般有记者来采访的话，都只唱《阿诗玛》的主要部分，今天不仅完整唱了《阿诗玛》，还多给我们唱了《圭山彩虹》和《竹叶长青》这两部撒尼剧。访谈中，王玉芳说现在最急需解决的就是"传承房"（文化传习馆）的问题。王玉芳的二儿子来帮我们翻译的时候，也着重提了这个问题，他说已经向县里反映了很多次，但是都没有人来管这些事。要走的时候，王玉芳将簸箕里面的核桃和瓜子，一大把一大把地分到我们每个人的口袋里，直到她把簸箕里面的东西分完了，才站在一旁，呵呵地笑。我们走的时候，王奶奶一家在院门外送我们，车开出去有一段了，扭头还能看见王奶奶清瘦的身影，站在家门口，望着我们。

我们把《阿诗玛文化遗产传承人口述史》的制作方法，归纳为"情景式口述史"方法。具体到某一个传承人的口述制作，我们采用"口述情境+人物简介+问答记录+田野日志"四个部分的结构形式，来呈现情景式口述史的样式。以"情景式口述史"方法进行非物质文化遗产传承人口述史的制作，在"口述情景"中，应详细描述传承人口述史采录的缘由、口述史问题设计的思路，并将口述采录者采录的过程、采录者与访谈者互动的过程进行记述，为读者呈现口述史采录的基本情景。在"人物简介"中，应对传承人进行概括性简述，从人生经历、传承谱系、传承现状等方面，呈现传承人的基本信息。在"问答记录"中，应尽量忠实地将采录者与传承人的问答过程进行详尽的还原，将口述访谈视为参与式访谈，在受访者与采录者的良好互动、共同参与中，完成口述史的采录。建议以"问答体"呈现传承人的口述信息，应对传承人进行多次口述访谈，并对口述材料进行核实验证。在"田野日志"中，口述采录者应记述采录过程中的真情实感。

循着非物质文化遗产项目"阿诗玛"的传承人名单，我们在寻访中发现，"阿诗玛"的民间传承，主要以叙事长诗《阿诗玛》和撒尼剧《阿诗玛》的吟、唱、讲、演为核心内容，"阿诗玛歌"是"阿诗玛"在民间传承的他者表述。从整体性保护与传承的角度看，除了"阿诗玛歌"，与"歌"相关的撒尼服饰、撒尼乐器、撒尼舞蹈、撒尼村寨、撒尼习俗等内容，都是"阿诗玛"保护与传承的文化生态，而石林各村寨每村少则三五支，多则十几支的民间文艺队，在持续交流中逐渐习得"阿诗玛歌"，使"阿诗玛"的民间传承，可以持续开列一份没有终点的传承人名单。

《阿诗玛》传承人口述影音的使用

但是当我们再次审视这份"口述史文本"[①]时，依然有很多被"文字""遗漏"的信息，它们还在影音资料中。我们应该如何使用这些材料？除了作为文字书写的"口述史文本"，鲜活、立体、完整的影音资料，还可以在哪些文化空间继续使用？我们如何运用这些材料，以视听方式进行民间文学类非物质文化遗产的传承、传播？

作为研究人员，可以花时间到传承人所在的村寨寻访、聆听传承人的声音，而作为偶然到石林旅游的大众游客（每年近400万人次），大多数均仅在核心景区（大小石林景区、乃古石林景区）进行短暂停留，旅游过程中所接触的"阿诗玛文化"，仅有"阿诗玛导游""阿诗玛的故事""阿诗玛石峰""撒尼歌舞"等零星的、碎片化的"次生文化形态"。而原生形态的"阿诗玛"，在距离核心景区30—50公里外的撒尼村寨中，存留于

[①] 巴胜超、杨文何主编：《阿诗玛文化遗产传承人口述史》，云南人民出版社2016年版。

生活在撒尼村寨中传承人的口头传统里。

在文化旅游情境中，有何种方式，既可以让"非物质文化遗产"项目融入文化旅游中，又可以相对完整地将"非物质文化遗产"的原本样子传播给公众？让"非物质文化遗产"项目的传承人直接进入旅游目的地的现场，以"人"为传播媒介，进行活态的遗产传播，是最完整、最直接、最真实的一种方式。

但是这种方式操作起来基本不切实际，很多新的问题需要解决：如县级非物质文化遗产文化工作专职人员紧缺（石林县的非物质文化遗产保护中心办公室仅有1名专职人员），非物质文化遗产传承人的务工补贴由谁来发放（非物质文化遗产传承人大多还有文化传承之外的主业需要承担）。即使在"文化遗产日"把民间文学类非物质文化遗产传承人请到公众场合或旅游目的地，其文化传承的功能也不能完整发挥。

火把节期间的"非物质文化遗产"项目展示

以2016年石林火把节期间的"非物质文化遗产"项目展示为例，当地非物质文化遗产保护中心办公室为了向公众宣介非物质文化遗产知识，将石林县包括民间文学、刺绣、乐器等在内的"非物质文化遗产"项目传承人都请到了长湖风景区,让传承人在民间文艺会演舞台旁的空地进行活态演示。刺绣、乐器的"非物质文化遗产"项目,因有可见的"物质文化"(刺绣工具、演奏乐器)做支撑,游客和当地村民会围在传承人面前观摩、拍照、询问。而民间文学类的非物质文化遗产传承人,身着盛装,三五人坐在草地上,来者并不知道他们的身份,不知情的还以为是一群来看热闹的老人。遇到研究者、媒体人士来询问,他们才对着镜头哼唱"阿诗玛"的一些段落,旁边巨大音响发出的歌舞音乐声,将非物质文化遗产传承人口腔发音的唱词淹没。终于有一点安静的空隙,和传承人聊了还不到十分钟,传承人就抱歉地说要走了,等下没有回家的车了,于是传承人们纷纷歉意离场。

在文化旅游情境中,为了让公众能听到传承人唱"阿诗玛"的声音,看到传承人的模样,有何种可持续的、较稳定的呈现方式?"传承人博物馆"是可供选择的一种方式。

试想,无论你在何时来到石林景区,都能便捷地走进"'阿诗玛'文化遗产传承人博物馆",就像走进传承人的村落和家屋,传承人居住空间里的物件(服饰、农具、乐器、食物等),在博物馆空间陈列展示的位置,均是物件在实体家屋中的位置,你可以随时坐下来,在撒尼人家的木凳或草墩上,通过影音设备,听物件的故事,看物件从取材、制造到成品的过程。当你整体性地对"阿诗玛"所属文化有了视听媒介辅助下的直观认知后,再围坐在撒尼人家的火塘边,听事先采录的传承人吟、唱、讲、演"阿诗玛"的影音,听传承人的人生历程,感受他们习得"阿诗玛"的过程。而传承人在"阿诗玛"中所提及的民俗、礼仪、物件等物质或非物质文化形态,均能在这个博物馆中以"实物+图片+影音"的综合方式进行呈现。简言之,在一个随时可以坐下来聆听和观看的传承人博物馆中,传承人的生命史、传承项目的完整而多元的内容和与之相关的文化物件,均以"实物+图片+影音"的综合方式进行呈现，营造出一种类似"到传承人的家里寻访传承人"的博物馆体验模式，这就是"'阿诗玛'文化遗产传承人博物馆"的建构"臆想"。

对于"'阿诗玛'文化遗产传承人博物馆"来说，以上的体验描述目前还是"臆想"，但是对于全国3800多个实体博物馆来说，在原有的展示基础上，加入视听影音的内容，让原本"死气沉沉"的博物馆空间"鲜活"起来，却是可能完成的任务。在传统的博物馆空间，大多数的物件，如同百货商店的货品，被有序或杂乱地陈设在厚厚的玻璃框里，除了中文或多种语言的卡片式"图说"外，我们最多能够借助一些完整或不完整的声音文件，去猜测这个展示物的故事。除镇馆之宝外，其他物件几乎没有视频文件辅助说明。通常的体验是，看到了很多稀奇古怪的文物，通过简单的文字"图说"，仅仅是看见了物件的表象，对于这个物件的来龙去脉，这个物件的制造过程、使用过程、发掘过程等表象之外的"背后的故事"，所知甚少。而影音文献的加入，则可以大幅度地改善观展者的"呆板印象"。

突破传统博物馆观众只能站着看展览的观赏局限，在博物馆空间布置大量舒适的椅座，以影音文献阅听为主，大范围地使用"实物＋图片＋影音"进行文化遗产博物馆空间展示的理念，在国外一些博物馆空间中已经成为现实。我们以墨尔本博物馆Bunjilaka土著文化中心的"初民"（First Peoples）展览馆为例，说明视听影音在非物质文化遗产（特别是与口述传统相关的文化遗产）传承展示方面可供借鉴的方式。

"初民"（First Peoples）展览是维多利亚博物馆和维多利亚的土著社区共同完成的一个文化展览，在图片、实物、声音、影像的综合使用下，Yulendj族群长老和社区代表，带来了他们的知识、故事和文化。

在名为Wominjeka的展览区域，以图片和微缩模型介绍了不同的维多利亚时代的原住民语言，在展示设计上，你不仅能听到这些语言，还能看到发出这些语言的人的影像。

第五章 《阿诗玛》文化遗产传承人口述影音的采录与使用

"初民"（First Peoples）展区，可以随时坐下来阅听影音

土著语言的视听展示

在 Generations（代）展区，你能坐在设计时尚的座椅上，用安插好的耳机，听土著居民讲述那些与他们的家庭、交往、文化和适应相关的故事，探索土著居民的一个充满活力的"历史和当代交融的"照片大集合。Generations 展区通过声音和影像，与观看者进行动态的、交互式的互动体验，将 Koorie 族群身份认同的世代传递，进行影音文献式的直观呈现。

· 227 ·

▶▶ 遇见阿诗玛

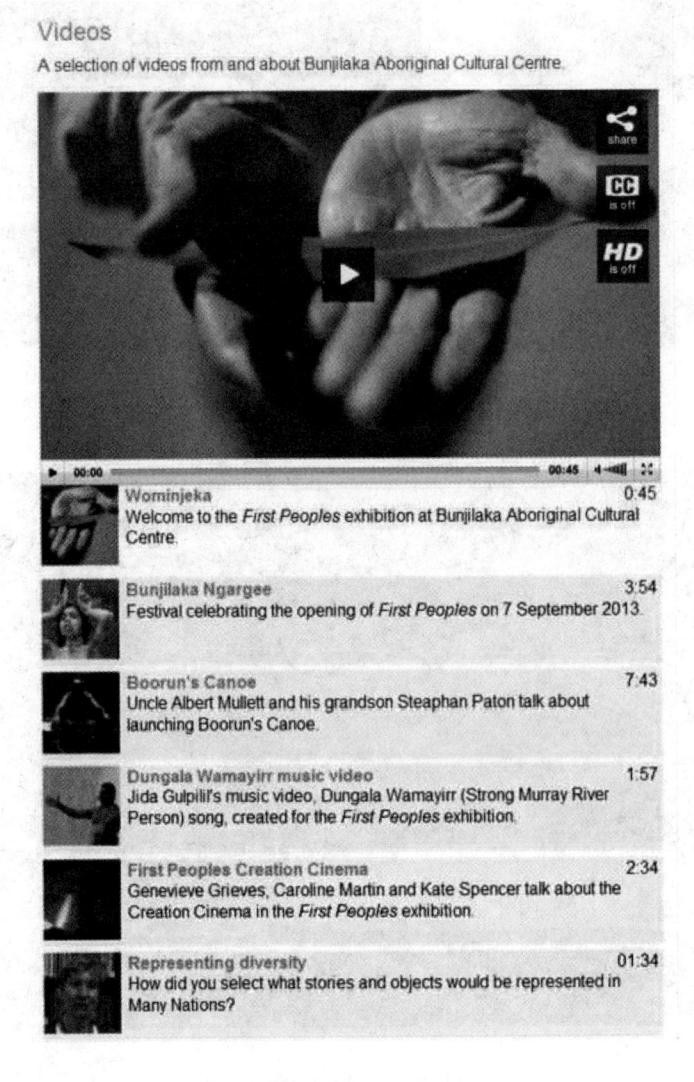

在博物馆中播放的影音文献也可以在网络展示中找到

　　而 Many Nations 展区，呈现的是澳大利亚土著居民和托雷斯海峡岛民的多元文化，其中近 500 件文物均进行了数字化的处理，除了在展区陈设代表性文物实物外，其他相关文物以"图片＋文字＋影音"的数字化方式，呈现在博物馆空间，游览者可以随时坐下来，从视听影音中观看这些文物是如何被制造的，当地人是如何使用的。为了让孩子对这些文物有更深入的认知，博物馆中还设置了一个手工体验区，孩子们能够参照动画图示进行文物制造的模仿体验。

对文物进行"实物+图片+影音"的立体展示

在网络展示中每件文物也有对应的图文影音文献

在 Our Story（我们的故事）展区，主要以丰富的习俗、仪式、习惯法和文化适应的案例，展示了维多利亚土著居民的历史和文化，特别强调了在欧洲人到来之前和之后的对比变化，并对原住民文化的当代繁荣进行致敬，向观者宣导向土著居民学习和对文化多样性的尊重。

Deep Listening（聆听）展览空间的参与者

最有特色的是，在名为 Deep Listening（聆听）的展览空间，很多个从 8 岁至 72 岁之间的 Koorie 人，面对镜头，谈论他们的文化、他们的国家、他们的家庭、他们的身份和他们如何交流。通过对影音的聆听，我们可以在多媒体影音的体验中，分享到他们对于族群、个人、成长的动人故事。

从"信息传递"到"文化共享"

以上所述的"初民"展览中对影音文献的使用，将原本散乱的影音素材，按照展览逻辑连接在一起，在博物馆空间，与实物一起，完成了博物馆展览的文化叙事，在博物馆空间进行着一种文化共享的传播。影音文献在中国民间文学类非物质文化遗产传播中的使用，在理念上，需要从"信息传递"跨越到"文化共享"。

2011年2月25日通过的《中华人民共和国非物质文化遗产法》第三条规定：对体现中华民族优秀传统文化，具有历史、文学、艺术、科学价值的非物质文化遗产采取传承、传播等措施予以保护。可见"传承"与"传播"是非物质文化遗产保护的两种重要方式，"传承体系"和"传播体系"的建构自然成为"非物质文化遗产保护体系"的重要两翼。

目前非物质文化遗产传承方式主要有：家族传承、师徒传承、学校传承和社区传承四种，初步完成了"家族—师徒—学校—社区"共同体——传承体系的建构；而非物质文化遗产的传播则主要以新闻媒体报道、数字化存录和非物质文化遗产展示（博物馆、会展、会演）等形式存在，其建设主体亦局限于政府、研究院和高校，相关的非物质文化遗产资源和信息亦未能及时共享，社会大众亦无法确知其工作进展，公众参与非物质文化遗产保护的文化通道不畅，非物质文化遗产的文化魅力亦未激起公众参与非物质文化遗产保护的热情。在此前提下，如何通过传播媒介的介入，日常性地让民间文学类非物质文化遗产项目走进大众的生活，成为以"传播和互动"为圭臬的民间文学类非物质文化遗产项目传播体系建构的题中应有之义。

从19世纪"传播"进入公共话语时，就诞生了两种传播观：传播的传递观（a transmission view of communication）和传播的仪式观（a ritual view of communication）。传递观源自地理和运输方面的隐喻，为了控制的目的，把信息从一端传递到另一端，传递观中的"传播"是一种信息得以在空间发布和传播的过程，以达到对距离和人的控制。仪式观中的"传播"一词则与"分享"（sharing）、"参与"（participation）、"联合"（association）、"团体"（fellowship）及"拥有共同信仰"（the possession of common faith）相关，仪式观中的"传播"并非只指信息在空间的扩散，还指时间上对一个社会的维系，不只是分享信息的行为，还指共享信仰的表征[1]。

将"传播"的两种观念与联合国教科文组织（UNESCO）通过的《保护非物质文化遗产公约》《保护世界文化和自然遗产公约》《保护文化表现形式多样化公约》三大国际公约，以及《中华人民共和国非物质文化遗产法》制定的宗旨对照，文化多样性、文化交流、文化共享是文化遗产存续的主要目的。而非物质文化遗产的传播，不仅是非物质文化遗产信息的空间传递，更是非物质文化遗产信息通过传媒渠道，在空间传递基础上，让拥有共同信仰的人类共同体，分享文化遗产，参与非物质文化遗产保护，共同形塑文化多样性，积极交流，达成文化多样性基础上的"全球伦理"[2]的过程。

以"仪式视野的传播"观审视中国民间文学类非物质文化遗产的传播现状，民间文学信息的采录工作取得了丰富的成果，而信息的传播和共享还需进一步加强。在中国，对民间文学的保护，始于"五四"时期，中华人民共和国成立至今，社会各界对民间文学的搜集、整理和研究取得了丰富的成就，截至2009年10月，民间文学三套集成（《中国民间故事集成》《中国歌谣集成》《中国谚语集成》）工程告竣，省卷本全部出齐，共298

---

[1] 参见［美］詹姆斯·W.凯瑞《作为文化的传播》，丁未译，华夏出版社2005年版，第7页。

[2] 联合国教科文组织、世界文化与发展委员会：《文化多样性与人类全面发展》，张玉国译，广东人民出版社2006年版，第194页。

卷，440 册，4.5 亿余字，加上县级卷、地区级卷本，总字数达 40 亿字①。截至 2017 年 12 月，经过四批国家级非物质文化遗产代表性项目名录的认定，共有 155 项民间文学项目进入国家名录，各地对非物质文化遗产项目采取了录音、录像、文字记录等方式，对民间文学信息进行了采录。而公众获悉民间文学类非物质文化遗产信息的渠道单一，除了通过各类纸质出版物了解民间文学的相关出版成果，作为活态的民间文学类非物质文化遗产信息，在传播链条上处于缺失状态。在非物质文化遗产数字化的实践中，民间文学类非物质文化遗产的数字化代表工程"中国口头文学遗产数据库"②，作为至今为止中国口头文学资料最为系统的民间文学数据库，其传播方式仍是将"口头文学遗产图书"在"数据库"中进行书写/印刷文本的位移，口头文学的"口头活态"吟诵并未真正体现。

经过十多年的非物质文化遗产抢救与保护实践，中国已初步建立了"国际—国家—省、自治区、直辖市—市—县"五级民间文学类非物质文化遗产名录，并初步认定了五级非物质文化遗产名录的代表性传承人。但在民间文学类非物质文化遗产传承、保护的"五级"框架内，民间文学类非物质文化遗产的传承与传播却存在重申报、轻传承，重宣传、轻传播，重传递、轻共享的问题。各级申遗部门对非物质文化遗产项目的申报、申报成功后的宣传和非物质文化遗产名录信息的简略传递很重视，但对于申报成功后非物质文化遗产名录的传承、大众传播和非物质文化遗产名录与社会大众的文化共享考虑较少，导致了非物质文化遗产名录"有名录"却"无实效"的局面。在民间文学类非物质文化遗产的国际名录中，2011 年 11 月 29 日联合国均衡教科文组织（UNESCO）公布的 11 项《急需保护的非物质文化遗产名录》中，中国民间文学的卓越之作"赫哲族伊玛堪说

---

① 参见万建中《中国民间文学三套集成学术价值的认定与把握》，《广西民族大学学报》2010 年第 1 期。
② 《中国民协口头文学遗产数据库工程启动》，中国民俗学网（http://www.chinesefolklore.org.cn/web/index.php? NewsID = 8537）。

唱"（Hezhen Yimakan storytelling）正濒临失传。而在20世纪80年代，伊玛堪艺人中还有20多位大师级人物，目前却只剩下5名伊玛堪艺人能表演某些特定篇目①。在国内民间文学类非物质文化遗产的"国家—省、自治区—直辖市—市—县"四级名录框架中，代表性传承人老龄化问题突出。2009年国家级非物质文化遗产"走马镇民间故事"项目代表性传承人魏显德辞世，2010年国家级非物质文化遗产"苗族古歌"项目代表性传承人王安江辞世，2011年西藏著名格萨尔说唱艺人桑珠辞世，同年，以唯一一个个体项目入选全国第一批国家非物质文化遗产项目的故事大王谭振山辞世，而国家级非物质文化遗产"维吾尔族达斯坦"项目传承人夏赫·买买提已经103岁高龄。民间文学类非物质文化遗产要对抗此种"人亡艺绝"的保护困境，除了加强对传承名录的政策保护、对传承人的大力支持外，根据民间文学类非物质文化遗产的传承特征，建立其传播体系，在大众传播体系中与公众共享其文化信息，赢得公众参与保护传承的力量，成为当务之急。

以"文化共享"的理念，建构民间文学类非物质文化遗产传播体系，是民间文学类非物质文化遗产传播的基础，而当下将民间故事通过文字、图片、音像等形式记录、保存，仅仅将民间文学类非物质文化遗产从"口头"文本，经由文字、图片、音像的中介，转录为另一种文本，其传播、展示仍处于静态保护成果，零星的或完整的、动态的呈现口头文化活态性的民间文学类综合数据库（如格萨尔国家数据库·果洛分库②）也多处于在建阶段，其口头文化的"活态性"并没有得到完整呈现。

---

① 参见《赫哲族说唱艺术伊玛堪列入急需保护非物质文化遗产名录》，中国非物质文化遗产网·中国非物质文化遗产数字博物馆（http://www.ihchina.cn/inc/detail.jsp?Info-id=3520）。

② 其主要内容是对果洛地区的格萨尔艺人进行普查、登记、建档和命名，建立数据化档案库，实验抢救性保护措施，运用录音、录像、摄影等手段，对在档的艺人演唱进行跟踪，对说唱文本进行记录，进而形成比较完整的史诗说唱资料库，对民间流传的史诗木刻本、手抄本等资料进行数字化处理、存档。参见《全国"〈格萨尔〉数据库果洛分库"建设项目正式启动》，中国西藏网（http://info.tibet.cn/news/szxw/201108/t20110801-1112868.htm）。

在民间文学类非物质文化遗产项目基础之上，目前对民间文学进行大众传播的形式主要有影视改编、舞台展演和节庆活动三种，以上三类对民间文学类非物质文化遗产的大众传播，一定程度上对大众进行了非物质文化遗产知识的普及教育，对非物质文化遗产传承人进行了社会舆论的正面宣扬，但由此引发的民间文学类非物质文化遗产项目在影视（戏剧）改编中，为追求收视率、娱乐性、可看性导致的"过度改编"问题，在舞台展演中对民间文学类非物质文化遗产进行的"艺术创造"问题，在节庆活动中对民间文学类非物质文化遗产进行的"商业包装"问题，对非物质文化遗产项目传承的"真实性"构成了巨大的挑战，屡受非物质文化遗产学术界诟病，而学界以非物质文化遗产为主题的学术研讨、观点、成果，又主要局限在学术领域进行小众传播，无法及时、有效地运用到民间文学类非物质文化遗产的传承与传播中。

信息不等于传播，传播活动比信息传递复杂得多。在民间文学类国家级非物质文化遗产的传播中，国家名录、传承人、保护方式等信息，散落在传统媒体和数字媒体的各个角落，以碎片化的存在形式，等待大众在海量的资讯中来打捞，这导致了非物质文化遗产传播的碎片化现实，而"信息传递已不足以达到传通的目的，因为无处不在的信息使得传通变得更加困难"①。民间文学类国家级非物质文化遗产信息也陷入了这个问题：非物质文化遗产信息在海量信息中的传通障碍。传播活动所涉及的由非物质文化遗产信息串起的人与人之间的关系，在碎片化的信息中并未联通，于是，在文化共享理念支撑下，如何把不同的非物质文化遗产文化信息进行综合管理，达到信息共处的状态，成为民间文学类国家级非物质文化遗产传播的重要论题。

---

① ［法］吴尔敦：《信息不等于传播》，宋嘉宁译，中国传媒大学出版社2010年版，第4页。

附录一 大型原生态民族歌舞《阿诗玛秘地》文学脚本

《阿诗玛秘地》意为神秘的阿诗玛故乡。《阿诗玛》是彝族撒尼文化的杰出代表,她让这个民族走向了世界,也让世界关注了这个民族,关注了这个民族的文化和其居住的环境。

大型原生态民族歌舞《阿诗玛秘地》以大型舞台表演艺术形式,用原汁原味的民族歌舞展示撒尼深远的历史、独具魅力的民风民情,用撒尼原生态经典音乐与舞蹈为基本格调贯穿晚会,展示多姿多彩的阿诗玛文化,展示撒尼文化沧海之一粟。

序

用撒尼"创世古歌",反映撒尼天地人合一的万物生命起源思想和"尼"的问世。

云烟缭绕中,黎黑神奇的石景缓慢移动,石景上不同的人物造型剪影凝重深邃。空灵的闷笛声飘来,古老苍凉,悲苦幽怨,引出中年妇女忧伤的撒尼古歌《库吼调》。

演员:6—12人。

道具:制作石景6个。

时间:1分钟。

第一幕　神秘的民族

用撒尼原始的自然宗教、神话等传说，反映原始先民对生殖生育的崇拜，体现撒尼人对自然与生存的感悟。舞台色调以苍茫的绿色为主，古树茂盛。用撒尼民族乐器过山号、铓锣以及遥远的古歌等器乐音乐营造穿越时空的场景。引出庄重神圣的毕摩"吉祥舞"，富有撒尼独特韵味的筮玛"太平舞"，展示撒尼神人相通的原始生存理念。

毕摩舞段。六块彝文板，每两块为一组，顺序从舞台深处推出。第二组时毕摩出现，在喃喃的诵经声中庄重神圣，同时展现出毕摩文化世代传承之景象。在灵动的音乐中老少毕摩跳起了毕摩祭祀舞，虔诚崇敬，表现出神人相通的灵异，使人产生敬仰与神圣之情。舞段结尾六块彝文板从舞台深处推向第一表演区，彝文板分开时出现"筮玛舞"造型。

筮玛舞段。一束追光集中于舞台领舞大筮玛身上，10个小筮玛成圆圈跪对大筮玛。寂静的舞台，领舞筮玛奇异的祈祷与诵吟声回响，声音越来越大，神灵与领舞筮玛愈通愈近，领舞筮玛舞蹈动作张狂而诡异。大、小筮玛舞蹈着不同的动作，向着不同的方向，舞蹈整体亢奋神秘、诡异怪灵。

舞蹈中小鬼出现，大、小筮玛，小鬼共舞，表现筮玛为生命驱邪，赶走小鬼求世间太平吉祥。

舞蹈结尾在毕摩喃喃的诵经声、筮玛叫声、过山号等混合声响中，由弱渐强结束。

演员：男毕摩21人、筮玛11人。

服装：老毕摩服1套、小毕摩服20套、筮玛服11套、小鬼服装6套。

道具：彝文板6块、图腾旗幡8面、民族旗幡8面、作法铃铛21个（1大20小）、经书20卷、筮玛鼓11个（1大10小）、小鬼面具6个、白胡长须1个。

整幕时间：8分钟。

第二幕　勤劳的民族

用洗麻、刺绣等典型劳动、原生态情景等展现撒尼农耕式的田园生活。舞台色调以蓝天白云、绿色家园为主。用原生态优美的"洗麻、纺麻舞"、生产生活情景表演、撒尼民族民间"刺绣舞"、丰收"打场""簸粮"等原生态舞蹈，反映撒尼人勤劳、自信、坚强的民族品格。

劳动歌。由"锄草歌""犁地歌""牧羊歌""捕鱼歌"四个片段组成。

"锄草歌"用纺车、织布机、织麻、担水、背柴、水车等农家劳作场景，表现彝乡的和谐、安宁，撒尼人的勤劳、善良等主题，采用情景式表演方式。

"犁地歌"主要表现撒尼男耕女播，在田间地头耕种的热烈场景。

"牧羊歌"主要表现撒尼青年在牧羊中谈情说爱，相知相恋的场景。在表演时用绕麻舞衬托其主题。

"捕鱼歌"主要表现撒尼青年捕鱼的劳动场景，体现石林鱼米水乡的动人景象。

洗麻舞。清晨、清澈湖水、倒影、美丽的撒尼姑娘在朦胧的场景中形成洗麻剪影开场。第一节，表现美丽的撒尼少女们赤足，沐浴着清晨的阳光，相约到湖边洗麻。第二节，表现洗麻及姑娘们嬉戏、欢乐的场景。第三节，表现姑娘们将洁白的麻布披在肩上，美丽的姑娘、美丽的舞蹈，反映了彝家姑娘勤劳纯洁及对生活的无限向往。

绣舞。农家小院，绿树成荫。第一节，一中年妇女，边绣边用歌声传授刺绣技艺，姑娘们三三两两坐在房前、树下，认真地绣着美丽的图案。第二节，表现在绣的过程中姑娘们相互交流技艺，彼此展开比赛的刺绣劳动场景。第三节，姑娘们将不同颜色、不同图案的刺绣品时而披在肩上，时而围在腰间，舞蹈表现彝族撒尼姑娘善良的心灵以及对美好生活的追求。第四节，歌声中回到开始时的造型，分层次集中，表现出撒尼姑娘的心灵手巧，反映了撒尼刺绣技艺代代传承的社会风貌。

丰收舞。第一节，男子大背篓舞段（打场即推出大斗）。第二节，女子大簸箕舞段（配合背篓展开）。第三节，女子小簸箕舞段（与其他道具融合使用）。舞蹈通过丰收劳动场景，展现了撒尼人勤劳的性格和丰收的喜悦。

演员：锄草歌 8 男 8 女、犁地歌 6 男 6 女、牧羊歌 1 男 9 女、捕鱼歌 6 男 6 女、洗麻舞 20 女、绣舞 20 女、丰收舞 24 女 12 男。

服装：劳动歌女演员服装 32 套，男演员服装 14 套，小男、女孩服装各一套；洗麻舞撒尼女装 20 套（上衣短袖，下装七分裤）；绣舞撒尼女装 20 套（上衣小袖口，服装要求飘逸，用纱料）；丰收舞女演员服装 24 套，男演员服装 12 套（服装设计应方便劳动为主，建议裤子用七分裤，体现劳动和丰收的喜悦，色调请服装设计把握）。

道具：劳动歌需纺车 3 个、织布机 1 个、木水桶 4 套、瓢 1 个、背柴 2 捆、结麻 1 团、草墩 4 个、绕麻线杆 8 个、水车、犁把 6 把、粪箕 6 个、羊鞭 1 根、背篮 1 个、捕鱼网 6 个、捕鱼罩 6 个、腰筐 6 个、水烟筒 1 个、洗麻舞四方背篮 20 个、洗衣棒 20 个、麻布 20 条、绣舞草墩 20 个、刺绣绣片 20 块、大绣布 1 块。

丰收舞大背篓 8 个，要求装金黄稻穗，稻穗长出背篓约 1 米（可根据实际情况调整，采用弹性材料，能跟随演员舞动而闪动），大斗 1 个，上口约 1.5×1.5 米，正面用彝文书金色"斗"字，斗顶前半空，可装玉米，后半可站人，内部可考虑灯光；大簸箕 8 个、小簸箕 16 个、大簸筛 1 个、玉米若干。

整幕时间：21 分钟。

第三幕 多情的民族

用撒尼特有的乐器"木叶与三胡""抢包""闹婚"等表现撒尼人的恋爱与婚姻生活。舞台色调以静谧、明快、清新为主。用"木叶与三胡"相依相恋、独特的"抢包"求婚、迎亲"对歌""抹花脸"等婚恋民俗，以及石林"敬酒歌"等原生态舞蹈展现撒尼人自由的婚恋风情，反映撒尼快乐的人生观以及追求自由和热情好客的民族天性。

三胡情舞。石林景，女子舞段主要是加强舞蹈语汇，男子舞段主要是加强舞台队形调度，男女对话式舞蹈主要是加强其表现形式，综合舞段整体加强。

抢包舞。减去原版音乐慢版部分。用石林景。女子舞段主要加强舞蹈语汇和调度，综合舞蹈主要表现石林撒尼人独有的求爱方式，需整体加强与改进。

山歌情舞。采用男女双人舞。续接抢包剧情，最后一对未抢到包的男女演员，通过更多柔情的对话方式，逐渐培养感情，被打动的少女最终将亲手刺绣的包赠予了心上人。

闹婚舞。山间蜿蜒的小路、农家小院、山村寨子景色。第一节，双人舞结束，撒尼迎亲的"喜调"音乐响起，老媒人身背大烟筒，新郎手提酒壶，率男演员挑礼品出场，显示出迎亲队伍的喜气与高兴。第二节，迎亲队伍走到新娘家门前，媒人上前叫门，新娘引众女伴出场堵住迎亲队伍。新娘与新郎对歌，男女演员伴唱（此节无须太强的舞段，主要采用诙谐的表演）。第三节，新郎新娘对歌结束，紧接闹婚、抹花脸。将新郎新娘推到舞台正中，男女演员围住他们起哄、闹婚。闹婚结束几对男女演员用抹花脸、扭耳朵、咬手等动作组成最后的高潮舞段结束。

敬酒歌。闹婚舞段男演员不下场，他们唱起原生态的敬酒歌，表现出彝家汉子粗犷豪放的性格和热情奔放的特点，凸显出撒尼敬酒歌动人的魅力。

演员：三胡情16男16女、抢包舞17男17女、山歌情1男1女、闹婚14男13女（含新郎1人、新娘1人、媒人1人）、敬酒歌14男。

服装：三胡情男女演员服装各16套（群舞）；抢包男女演员服装各16套（群舞），领舞男女演员服装各1套；闹婚男女演员服装各12套（群舞），新郎新娘服装各1套（以艳丽、红色为主调）。

道具：三胡 16 把，木叶 16 枝；撒尼女子刺绣背包 17 个（16 小、1 大）；大烟筒 1 支、酒罐 1 个、挑箩 12 付（箩内需要有猪肉、菜等实物）、20 个敬酒杯。

整幕时间：16 分钟。

第四幕　火红的民族

舞台色调以浅红色为主。用原生态舞蹈"火塘情"、火把节"摔跤"、热情奔放的大三弦舞，表现撒尼人火的情结、火的豪情和火的炽烈性格，展现撒尼人火一样的热情和拼搏向上的民族精神。

火把舞。第一节，采用双人舞表演吹火舞段。第二节，火把舞段，采用群舞表现，用流动调度与原地动作的对比、灯光明暗对比等手法，表现火把节的热闹欢乐。最后大火堆燃起熊熊火焰。

摔跤舞。分为三节，第一节，石景上，撒尼汉子吹响过山号，敲起热烈欢快的彝家鼓，迎接火把节远方的客人。第二节，两个彝家寨子的男子汉参加火把节摔跤比赛，他们"狭路相逢"，各自向对方展示着自己的信心与力量。第三节，两队各自选出代表参加比赛。彝乡各民族围成圈，为各自的选手呐喊助威。

大三弦舞。第一节，竹笛声引出欢快的大三弦（现场弹奏），此部分以造型为主，主要是强化大三弦原生态现场弹奏效果。第二节，在原舞段基础上细化动作，强化情绪结构，最终将晚会推向高潮。

演员：火塘情 20 男 20 女、摔跤舞 20 男 20 女、大三弦舞段 20 男 20 女，结尾全体演员上场。

服装：火把舞男女服装各 20 套（表现"火"的元素）；摔跤舞男女演员服装各 20 套（男子要求大裆裤），过山号演员服装 6 套；大三弦舞男女服装各 20 套（表现火把节热闹欢快的气氛）。

道具：火把舞小火塘 1 个（建议用电子火塘，要求可控制明暗，即可控开关），电子火把 80 把，第一场可站人石林景推板；摔跤舞过山号 6 个，鼓 10 面，红布一匹；大三弦舞大三弦 40 把（要求能弹奏，更换背带，颜色请道具设计根据晚会剧情而定），弹片、码子 40 套，备用琴弦若干。

整幕时间：16 分钟。

尾声

《远方的客人请您留下来》音乐响起。歌声中演员分批上台向观众致意谢幕。

灯光舞美

要求设大屏幕，屏幕按各舞段表现内容，变换不同的背景画面。

灯光舞美要求按歌舞整体风格、舞蹈表现内容以及场景的变换提出具体的方案。

附录二　大型原创音乐剧《阿诗玛》剧本

人物：

阿诗玛：青年，女高。一个美丽善良、勇敢果断的彝族姑娘，生长在阿着底，是阿支心头所爱，可她却爱着阿黑并被阿黑深深吸引，最终坚守爱情，化身为石，成为流传至今永恒的象征——为爱坚守。

阿黑：青年，男高。彝族分支撒尼人阳刚帅气的小伙，流浪歌手，走南闯北，见多识广，善良勇敢，能歌善舞，与阿诗玛一见钟情，心心相印，火把节定情，互许终身。

阿支：青年，男高。寨主热布巴拉的儿子，从小立誓非阿诗玛不娶，对阿诗玛百般宠爱，虽然阿诗玛始终将其当作兄长，但他却依然倾其所能地爱着阿诗玛，甚至是舍弃生命。

热布巴拉：中年，男中。爱子如命的父亲，拥有富足家产的一寨之主，为了阿支他不惜抢婚强娶阿诗玛，热布巴拉是一个不理智的慈父，一个悲剧的缔造者。

海热：中年，女中音念白。热布巴拉忠实的执行者，大管家。能说会道，阴险狡诈，一肚子鬼主意。

老者：中年以上，男中。神秘的讲述者，阿着底穷困的巫师，半人半仙。

家丁若干、众乡亲们。

序

【隐约的山峦影影绰绰，月光中，一位占卜老人深情地遥望着远处的

山峰，娓娓道来】

曲一 《石恋》（老者独唱）

A 有一个久远的传说，跨越时空，千年走过。细腻如丝，涓水般流淌着。那是一个传说经历过生死，最终失去了真爱的花朵；是谁的眼角，泪光闪烁。

B 每当清风掠过，就像无言的山峰在吟唱着。时而轻声的，时而怒吼着，诉说着一个关于石头的传说。每当雨水落下，就像繁茂的花草在舞动着。时而缓慢的，时而疯狂的，表达着永恒的守候和坚定的执着。

C 听，有人在唱歌，那石头依然冰冷着，这是一个传说，一个为爱而生，永恒和守候的爱的传说。

第一场　相遇

【舞台渐亮，远处山峰连绵，炊烟袅袅，瀑布潺潺，花草树木像围成的一个花篮，这就是阿诗玛的家乡，彩虹的故乡。男人和女人们为了明日的火把节做着准备，他们尽情地狂欢着，和着弦音与笛声翩翩起舞】

曲二 《彩虹的故乡阿着底》（大合唱）

A 合：彩云之南、万丈光芒；青山绿水、永世吉祥；四季如春，万物滋长；生生不息，令人向往。

B 嘿～～～～阿着底～～～～噻啰嘿，那是我们的故乡，是彩虹的故乡，神秘的故乡，撒尼人的天堂。嘿～～～～阿着底～～～～噻啰嘿，那是我们的故乡，是充满爱的故乡，在这里没有忧伤，撒尼人的天堂。

【阿支扛着巨木上场，音乐进入阿支主题】

曲三 《一栋房子》（阿支独唱）

A 支：像一朵盛开的美伊花，散发着淡淡的清香，像金子一般闪闪发光。将我的生命点亮，像一只美丽的蝴蝶，环绕在我的心房，像山间舞动的精灵，让我的灵魂为你歌唱。

B 啊姑娘，我要为你盖一幢竹房，用爱做我们幸福的门窗，我的身体就是那房顶的梁，为你遮风挡雨，带你躲避风浪。阿诗玛，阿着底最美的姑娘，爱神早已把我的心射伤，多想用我的生命为你做件衣裳，不离不弃！守候在你的身旁。我，要为你盖一幢最美丽的竹房。那是我思念你的地方。

【一群鸟儿腾空而起，继而将满树的栀子花洒满山地。还没看见人就听见了美妙的歌声，花雨漫天，亭亭玉立的阿诗玛出现在众人面前，美若天仙】

【舞段】

【此处音乐回到曲一大主题，有一段阿诗玛亮相的舞蹈，开始是独舞，慢慢所有的小伙子都加入进来】

支：阿诗玛！

玛：阿支哥，我的好哥哥，你在干吗？

支：哝，竹房！

玛：热布巴拉家要什么有什么，你自己搭这竹房做什么？

【众人嬉笑，阿支紧张得不敢多言】

支：阿诗玛，我要凭我自己的双手搭建一幢竹房，阿着底最大，最美的竹房！为……为你！

【阿诗玛眺望着远方没有听见】

玛：阿支哥你看，山那边是什么？

支：是山！

玛：再那边呢？

支：再那边……是天！

玛：除了山就是天？哪有这样的道理！

支：阿诗玛，你在想什么？

玛：我在想，何时我才能走出这石林，看看外面的天是什么样的！

支：外面的天走不出去，除非咱们会飞！

玛：鸟儿可以飞，为什么我们就不能？我有一颗飞翔的心！

  曲四 《飞翔的心》（阿诗玛独唱）

  A阿：阿着底是彩虹的故乡，也是我梦开始的地方。可记得，从何时开始，花儿开出七色光芒。阿着底是七彩的天堂，我的心随着梦飘荡，可记得，从何时开始，青松笔直，回音如此高亢！

  B天上的彩云啊，请伴我去飞翔，带我领略山峰起伏的雄壮，穿过澎湃的波涛，穿过汹涌的巨浪自由地盘旋在天空之上。天上的彩虹啊，请让我去飞翔，搭一座天梯让我接近霞光，夜晚的星辰，洒落在我的肩膀，愿能随着梦到处流浪！我要去飞翔，要去飞翔。

【众人再次狂欢】

【音乐转回到《彩虹的故乡阿着底》】

  A合：彩云之南、万丈光芒；青山绿水、永世吉祥；四季如春，万物滋长；生生不息，令人向往。

  B嘿～～～～阿着底～～～～噻啰嘿！那是撒尼人的天堂！

【阿黑跑上场，跌倒在场中。海热带着家丁们上场】

海：你这是吃了豹子胆了，敢来我们热布巴拉老爷家的山头打猎！

黑：撒尼人为一家，哪里来的你家我家？饿了就应该打猎！

海：听不懂道理！这山上有神，一切花草树木那都是神赐给老爷的！只有老爷家的人才能与山神共享一杯羹！废话少说，家有家规！擅自闯入巴拉家打猎者，杀头祭神！

曲五 《阿着底是神给的地方》（阿黑独唱）

A 黑：可笑，可悲，可叹；可惜，可怜，可怨；竟然有人敢与山神共欢。无德，无良，无知；无情，无信，无义；这样的人怎可与山神同在？

B 神说阿着底要有山，山峦叠起，高不可攀。神说阿着底要有河，马岭河水天上来，源源不断，从未干涸。

C 神赐给撒尼人的手，拉开弯弓，休想逃走，管他巨人还是猛兽。神赐给撒尼人的腿，走到海角天涯，从来不回头。神赐给撒尼人的地，崎岖坎坷，美丽的花朵常伴在你左右，神赐给撒尼人的天，无论多大的风浪过后，总会有彩虹！凭什么你热布巴拉家要占为己有？

【音乐转为阴暗，热布巴拉主题】
【热布巴拉出场，所有人半跪下】

曲六 《天是谁的天》（热布巴拉独唱）

A 凭什么？好一个"凭什么"。我也想知道凭什么。告诉我，谁能够告诉我，哪里来的外乡人敢在这里质问我？

B 看，有乌鸦飞过，是不祥的征兆，阿着底要有灾祸。听，是恶犬在狂吠着，这是神的忠告，撒尼人的叩拜不能停留片刻！

【所有人跪下】

C 巴拉家族，仁慈厚德；自古以来，受神之托，守卫阿着底的山与河，这一草一木，飞的游的，都是我热布巴拉对神的承诺。撒尼人的宝藏，怎可叫他人窃得？

黑：强词夺理！我虽是外乡人，可我也是撒尼人，打哪家的猎，窃哪家的宝了？

海：盗了我们老爷家的宝就得杀头！来人，送上山祭神！

【号角声响起】

【阿诗玛不顾阿支的阻拦冲上前去】

玛：等一下！同样都是撒尼人，为何要手足相残？

海：这不是阿着底最美的姑娘阿诗玛吗？今天你可别多管闲事。

热：大家继续为即将到来的火把节狂欢吧。

玛：巴拉家怎可仗势欺人！他说得不无道理，这里的天是撒尼人的天，这里的一草一木那也都是撒尼人的，既然是撒尼人为何还要有地域之差，贫贱之分！

【热布巴拉动怒，阿支赶忙上前】

支：阿大！息怒。阿诗玛也是为我们家的名望着想！既是撒尼人就应免一死！神喜悦羊牛怎能用人来代替，不可触犯了天地啊！

热：达施，滚出阿着底！你，回家。

【阿支不舍地回头望了望阿诗玛，离开了】

【人群散了，天黑了，阿诗玛和阿黑在山坡上坐着。阿黑弹起了琴，优美动听】

黑：多谢姑娘舍身相救！

玛：我说的是实话有什么好谢的？我叫阿诗玛，你叫什么名字？

黑：阿黑，黑色的黑！是个流浪的喜欢弹琴唱歌的人。

玛：好听，谁起的？

黑：谁知道呢，阿大阿母在我出生不久的时候就去世了。不过我运气好，被一个好心的传教士收养了，他给我讲了很多外面的故事，所以，我发誓要出去看一看！

玛：从哪里来？又要到哪里去？

黑：我从山的那边来，要到山的那边去！途经阿着底，听人家说这里是最美的地方，马岭河穿过，俊俏的山峰连绵不绝！今日一见，果然是美不胜收！真想留在这里不走了！

玛：听人家说，山的那头还是山，河的那头还是河！我日日夜夜都想走出去，可是我从来没有实现过！

黑：山的那边是山，可过了山就是大片的湖泊，也可能是辽阔的草原！河那边还是河，可河的尽头便是汹涌澎湃的大海！那里水天一色，是太阳升起的地方！

玛：太阳升起的地方？

黑：这世上有太多的事情我们都还不知道……

玛：你想知道什么？

曲七 《我想知道》（阿黑、阿诗玛对唱）

A 黑：谁能告诉我，星星有没有烦恼，否则怎会，总是眨着眼睛不睡觉。谁能告诉我，月亮是不是爱上了树梢，否则怎会，总是相依相伴的围绕。

玛：我可以告诉你，星星并没有烦恼，只是把湖面当作镜子，欣赏夜的美妙。美丽的月亮并没有恋上树梢，只是想听一听，大自然的喧嚣。

C 黑：我想知道，太阳为何追着月亮跑；我想知道，什么事情会发生在下一秒。我想知道，从哪里飞来的候鸟，叽叽喳喳叫个不停，好像在呼喊着远方的讯号。

【两人重唱】

D 玛：我想知道！（黑：我想知道！）天边的彩云到底有多高？是不是当我踮着脚，就可以摸得到！就算再多阻挠，也要将答案寻找。

黑：我想知道！（玛：我想知道！）哪里才可以让我停靠！是不是当我闭上眼，就会感觉到，那温暖的怀抱，停留片刻……就好……

合：我想知道……我想知道……

玛：你怎么哭了？想家了？

黑：天就是我的被，地就是我的席！我四海为家！我要让我的歌在整个世界传唱。对了，你不是希望走出去看看吗？我答应你！如果有机会的话，我就带你出去看一看！

【两个人突然发现莫名地走到了一起，有些尴尬！马上分开】

玛：天不早了，我得回去了。

黑：是啊……

玛：连夜赶路？

黑：还没想好！

玛：明天就是火把节了，这是我们共同的节日，不如过完节再走吧？

黑：是啊，多谢姑娘相救，我无以为报……

玛：能听你说说外面的世界我就很高兴了！

黑：不如，我送你一首歌吧！

玛：好啊！不好听可不行！

黑：当然！

玛：夜里凉，不如先去我家客房歇歇脚？

黑：好意心领了，孤男寡女，我一个外乡人倒是不怕，姑娘的名声为重。

玛：那我先走了！

【两人有些不舍】

黑：再见！

玛：再见！

【阿诗玛走了几步又回头望，小伙子盯着看被人家看了个措手不及，两人又相视笑了笑】

曲八 《是你》（阿黑、阿诗玛）

A 玛：忽然，安静；沉默，不语；若隐，若现；若即，若离。

黑：忽然，安静；沉默，不语；多想，靠近；却又，远离。

B 黑：也许（玛：也许）

合：也许是命中注定！

玛：所以（黑：所以）

合：所以才会在冥冥中相遇。

黑：我愿（玛：我愿意）

合：默默地看着你的背影，感受你的呼吸。

C 黑：是你，所以我莫名地被深深吸引。步伐的轻盈，笑容甜如蜜，迫不及待想解开你背后的秘密。

玛：是你，带着我的梦一起远行，你的一字一句，轻声的喃呢！回响在天空里，如此的清晰。

合：也许，也许是命中注定！所以，才会，相遇。

【音乐收】

【暗转】

第二场 决斗

【山林中，篝火丛丛，一年一度的火把节开始了。崇拜火神的彝族男女围绕篝火，纵情弹唱，随歌起舞，如痴如醉，老者也参与其中】

曲九 《火把节来了》（领唱、合唱、独唱）

A 老：火把节来了，家乡的夜亮了，火把节来了，撒尼人尽情地唱着歌嘞。

合：火把节来了，阿着底的夜亮了，火把节来了，撒尼人尽情地跳舞咯！

合：火把节来喽！撒尼人美喽。

B 老：千支万支火把，（合：阿依阿依呦～～～）把天空照亮，

（合：阿依阿依喽～～～）九山十八寨的人啊一同欢聚喽！

　　合：千支万支火把，把天空照亮，九山十八寨的人啊欢聚一堂喽！

　　C 老：看呦！（合：看嘞！）斗牛场上，野性的较量，（合：嘿咗嘿！）摔跤比赛是男人的张扬，（合：噻喽噻！）姑娘们的口弦甜美清亮。

　　合：姑娘你快回头啊，哥哥在后头嘞！

　　老：小伙子们的舞步粗犷又阳刚。（合：嘿咗嘿！）

　　老人健康，孩子更茁壮！（合：噻喽噻！）

　　山潮水潮人来潮，（合：通宵达旦喽！）

　　合：好酒好肉好风光喽！赛赛赛！

【通过合唱引出热布巴拉、海热、阿诗玛、阿支】

【热布巴拉家丁拿来了大堆的美酒佳肴】

　　A 海：火把节来了，老爷家迎吉祥喽！

　　热：火把节来了，酒肉金钱人人有喽！

【家丁们跳起舞，人人分酒肉】

【一小段舞蹈音乐结束，唱段继续】

【引出阿诗玛】

　　支：火把节来喽！愿我的心上人爱我喽！

　　玛：火把节来喽喂！愿心上人带我走喽！

　　海：火把节来喽！

　　热：火把节来喽！

　　支：火把节来喽！

　　玛：跳起舞来对起歌喽！

【音乐进入年轻人对歌段落】

【阿黑及众兄弟突然冲入人群，阿诗玛高兴万分】

曲十 《对歌》（阿黑、阿诗玛、阿支）

黑：嘿～～～～～～说起外面的好风光，三天三夜说不完喽！

支：我问你，（黑：我敢讲嘿！）昆明有个好地方？丽江景色有多棒嘞？大理到底是啥样？腾冲有啥值得讲嘞？

黑：昆明有个坊对坊，丽江有座赛金銮喽！大理天生四样景，腾冲有那地火塘喽！

玛：我问你呦！

【阿支看阿诗玛要问阿黑赶忙抢过来作答】

支：我敢讲喽！

玛：什么叫作坊对坊？什么叫作赛金銮？哪样叫作四样景？哪样叫作地火塘？

【阿支愣了半天，所有人等着他回答，可他就是没回答上来。阿黑笑了笑，接着回答】

黑：金马碧鸡坊对坊，丽江的木府赛金銮，风花雪月大理的四样景，腾冲的火山热海是地火塘。

【众人欢呼，阿支不服气，赶忙上前提问】

支：我问你呦！

黑：我敢讲喽！

支：什么地方有高楼，高到几层是个头喽，抬起头来看一看，云彩就在天那头！

黑：咱们这的玉溪高鼓楼，半截伸在天空头，抬起头来看一看，帽子掉在沟沟首。

支：什么地方产什么物呦，什么地结什么果喽，什么地方吃什么菜嘞，什么地方喝什么酒！

　　黑：芒市遮放出软米嘞，文山特产叫三七喽，宣威火腿味道鲜呦！江川出的是大头鱼。

【没等阿支提问，阿黑接着唱，唱到阿支哑口无言为止】

　　黑：蒙自有那过桥米线嘞，昭通的天麻更稀奇呦，迪庆高原出虫草，呈贡水果宝珠梨喽！

【众人欢呼围着阿黑，所有人都冷落了阿支，他很是难过】
黑：阿诗玛！送你的歌，我写好了！
【众人好奇，鸦雀无声】

　　曲十一　《马铃儿响来玉鸟唱》（阿黑、阿诗玛对唱）

【可作经典歌曲改编】

　　A 黑：马铃儿响来哟玉鸟儿唱，这是阿诗玛的故乡，蜜蜂儿不落呦刺蓬棵，蜜蜂落在呦鲜花上。笛子吹来哟口呀口弦响，小伙子放羊，姑娘采茶忙！河水流不尽呦，马儿跑起脱了缰！远远地望着美丽的阿诗玛，从此日月无忧伤，无忧伤。

　　B 玛：哥哥哟，写一首曲子。

　　黑：希望哟妹妹喜欢喽！

　　玛：妹妹哟听哥唱喽！

　　黑：哥哥呦唱给我心爱的妹妹听喽！

　　A 玛：马铃儿响来哟玉鸟儿唱

　　黑：这是阿诗玛的故乡

　　玛：蜜蜂儿不落呦刺蓬棵

　　黑：蜜蜂落在呦鲜花上

合：笛子吹来哟口呀口弦响，小伙子放羊，姑娘采茶忙！河水流不尽哟，马儿跑起脱了缰！远远地望着美丽的阿诗玛，从此日月无忧伤，无忧伤。

【在尾奏部分二人跳起了舞蹈，爱意四溅】

【阿支面露不悦，冲进欢舞的人群，来到阿黑哥面前，想要打斗，又忍住】

支：阿诗玛，今天的盛会那么精彩，我特地为你准备了礼物，走，带你去看看。

玛：阿支哥，谢谢你，可我今晚和朋友有了约定，礼物改天再看吧。

支：朋友，哪里来的朋友？

黑：是我，阿诗玛约我给她讲讲外面的世界！

支：阿诗玛是阿着底最美的姑娘，岂是你这个外人随便约的？

黑：就凭你是热布巴拉的儿子，就可以随便欺负人？

支：像个男人一样，阿黑，决斗！

黑：那我可就不客气了！

曲十二 《为爱决斗》（阿支、阿黑对唱）

A 支：谈吐之间，流露着温存，像一个巨笼将我重重围困，我怎能把我最爱的人，拱手让给别人！不可能！

黑：如此愤怒，像是魔鬼的眼神，为了心头所爱我无须平衡，我怎能把我最爱的人，推向燃烧的火坑，不可能！

玛：你们两个要干什么？

黑：阿诗玛从小就把你当成哥哥，你是她最爱的兄长！

支：我和阿诗玛的感情绝非朝夕，你这个外人不会明白。

B 支：沸腾的鲜血，紧张的气氛

黑：升腾的浓烟，犹如恶魔缠身

合：我怎能把我最爱的人，拱手让给别人，不可能！

支：一个无家可归的外乡人，

黑：热布家的少爷，你还太嫩

支：阿诗玛与我从小相认

黑：待你如亲人！

支：不可能！

支：今天是阿着底一年一度的火把节，阿诗玛是盛会的女主人，阿诗玛岂是你可以随意带走的，阿诗玛是阿着底最美的女神，只有世上最优秀的男子才配得在她身边，今晚，就让我们俩在这里以勇士的方式较量一番吧！

黑：奉陪到底！

【众人团团围观，大声喝彩】

【一场为爱的决斗即将开始】

【双方斗舞，舞蹈化展现打架】

【两人打得不可开交，焦急的阿诗玛冲上来，想要拉开两人。阿黑担心伤着阿诗玛而住手，阿支趁机将阿黑摔倒在地，阿支胜利！阿支欣喜地跑向阿诗玛，可阿诗玛却一脸关怀地扶起阿黑，阿支顿感内心如万箭穿过】

曲十三 《为何不是我》（阿支独唱）

A 支：为何，为何心头，犹如万箭穿过。为何，为何脑海，空空荡荡不知所措。为何，为何不能陪她经历，喜怒哀乐。为何，那个人不是我？为何，为何我所有的爱都要经历坎坷。为何，为何我没有机会对你承诺。为何，为何千言万语化成一首歌。为何，你一句都不记得。

B 为何，为何那个人不是我！还要，还要我怎么做？谁会甘心，甘心只做你的哥哥，多少次幻想着你说你爱我。为何，为何那个人不是我！还要，还要我怎么做！我愿为你付出一切，什么都值得。你才是我心中永恒的歌！为何我只能沉默？为何！为何那不是我！

【热布巴拉，看到阿支痛不欲生，心里难过极了】

海：我就说过不能放过这个外乡人！来人，把他杀了！

【家丁一齐举刀将阿黑团团围住，一场残酷的械斗即将开始】

热：够了！火把节是神的节日！绝对不容许械斗，更不可以流血！

海：老爷，自打这外乡人闯入阿着底，给我们带来的是威胁！更有可能是灾难！

热：外乡人！今晚就走！否则格杀勿论！

【切光】

【远处的熊熊篝火越烧越旺，狂欢的人群几近疯狂。一组组恋人在树林中缠绵，阿诗玛与阿黑哥手牵手，含情脉脉默不作声，离别前的安静】

曲十四 《爱的誓言》（阿黑、阿诗玛重唱）

A 黑：天，星星点点，洒在，平静的湖面，泛起，波纹连连，照亮我心上人美丽的脸，是谁把你，送到我面前。

玛：夜，无法入眠，只有蝴蝶，起舞翩翩，在空中环绕着连成线，是谁把你，送到我面前。

B 黑：留恋，你可知我的留恋

玛：思念，你可知道我的思念

合：我愿化作云朵飘浮在天边，陪我的心上人，直到永远。

C 黑：我的爱人你是否能看得见！看得见我内心编织的画面，缤纷绚烂的色彩，是我的爱，永不变，那是我爱的誓言。

玛：我的爱人你是否能听得见，听得见我内心拨动的心弦，优美动听的音符，是我的爱，永不变，那是我爱的誓言。

黑：我的爱人你是否能看得见（玛：我看得见）看得见我内心编织的画面（玛：美丽的画面）

合：缤纷绚烂的色彩，是我的爱，永不变，那是我爱的誓言。

玛：我的爱人你是否能听得见（黑：我听得见）听得见我内心拨动的心弦（黑：犹如我的思念）

合：优美动听的音符，是我的爱，永不变。

玛：那是我爱的！（黑：那是我爱的！）

合：誓言！

黑：阿诗玛，我爱你！我对着夜空的明月起誓，哪怕山石陨落，河流枯竭，我都不会离开你！

玛：我愿意永远跟随你！无论到哪里！我的爱都会像阿着底千百年亘古不变的石峰，生死相守，永不离弃！

【情深意浓的阿黑哥与阿诗玛终于在这燃烧的篝火旁，相拥、野合】

【突然，一群蒙面的黑衣人出现，将熟睡的阿诗玛捆绑、夺去】

【音乐变得急促，危机四伏】

曲十五 《阿着底的夜》（合唱）

A 合：阿着底的夜，寂静。阿着底的夜，安宁。阿着底的夜，无人问津。危机四伏，当那黎明迫近。阿着底的夜，不再寂静。阿着底的夜，不再安宁。阿着底的夜，人人祈求着太平。别回头，因为恶魔与你同行。

B 悲叹着，哭号着，在这阿着底的夜里。唏嘘着，急促着，在这阿着底的夜里。愤怒着，哀求着，在这阿着底的夜里。痛苦着，呻吟着，在这阿着底的夜里。

【收光】

【上半场结束】

第三场　解救

【深夜，阿黑沮丧地坐在河边望着河中月亮的倒影】

曲十六 《水中的倒影》（阿黑独唱）

A 黑：平静的湖面犹如我的心，月犹如你的眼睛，清澈，透明，把我慌乱的心抚平。湖中的水清澈透明，鱼儿安静睡去，落叶随风儿飘零，犹如我的泪水在滴。

B 阿诗玛，你在哪里？你可知道，我在想念你。请不要如此道别离。离别的话，也没有留下一句。阿诗玛，你在哪里？你可知道我在思念你！就算再多苦难，你都是我唯一的决定。只要能抱着你！我愿付出我的生命，不能没有你！你在哪里？在哪里？阿诗玛！你在哪里！

【夜里，神秘的老者走到了阿黑身边。阿黑的两个朋友也在周围呆坐着】

老：年轻人，丢东西了？

黑：您怎么知道？我失去了我生命中最重要的人。

老：你有所不知，你心中最重要的，是被热布巴拉的人夺走了！

黑：什么？（愤怒地站起，欲走）

老：哪里去？年轻人！

黑：找回我的爱人！

老：热布巴拉家族有权有势，你们区区几人，怎能把她救出？

黑：没有阿诗玛，我的生命不再有任何的意义。

老：没了你，阿诗玛的生命又有何意义？就这么去，那可是有去无回啊！

黑：退缩，从来不是撒尼人的品性！（欲走）

老：等一等，年轻人，念你是个善良的人，有件东西送给你。

【老人送上一弓一兜箭走了过来】

黑：好一把铁弓！

老：这是把神弓，心存大爱的人才能拉得开！这神箭一旦射出便会稳中目标！只有善良的人才可以把它拔下来！现在，你是它的主人了！

黑：谢谢您！（行大礼）不知恩公尊姓大名？

【老者已经离开，山林里回响着他的笑声】

黑：阿诗玛，我的爱人，等着我！

【光转，热布巴拉家的地牢。大管家海热受热布巴拉之托，极力劝说阿诗玛嫁给阿支】

海：我的姑奶奶啊，你可要想清楚啦！这天大地大谁有热布巴拉老爷家大啊？千头牛，万只羊，就连那米库里的老鼠，天天都撑得慌！

玛：（沉默）

海：都是女人我还能害了你？那个叫阿黑的，那都不知道是哪出来的恶棍！咱们阿着底的姑娘，他是能骗一个是一个！花言巧语的顶用吗？过日子还得往踏实了看！

玛：（沉默）

海：就算你不喜欢我们老爷，那也没让你跟老爷过啊，我们家阿支那是英俊潇洒，对你又是一片真心！就连这房子都要亲手给你搭，这样的男人上哪找去啊？

玛：（沉默）

海：这可是地牢！阿诗玛呀阿诗玛！想清楚了！可别怪我没提醒你！

曲十七 《山外有山，天外天》（海热独唱）

【宣叙调，散板】

海：热布巴拉家的金山一座座，给你一座又如何。热布巴拉家的银矿一个个，分你一个不啰唆。热布巴拉家的宝贝一箩箩，赏你一箩不算多。热布巴拉老爷也放话了，你必须答应嫁给阿支当老婆。否则！否则！不惜一切代价，都要把你娶到家，不管你死与活！

【阿诗玛不为所动】

海：阿诗玛，我真是不明白你是怎么想的！

玛：告诉你们老爷，别以为在阿着底他可以一手遮天！我不怕他！

海：敬酒不吃，吃罚酒！来人！把门锁上！进到这里来的人，别想活着出去！

支：慢着！

玛：阿支哥！救我出去！

支：这是我阿大的命令，我……

玛：你……

支：对不起，是我没用，如今连我深爱的人我都……可请相信我的心，我无时无刻不在担心着你！

【阿诗玛看到眼前的阿支，只有失望】

曲十八 《爱，如果你见过它》（阿诗玛、阿支对唱）

A 支：阿诗玛，我的心上人阿诗玛，希望你不要痛恨我阿大。阿诗玛，我的心上人阿诗玛，莫要伤心，让我思量。

玛：阿支啊，你何时才能长大？阿支啊，你何时才能有些变化？如今我不求你能保护我，弱小的阿诗玛。我绝不会被热布巴拉，践踏！

B 支：留在阿着底不好吗？留在我身边不好吗？原谅我此时此景不该说这样的话……难道非要远行吗？难道非要和他走吗？我的灵魂随之抽空，你知道吗？

C 玛：爱，如果你见过它。你会知道，多远的距离都会传达。那是我的爱，如果你见过它，就算是千年的冰封也会消解融化！蒸发！

合：爱，如果你见过它！你会知道，多远的距离都会传达！那是我的爱，如果你见过它，就算是千年的冰封也会消解融化！

玛：爱，如果你见过它！（支：如果你见过它！）

玛：你会知道，天荒地老（支：我不曾离开啊！）

合：我的爱！如果你见过它！就算你走到海角天涯，他仍在你身边！

玛：是它！

支：是它！

合：是我的爱啊！

海：少爷，老爷叫您去一趟，商量一下办婚的事！

支：这……

【阿支与阿诗玛对视，阿支看出了阿诗玛心中的哀怨】

支：去去就来！

【阿黑带着两个兄弟在通往热布巴拉家的路上狂奔】

【可有舞台样式表现一路的艰辛】

曲十九 《不可阻挡》（阿黑领唱，众人合唱）

A 黑：荆棘密布，在这漫长的路上。寝食难安，不曾停留半晌。神啊，请赐给我力量。一定有办法，不管怎样。下一个路口就会看见希望。等着吧，我不可阻挡！

B 合：狂风呼啸，地动山摇，骇浪惊涛。

黑：不屈不挠，不依不饶！

A 合：荆棘密布！在这漫长的路上。寝食难安，不曾停留半晌。神啊，请赐给他力量。不可阻挡，不可阻挡！

【阿黑哥带领众兄弟来到热布巴拉府上，面对紧闭的大门】

黑：热布巴拉！开门！我阿黑来了！把阿诗玛给我放了！

海：你小子就这么几个草包还敢来闯山神庙？也不睁大眼睛看看，我们老爷家的门多高！

黑：千万别小看了我们！

海：区区毛孩子，过这门楼都难，回去吧，我们要去喝少爷的喜酒啦！

【里面响起了婚酒的音乐】

A 黑：一定有办法，不管怎样。下一个路口就会看见希望！等着吧，我不可阻挡！

【拉弓射出了第一支神箭，大门倒了】

B 合：狂风呼啸，地动山摇，骇浪惊涛。不屈不挠，不依不饶！

海：岂有此理！今天你是插翅也难逃！

【大门一开，众家丁带着兵器冲出来，阿黑三人势单力薄】

【曲十九主题音乐中，打斗场面】

B 合：狂风呼啸，地动山摇，骇浪惊涛。不屈不挠，不依不饶！

【众人围攻，两个兄弟被人捉住。情急之下射出了第二箭，众家丁与阿黑被震到两旁，一条长路直通正厅】

海：保护老爷！

【正厅大门一开，热布巴拉带着一排家丁手持弓箭，早已经对准了门外的阿黑】

热：阿着底没有人敢跟我作对！毛头小子，今日就是你的忌日，放箭！

【阿黑闭上眼，回身射出一支神箭，没等家丁放箭，此箭已经射中热布巴拉头顶的堂屋柱子，房屋震得山响，供桌上，供品摇晃不停】

B 合：狂风呼啸，地动山摇，骇浪惊涛。不屈不挠，不依不饶！

热：岂有此理！

【用手拔箭却怎么也拔不下来，命家丁拔神箭，可神箭像生根一样牢固，没人能够拔得下来】

热：你那是什么弓？射的是什么箭？

黑：善良老人赠予我的神弓和神箭！

热：笑话，何神之有？

黑：这是把神弓，心存大爱的人才能拉得开！这神箭一旦射出便会稳中目标！只有善良的人才可以把它拔下来！

热：笑话！来人给我把箭拔下来！

【众家丁们连成串也拔不下来】

热：把阿诗玛给我带上来！（阿诗玛被家丁带上来松了绑）只要你能拔下这支箭，我就放你们走！

【阿诗玛看了一眼阿黑哥，走到神箭前轻轻一拔，像摘花一般将神箭拔下】

热：难道真有神箭不成？

海：老爷您是火神护佑啊！这神箭再准也只能射到您的头上啊！

黑：那要不要再试一箭？（阿黑拉满了弓）

支：够了，阿大，求求您，放他们走吧……

热：你们两个，我可以放走。但你的朋友们杀我家丁无数，他们，我可是没有答应放！来人，处死！

黑：等一下！我要怎么样才能救出我的朋友？

热：答应我两个条件！

黑：请讲！

热：一，一旦放人，你们必须立即离开阿着底！直到石林消失才可以返回阿着底！

黑：阿黑做得到！

热：好！这第二，阿诗玛永远不可以离开阿着底！永远！

【所有人都愣住了，这就意味着阿黑和阿诗玛的诀别】

曲二十 《去或留的抉择》（热布巴拉、阿黑、阿诗玛、阿支重唱）

A 黑：什么？我听见了什么？我应该做什么？简单的话语，要如何选择？

支：什么？我听见了什么？我能做些什么？看着她失望的眼神，我该怎么做？

玛：什么？我听见了什么？究竟要怎么做？他颤抖的双手，失魂落魄！

热：什么？还在犹豫什么？没什么可选择。我的孩子，你是否会理解我！

热：给你一刻钟想！时辰一到可就没什么商量的余地了。

友们：老杂种，杀了我！来，有能耐你冲我来！撒尼人没有威胁人的诡计！

海：哈哈哈哈，阿黑，您可得好好想想啊！

玛：不用想了！我答应你！

黑：不！

友们：阿黑！

玛：不要为难，答应他们。

海：一刻钟快到啦！

热：你还在犹豫什么？

黑：让我再想想！

【阿黑痛苦地跪在地上】

B 黑：折磨（玛：他痛苦呻吟着）我的心怒吼着（玛：内心辗转反侧）有谁能告诉我？

黑、玛合：要如何去选择？

支：沉默（热：我的儿子）她渴求地看着我（热：这不是你的

错）这眼神要如何摆脱?

　　支、热合：请你原谅我！

　　C 支：羞愧难当，失魂落魄，我无处可躲！

　　热：只求换来你，一丝的笑容，一切都值得！

　　玛：心碎无痕，早已被决堤的泪水淹没！

　　黑：历经千辛，为何还要承受，离别的折磨！

【两两合唱】

　　支：羞愧难当，失魂落魄，我无处可躲。

　　热：只求换来你，一丝的笑容，一切都值得！

　　玛：心碎无痕，早已被决堤的泪水淹没。

　　黑：历经千辛，为何还要承受，离别的折磨？

【四人合唱】

　　支：羞愧难当，失魂落魄，我无处可躲。

　　热：只求换来你，一丝的笑容，一切都值得！

　　玛：心碎无痕，早已被决堤的泪水淹没。

　　黑：历经千辛，为何还要承受，离别的折磨？

　　支：究竟该怎么做

　　热：你还在等什么

　　玛：要如何摆脱

　　黑：背弃我的承诺！

　　合：选择！

黑：我，答应你！放人！

【音乐收，暗转】

【乌云沉沉，铿锵声声，阿黑为了保全兄弟们的性命，只能带着弟兄

们牵马远行】

【阿诗玛牵住阿黑哥的马绳为他送行,泪水不住地飘零】

玛:阿黑哥。

黑:怎么了?

玛:你看那远处点点的火光!那是我们相遇的地方。

黑:是啊,多么美丽的地方啊。我心爱的阿诗玛,等着我,我会回来的,相信我,如果天地阻拦我,我就撑起天地。如果江河阻拦我,我就把它填成道路!我一定会回来的。等着我,答应我!

玛:我答应你,撒尼人从不撒谎。

【阿诗玛止住泪水向阿黑哥微笑】

玛:看到那朵云了吗?我会将我所有的牵挂告诉那片云,让它转达给你!守候在你的左右!萦绕在你的心头!

【铓锣响起】

曲二十一 《溪水般的爱》(阿黑、阿诗玛对唱)

男合:走喽~~

女合:走喽~~

合:走喽~~

A 女合:敲响过山锣,送君下山坡,林中斑鸠为何哭,阿妹笑着送阿哥。

男合:路经山垭口,马儿刨蹄不肯走,泪水如泉涌,阿哥一去不回头……

【众弟兄停下来】

黑:我的心上人,阿诗玛,莫哭……

玛:我……不哭……

B 可曾听到马铃儿响,如此清脆悦耳。前方的路,看清楚,一步两步!阿黑哥呀,我等你回来怎会哭。只是泪水啊,犹如涓涓溪流,停不住。

　　黑:山林湖波一片静寂,鸟儿藏何处。崎岖山坡,悠悠怅怅,诉说着离苦。空中月儿渐渐模糊,卷起了浓雾,难道想把我留住?阿诗玛,我的爱人,那是天在哭。

【阿黑泪流满面】

兄甲:(突然跪倒,哽咽地)大哥,你就留下来吧!

众兄:(齐刷刷跪倒)请大哥留下!

黑:(一愣,跪倒)我的好弟兄们啊!

【阿诗玛默默看着,牵过一匹马来】

玛:阿黑哥,上马吧!

黑:怎么?

玛:(轻轻地)我还是送阿哥走。

黑:(一惊)阿妹?!

玛:(挡住他)热布巴拉不会放过你们的,你必须走!

黑:不!

玛:听话……

　　C 黑:我的爱人,要我怎么把我的爱倾吐!从此一别,各分天涯,饱受相思之苦。熊熊篝火,如果可以燃尽,我心中的愤怒。融化我,指引我,何时走向归途?

　　玛:我牵挂的人,要我怎么把我的爱倾诉!心碎像树叶,一片一片,你要飘向何处?思念却不能相见,如何度过那朝朝暮暮?我愿化作那团熊熊的烈火,为你照亮回家的路!

　　合:我的爱人,要我怎么把我的爱倾吐!从此一别,各分天涯,饱受相思之苦。熊熊篝火,如果可以燃尽,我心中的愤怒。

　　玛:融化我,

黑：指引我，

合：何时走向归途？我牵挂的人，要我怎么把我的爱倾诉！心碎像树叶，一片一片，你要飘向何处？思念却不能相见，如何度过那朝朝暮暮？

黑：我愿化作那团熊熊的烈火，

玛：为你照亮回家的路！

合：何时走向归途……

黑：不！阿诗玛，我不走！我也不能走！
玛：我们承诺过热布巴拉，不可失言！我会等你！无论到何时何地！
【烈马咆哮长嘶】
黑：（拼命勒转马头）不！我不走了！
【阿诗玛突然冲上前，抽出天风的匕首，一刀割断缰绳，并用刀背猛击马身，烈马一声惊啸，载着阿黑，疾驰而下】
黑：阿妹……
玛：（撕心裂肺地）阿哥……（昏厥）

女声小组伴唱：《马铃儿响来玉鸟唱》

合：马铃儿响来哟玉鸟儿唱，这是阿诗玛的故乡。蜜蜂儿不落哟刺蓬棵，蜜蜂落在哟鲜花上，笛子吹来哟口呀口弦响，小伙子放羊，姑娘采茶忙！河水流不尽哟，马儿跑起脱了缰！远远地望着美丽的阿诗玛，从此日月无忧伤，无忧伤。我的阿哥，何时带我去远方！

第四场　抢婚
【延续上一场女声合唱忧伤版《马铃儿响来玉鸟唱》】
【合唱中无声的场面表现，老者讲述】
老：自阿黑离开之后，阿诗玛每天都在山林相遇处等待爱人的归来！时间不知过了多久，路口的草地被踩遍了，树上的叶子落光了，却依旧没有看到阿黑哥回来。海热来来回回劝说无数次，可阿诗玛却一言不发只是凝望着远方弯曲的山路，也就是阿黑离去的地方。海热无奈，只得愤愤而去。看到阿诗玛痴情地等待，阿支是更加的苦痛、无奈，然而他毫无办法，只是无言而坚定地继续砍树，那沉重的砍树声在山谷中不停地回响……

【热布巴拉出场】

　　曲二十二　《放》（热布巴拉独唱）

　　A 热：日落西山，夕阳消失在云端。秋风依然，扫起落叶旋转。破旧的竹筏，随着溪水漂向彼岸，那是最后的心愿。

　　B 我的儿心头痛，阿大心更痛。我的儿心里伤，阿大心更伤。世间女子多如天上的繁星，你却坠入了她的臂弯！我的儿心里苦，阿大心更苦。我的儿心里闷，阿大心更闷。阿诗玛呀！阿诗玛！莫非你就是我儿心头的锁？是那幸福的门！

　　热：我的儿，阿爸一定如你所愿，带你找寻那丢失的魂！

【突然，强烈的音乐和激越的鼓声四起，头戴面具的男人们嘶叫着】
【他们追逐阿诗玛，大红的绸布将其席裹】

　　玛：你们，你们这是要干什么？

　　热：阿诗玛，你在此地日夜守候也不见那阿黑回来！我敬重他，一个遵守诺言的敌人！可这树可倒，山不可倒！水可枯竭，河却不可干涸！怕是阿黑不会回来了。

　　玛：所以你就安排了抢婚的阵势。

　　热：阿支是我心头的肉，你却是他的魂！作为一个父亲我不能眼睁睁地看着这样下去！何况嫁进我们家对谁来说那都是喜事一桩！

　　玛：我的心早就跟着阿黑哥去远方了！只要有恒心，谁说山不可崩塌？河水不可干涸？

　　热：我实在是不忍心看着你和阿支百般浪费了姻缘！恕我擅自做主，

你今天就嫁给我们家阿支吧！动手！

海：奏乐！

【阿诗玛拼死抗争，但在野性的男人们中间则显得如此羸弱。高处山坡之上，热布巴拉指挥着这场盛大的婚礼】

【新郎阿支不顾家丁阻拦，拿着神弓神箭冲了上来】

热：你要干什么？

支：阿大！难道你非要这么做吗？

热：阿大做事，自有分寸！

支：阿大，算我求求您，放了阿诗玛吧！她有一颗自由的心，那是我所给不了的啊！

热：木已成舟，你就等着做你的新郎吧！

支：这样的新娘我如何迎娶？如何面对啊？阿大我求您了！我求您了！

热：难道你还要用神箭射杀你阿大不成？

支：孩儿不敢！

热：你就装作视而不见吧！

支：好，好！我……视而不见！

【面对父亲的拒绝和阿诗玛的苦痛，阿支戳瞎了自己的双眼，制止了这场疯狂的婚礼！迎亲的人群退去，阿诗玛抱紧满身血迹的阿支泪如雨下】

热：我，我的儿啊！

【热布巴拉晕倒】

海：老爷！老爷！

【后区收光，只留下阿支和阿诗玛】

玛：阿支哥！阿支哥！

支：阿诗玛，是你吗？我的好阿妹？

玛：是我！是我！（泣不成声）

支：别哭！哭了就不漂亮了！天黑了，但我的心亮着呢。好香啊，是美伊花？

玛：是美伊花……

曲二十三 《你是我永远的爱人》（阿支独唱）

A 支：它美吗？是不是开满了山崖？芬香扑鼻空气中散发，花瓣飞舞犹如一幅画，画中有你，也有他。天亮了吗？树是不是长出了枝丫？绿色衬托着美伊花，五彩缤纷。可惜，我再也看不见它。

B 多少次幻想着可以接近它，多少次期盼着可以拥抱着它。火神啊，感谢您的心被我感化，让它围在我身边，触摸着我的它。如果有一天海水干涸，石林坍塌，那朵美伊花，我在，别怕……

支：咱们撒尼人一旦把心交出去，就永远不再收回来！阿支懂你，阿支敬你。虽然这辈子你做不了我阿支的媳妇，可我只喜欢你一个人！我要为你盖一间全寨最大、最好的房子。阿诗玛，我的好妹妹！就让我永远保护你、守候你！如果，如果我能拉开这神弓的话，我愿为你射穿那山石湖海！盼那阿黑早日归来！

【说完善良的阿支果然拉开了神弓，将神箭射向了天空】

【阿支的话深深触动了阿诗玛，她将自己所有的感激之情化为一声动人心扉的】

玛：阿支哥～～～～～～

【而后紧紧抱住了这条大山里的汉子】

【收光】

尾声：千年守候

【众人合唱，默剧表演，老者在合唱中独白】

曲二十四 《总有一个梦》（合唱）（已有歌曲）

A 合：梦中，总有一个声音轻轻呼唤。梦中，总有一个形象朦胧闪现。心中，总有一种温暖，敲击着莫名冲动。心中，总有一种牵挂，缠绕着爱情思念。

B 拨开岁月，感动天地真情，走进真切，触摸心灵的音弦，颠倒时空，牵手千古大爱，融进梦幻，连接灵魂的遗憾。岁月，可以掩埋历史的靓丽容颜，时空，能够切换生命的神奇光环。

老：时光荏苒，太阳东升西落无数次，阿诗玛依旧守候着。也许是阿支的神箭惹怒了天庭，也许是阿诗玛的守候感动了天地！阿着底大雨如注，数夜不停！人们纷纷撤离，唯有阿诗玛依旧站立在那里，因为她担心阿黑哥会找不到自己。随着一声惊天动地的霹雳，山洪暴发，阿诗玛站立在翻卷的水中仍然一动不动。而无论何时，她的背后总有一个身影同样屹立在那里。这洪水肆虐上涨，阿诗玛与阿支越发挺拔。阿诗玛幻化而成神女峰，阿支化成守候峰。就这样，屹立千年，永恒不倒！

黑：阿诗玛！阿黑回来了！水干涸了！山崩塌了！阿诗玛——阿诗玛——你在哪？

【空谷回音，如泣如诉。阿诗玛的声音永远回荡在这石林之中】

曲二十五 《千年的守候》（阿黑、阿诗玛对唱）

A 玛：回来，回来，坚信你总会回来。等待，等待，等待着你的归来，终于，等到，又一次春暖花开。

黑：一直，都在，我从不曾离开。日夜，徘徊，徘徊在山外。命运，安排，有多少心酸和无奈。

【《马铃儿响来玉鸟唱》伴奏铺底】

黑：阿诗玛！我的爱人！是你吗？你在哪？
玛：阿黑哥，我在这，那最高最挺拔的山峰就是我！
黑：什么？
玛：我日盼夜盼终于等到这一天，山崩塌了，水干涸了！

黑：是的，我远远地看到山崩塌了！天阴沉了，大雨连天不断！阿着底的人们四处迁移，我知道，我该回来了！

玛：所以我守在这里，不离不弃！

【音乐转到曲十四《爱的誓言》主题】

C 黑：我的爱人你是否能看得见！看得见我内心编织的画面，缤纷绚烂的色彩，是我的爱，永不变，那是我爱的誓言。

玛：我的爱人你是否能听得见，听得见我内心拨动的心弦，优美动听的音符，是我的爱，永不变，那是我爱的誓言。

【音乐转回《千年的守候》主题副歌】

B 黑：当我睁开双眼，火光燃起的那一瞬间，对你的记忆跨越了地平线！这份爱还要经受，多少考验！

玛：当你拨动琴弦，犹如春雨般洒落我心田，愿彩虹为你我谱写，动人的诗篇，美伊花祭奠，这守候千年的爱恋。

【合唱 B 段】

黑：阿诗玛，阿着底最美的姑娘，我爱你！阿支，阿着底最质朴的汉子，我敬你！我要做这里的第一位开荒者，陪着你们，让我的歌声响彻石林！让你们的故事永久流传！阿诗玛！

【阿黑的喊声回音四起，响彻天地】

【转回到女声合唱《马铃儿响来玉鸟唱》主题】

老：就这样，大水过后阿着底石林重生，一个勤劳的人耕种着，欢唱着，日日夜夜地守在这石林之中，百年，千年，万年！这关于忠贞守候的故事世代延续着……阿诗玛的故事就是这样。

【回到曲一《石恋》】

A 有一个久远的传说，跨越时空，千年走过。有一个久远的传说，细腻如丝,涓水般流淌着。那是一个传说经历过生死,最终失去了真爱的花朵。那是一个久远的传说,是谁的眼角,泪光闪烁。

B 每当清风掠过,就像无言的山峰在吟唱着。时而轻声的,时而怒吼着,诉说着一个关于石头的传说。每当雨水落下,就像繁茂的花草在舞动着。时而缓慢的,时而疯狂的,表达着永恒的守候和坚定的执着。

C 听,有人在唱歌,那石头依然冰冷着,这是一个传说,一个为爱而生,永恒和守候的爱的传说。

【回到《马铃儿响来玉鸟唱》】

合:马铃儿响来哟玉鸟儿唱,这是阿诗玛的故乡。河水流不尽哟,马儿跑起脱了缰!从此日月无忧伤,无忧伤。阿哥!何时?带我去远方!

【剧终】

附录三　云南省石林彝族自治县阿诗玛文化传承与保护条例

（征求意见稿，2017）

第一章　总则

第一条　为加强对阿诗玛文化的保护传承，根据《中华人民共和国民族区域自治法》《中华人民共和国文物保护法》《中华人民共和国非物质文化遗产法》《云南省石林彝族自治县自治条例》等法律法规，结合石林彝族自治县（以下简称自治县）实际，制定本条例。

第二条　自治县行政区域内阿诗玛文化的保护与传承、开发与利用及相关监督管理，适用本条例。

第三条　本条例所称的阿诗玛文化，是指自治县各族人民创造并世代传承，具有历史、文化、艺术和科学价值的优秀传统文化表现形式、传统技艺及其相关的实物和场所。包括：

（一）口传文学类：《阿诗玛》《尼迷诗》《圭山彩虹》《竹叶长青》等具有代表性的民族传统口传文学作品；

（二）传统歌舞类：大三弦舞、小三弦舞、霸王鞭舞、鼓舞、叉舞、狮虎舞、芦笙舞、架子乐、划旱船、耍龙、库吼调、改迷、山歌等传统歌舞；

（三）传统戏剧类：《阿诗玛》《圭山彩虹》《竹叶长青》《阿占城》等传统撒尼剧及其他传统戏剧等；

（四）传统器乐类：民间细乐、鼓号、大三弦、小三弦、月琴、三胡、闷笛、口弦等传统民间器乐；

（五）民间绘画类：农民画、毕摩图等民间传统美术；

（六）传统工艺美术类：刺绣、石雕、木雕、竹编等传统工艺美术的制作技艺和彝族石板房、土掌房、茅草房、汉族传统民居建筑等建造技术；

（七）传统医药类：彝医药、苗医药等民族民间传统医药和技能技艺；

（八）传统习俗类：毕摩礼仪，彝族祭祖、祭火、祭密枝、祭龙、祭山神、汉族庙会等祭祀活动，传统出生满月礼、婚姻、丧葬等人生礼仪习俗；

（九）传统节日类：火把节、密枝节、花山节等节庆民俗；

（十）传统体育与游艺类：摔跤、斗牛、抢花炮、打陀螺、荡秋千等民间传统体育和游艺；

（十一）民族服饰类：彝族、汉族、苗族等民族服饰；

（十二）古籍文献类：彝文古籍等与传统文化表现形式相关的手稿、经卷、典籍等文献和谱牒、碑碣等；

（十三）语言文字类：彝族、苗族等民族语言文字；

（十四）特色村落类：传统村落、民族文化特色村寨、历史文化街区、历史文化名村（镇）等；

（十五）传统饮食类：卤腐、乳饼、圭山腊肉、羊汤锅、骨头参等传统食品，苞谷酒、葡萄酒、甜白酒等传统饮品；

（十六）传统历法类：岁时节令等；

（十七）与上述表现形式相关的传统技艺实物资料和场所；

（十八）其他需要保护的文化。

属于阿诗玛文化组成部分的实物和场所，被认定为文物、文物保护单位、非物质文化遗产保护项目的，依照有关法律法规进行保护。

第四条　阿诗玛文化保护按照保护为主、抢救第一、合理利用、传承发展的方针，坚持真实性、整体性和传承性相统一的原则。

第五条　自治县人民政府在保证各项文化经费预算的同时，设立阿诗玛文化保护专项资金，并将其纳入县级财政预算，每年按不少于上年度一般预算收入的0.5%安排。专项资金专款专用，主要用于下列事项：

（1）阿诗玛文化的普查调查，实物、资料的征集、收购和保存；

（2）濒危阿诗玛文化的抢救，阿诗玛文化代表性项目的保护；

（3）阿诗玛文化重大项目的研究，阿诗玛文化专著、刊物的出版；

（4）阿诗玛文化代表性项目保护名录中的建筑物、场所、设施、标识等的维护和修缮；

（5）阿诗玛文化学术研讨交流和工作表彰奖励；

（6）阿诗玛文化保护的其他项目。

第六条　自治县人民政府履行阿诗玛文化保护与传承的主体责任，成立阿诗玛文化保护委员会，下设办公室在文化行政主管部门，负责全县阿诗玛文化保护行政管理工作。

自治县文化行政主管部门设立阿诗玛文化保护中心，具体负责阿诗玛文化的保护与传承工作。机构规格为副科级事业单位，确保有机构、有编制、有人员、有经费。其主要职责是：

（一）宣传贯彻执行本条例和有关法律法规；

（二）组织开展阿诗玛文化普查调查、收集整理、研讨交流、编辑出版等工作，并建立健全档案和相关数据库；

（三）组织评审阿诗玛文化保护项目和传承人；

（四）抢救濒危的具有重要价值的阿诗玛文化；

（五）培养和管理阿诗玛文化代表性传承人，对各类保护项目进行业务指导；

（六）规范使用阿诗玛文化保护专项资金；

（七）配备、完善阿诗玛文化保护的设施、设备。

自治县各有关部门应当依照保护规划和各自职责，做好阿诗玛文化保护与传承工作。

乡镇人民政府（街道办事处）应当在自治县文化行政主管部门指导下，做好本辖区内阿诗玛文化保护与传承工作。

村（居）民委员会应当协助做好阿诗玛文化保护与传承工作。

第七条　自治县人民政府对在阿诗玛文化保护工作中做出突出贡献的组织和个人，应当予以表彰奖励。

第二章　保护与传承

第八条　自治县人民政府应当制定阿诗玛文化保护与传承总体规划，并将其纳入国民经济和社会发展规划、城乡建设发展规划及旅游发展规划。

第九条　规划建设部门在城乡规划建设中，建筑设计风格应当充分体现阿诗玛文化特色。

自治县、乡镇人民政府（街道办事处）实施城乡规划建设时，对列入阿诗玛文化保护名录的建筑物、历史文化街区、特色村寨、场所、遗迹及其附属物，应当采取相应保护措施。

第十条　自治县图书馆、文化馆、乡镇综合文化站等承担阿诗玛文化保护职责的公共文化服务设施，应当按照国家二级以上标准建设，行政村综合文化中心按照有关标准建设。

根据总体规划，建设自治县民族博物馆、阿诗玛文化展示馆、阿诗玛文化研究机构等。

鼓励阿诗玛文化保护区建设阿诗玛文化传承展示馆。

第十一条　自治县各民族都有使用和发展自己语言文字的自由。鼓励推广和使用规范彝族语言文字。

民族工作主管部门负责本行政区域内少数民族语言文字使用的规范、指导和监督。

教育、文化、广电等有关部门按照各自职责做好彝族语言文字推广使用工作。

各级机关在执行公务时,根据需要可以使用彝族语言文字。

第十二条 组织人事部门在招录公职人员时,应当根据上年度的少数民族人口比例,设置对应的少数民族岗位,加试少数民族语言文字。

第十三条 自治县文化、民族工作行政主管部门等有关单位,应当组织开展阿诗玛文化传承传播活动,推动阿诗玛文化研究与管理人才培养。教育行政主管部门应当将阿诗玛文化纳入地方教材,并列入素质教育内容。

第十四条 自治县文化管理部门征集、收购或受赠的阿诗玛文化资料、影像、图片、实物属国家所有,任何组织和个人不得损毁或侵占。

鼓励单位和个人将其所有的阿诗玛文化资料或实物捐赠给文化管理部门收藏。

海关、公安、市场监管等部门依法没收、追缴的阿诗玛文化资料或实物,应移交自治县文化行政主管部门。

第十五条 自治县人民政府应当建立阿诗玛文化代表性项目保护名录,确定阿诗玛文化代表性传承人。

阿诗玛文化代表性项目保护名录由县文化行政主管部门会同民族工作主管部门认定,报自治县人民政府批准公布。

阿诗玛文化代表性传承人由县文化行政主管部门会同民族工作等相关部门共同认定,县文化行政主管部门每三年组织公布一批。

第十六条 自治县文化行政主管部门按照国家有关规定,对具有重大保护价值的优秀阿诗玛文化,应当积极组织申报各级各类文化遗产。

第十七条 符合下列条件之一的公民,可以申请或者被推荐为阿诗玛文化代表性传承人:

(一)在一定区域内被公认为通晓某一阿诗玛文化形态的;

(二)只有本人及其徒弟才有的特殊技艺的;

(三)熟练掌握某一阿诗玛传统工艺或者制作技艺,在当地有较大影响或者被公认为技艺精湛的;

（四）通晓并保存有某一阿诗玛文化的原始文献资料、实物的。

第十八条 阿诗玛文化代表性传承人应当履行下列义务：

（一）开展传承活动，培养后继人才；

（二）妥善保存相关的实物、资料；

（三）配合文化行政主管部门进行阿诗玛文化普查调查；

（四）参与阿诗玛文化公益性宣传展示和培训活动。

第十九条 符合下列条件的村落或区域，可以命名为阿诗玛文化保护区。

（一）保存有较为完整的阿诗玛文化形态；

（二）保存有与阿诗玛文化相关的建筑、设施或者标志；

（三）具有鲜明的民族风格、民族风情或者地方特色；

（四）具有较高的研究、旅游、经济开发价值。

阿诗玛文化保护区的命名，由所在乡镇人民政府（街道办事处）申报，经县文化行政主管部门组织审核后，报县人民政府批准公布。

第二十条 符合下列条件之一的村落或区域，可以命名为各类阿诗玛文化艺术之乡。

（一）地方特色鲜明，具有悠久的民族民间表演艺术形态；

（二）具有独特的民族风格或者地域色彩的文学艺术、绘画艺术、刺绣艺术，并有广泛的群众基础；

（三）具有优秀的传统工艺和创作技能，并有广泛群众基础。

阿诗玛文化艺术之乡的命名，由所在乡镇人民政府（街道办事处）申报，经县文化行政主管部门组织审核后，报县人民政府批准并公布。

第二十一条 符合下列条件之一的单位和组织，可以认定为阿诗玛文化保护传承基地：

（一）以保护传承阿诗玛文化为宗旨，挖掘、整理阿诗玛文化内容和表现形式的；

（二）掌握某种阿诗玛文化表现形式的技艺或者开展相关研究、传播的；

（三）保存有一定数量的阿诗玛文化相关资料和实物，并采取有效保护措施的。

阿诗玛文化保护传承基地由所属机构、团体或组织向所在乡镇人民政府（街道办事处）申请，由所在乡镇人民政府（街道办事处）申报，经县文化行政主管部门组织审核后，报县人民政府批准公布。

第二十二条 阿诗玛文化保护传承基地应当履行下列义务：

（一）收集阿诗玛文化代表性项目的实物和资料，并登记、整理、建档；

（二）采取有效措施保存阿诗玛文化代表性项目的有关资料和实物，保护有关建（构）筑物和场所；

（三）依法开展阿诗玛文化传播、展示活动；

（四）培养阿诗玛文化代表性项目传承人；

（五）定期报告项目保护实施情况并接受监督。

第二十三条 对阿诗玛文化保护项目及传承人实行动态管理，一年考核不合格的予以警告，连续二年考核不合格的取消项目和传承人资格。

第三章 开发与利用

第二十四条 自治县人民政府应当注重阿诗玛知识产权的保护，鼓励和支持单位、个人合理利用阿诗玛文化资源，积极开发具有民族特色的文化产品，培育阿诗玛文化品牌。

第二十五条 自治县机关事业单位、企业、社会团体的公共文书、印章、信笺、标语、会标、证件和牌匾应当使用彝族语言文字；民族特需用品名称、商标、文学艺术作品、音像制品、表演、广告、商业牌匾等，鼓励使用彝族文字。

第二十六条 自治县人民政府鼓励企业和社会组织投资兴建阿诗玛文化保护设施，鼓励大专院校、科研院所和个人从事阿诗玛文化的调查研究。

第二十七条 《远方的客人请您留下来》为自治县县歌，火把节、密枝节为自治县传统节日，自治县传统节日放假调休3天，期间可举办阿诗玛文化特色活动。具体放假调休时间由自治县人民政府结合实际提前公告。

第二十八条 自治县每三年举办一次阿诗玛文化国际学术研讨会；每年开展火把节、密枝节等传统节日节庆活动；各种文化活动的举办，应体现阿诗玛文化特色；鼓励着民族服饰。

第二十九条 任何团体、个人在县域内进行阿诗玛文化参观考察、开发建设等，应当尊重当地民族风俗习惯，维护当地民族的利益。不得损坏阿诗玛文化资料、实物、建筑物、场所及其附属物。

在自治县境内开展阿诗玛文化资源普查调查等活动，应当经自治县文化行政主管部门批准，普查调查成果报自治县文化行政主管部门备案。

开发利用阿诗玛文化资源应当保护当地自然环境和原有文化风貌，禁止以歪曲、贬损等方式使用阿诗玛文化资源。

从事影视拍摄等经营活动利用阿诗玛文化资源的，应书面征得自治县文化行政主管部门的同意。

第四章 法律责任

第三十条 违反本条例有关规定的，由自治县文化行政主管部门按照下列规定予以处罚：

（一）对违反第九条规定，损毁或者侵占国有或他人所有的阿诗玛文化珍贵资料、实物、建筑物、场所的单位，责令其改正；造成严重毁损、被窃或者遗失的，对单位处以2万元以上10万元以下的罚款，并承担相应的赔偿责任，对单位主管人员和其他直接责任人员，由其所在单位或者上级主管部门依法给予行政处罚；对责任人处以4000元以上2万元以下的罚款，并承担相应的赔偿责任，构成犯罪的，移送司法机关。

（二）对违反第十四条、第二十九条规定，损坏列入阿诗玛文化保护名录的建筑物、场所、遗迹及其附属物的企业和组织，处以 2 万元以上 10 万元以下罚款，并承担相应的赔偿责任；对个人处以 2000 元以上 1 万元以下罚款，并承担相应的赔偿责任。

第三十一条　自治县文化行政主管部门及其他有关部门工作人员在阿诗玛文化保护工作中玩忽职守、滥用职权、徇私舞弊的，对责任人员依法给予行政处分，构成犯罪的，依法追究刑事责任。

第三十二条　违反本条例有关规定，借用阿诗玛文化名义从事迷信活动，扰乱社会秩序，损害他人身体健康的，依照有关法律法规进行处罚。

第五章　附则

第三十三条　本条例经自治县人民代表大会审议通过，报云南省人民代表大会常务委员会审议批准，由自治县人民代表大会常务委员会公布施行。

自治县人民政府可以根据本条例制定实施办法。

第三十四条　本条例由自治县人民代表大会常务委员会负责解释。

附录四　阿诗玛文化研究文献篇目汇编（1950—2018）[①]

1950

杨放（整理）：《圭山撒尼人的叙事诗〈阿诗玛〉——献给撒尼人的兄弟姐妹们》，《诗歌与散文》1950年9月；《新华月报》1950年11月25日第三卷第一期。

1951

马学良：《撒尼彝语研究》，商务印书馆1951年版。

郭沫若：《撒尼彝语研究的检讨》，《科学通报》1951年第10期。

1953

朱德普（整理）：《美丽的阿诗玛——云南圭山彝族传说叙事诗》，《西南文艺》1953年10月。

1954

云南省人民文工团圭山工作组搜集，黄铁、杨知勇、刘绮、公刘整

---

① 阿诗玛文化研究文献篇目汇编（1950—2018），论文以中国知网为主，图书以"当当网""亚马逊网""孔夫子旧书网"为基础，搜索关键词"阿诗玛""撒尼人""石林"，对搜索结果进行筛选，所选文献偏于人文社科类。文献按照所出版/刊发的时间、期数进行顺序编撰。因人力有限，所汇编的文献带有笔者的学术偏好，难免挂一漏万。

理：《阿诗玛——撒尼人叙事诗》①（1954年1月30日、2月5日和2月13日，首发于《云南日报》"文艺生活"栏目；1954年发表在《西南文艺》5月、《人民文学》5月和《新华月报》6月），云南人民出版社1954年版。

臧克家：《撒尼人民的叙事长诗——〈阿诗玛〉》，《文艺学习》1954年第4期。

段平、刘琰、徐维：《优美的歌——〈阿诗玛〉读后感三段》，《人民文学》1954年第7期。

雪蕾：《读〈阿诗玛〉的一些体会》，《西南文艺》1954年9月。

1955

黄珩芳：《"阿诗玛"插图》，《美术》1955年第9期。

1956

黄铁：《〈阿诗玛〉第一次整理本序言》（1956年6月19日），赵德光主编《阿诗玛研究论文集》，云南民族出版社2002年版。

孙剑冰：《〈阿诗玛〉试论》，《文学研究集刊》第三册，人民文学出版社1956年版。

《АСМА》（《阿诗玛》俄文版），外文出版社1956年版。

徐沙：《有意义的尝试——评京剧"阿黑与阿诗玛"和"三座山"的演出》，《戏剧报》1956年第8期。

瞿斌：《阿诗玛的故乡》，《人民音乐》1956年第8期。

---

① 再版信息：1954年12月，中国青年出版社，印刷15000册；1955年3月，人民文学出版社；1956年10月，中国少年儿童出版社，印刷25000册；1957年3月，中国少年儿童出版社再版，再版16000册；1978年11月，云南人民出版社再版1954年版，印刷62000册（精装1500册）；1980年7月，中国青年出版社再版，再版10000册；1980年6月，上海文艺出版社，印刷25000册；2000年7月，人民文学出版社，印刷13000册。

1957

云南省人民文工团圭山工作组搜集整理，中国作家协会昆明分会重新整理翻译：《Ashima》（《阿诗玛》英文版），外文出版社1957年版（1981年再版）。

［日］宇田礼·小野田耕三郎翻译[①]：《民间叙事诗阿诗玛》（《阿诗玛》日文版），未来社1957年11月（东京）。

马克：《从〈阿诗玛〉插图谈到插图风格》，《美术》1957年第3期。

1958

［日］竹内实：《挖掘出来的民族叙事诗——撒尼人〈阿诗玛〉》，小野忍编《现代的中国文学》，每日新闻社1958年3月（东京）。

1960

云南省人民文工团圭山工作组搜集整理，中国作家协会昆明分会重新整理：《阿诗玛——彝族民间叙事诗（重新整理本)》[②]，云南人民出版社1960年版。

［日］松枝茂夫翻译：《Yamabikohime》（《回声公主》)[③]，安藤一郎等编《世界童话文学全集14 中国童话集》，1960年6月讲谈社（东京）。

1962

［日］千田九一翻译：《阿诗玛》[④]，中野重治·今村与志雄编《中国

[①] 这是日本第一次翻译中国少数民族民间叙事诗。
[②] 再版信息：1961年10月，云南人民出版社再版；1978年4月，人民文学出版社；1978年11月，云南人民出版社再版。
[③] 这是针对儿童的书，用的汉字较少，而用的平假名较多，插画的阿诗玛等人物形象的服装是由画家根据想象画的，跟撒尼人的服装不大一样。
[④] 该版本中插入了中国青年出版社杨永清的插图和英译本的黄永玉的版画，还介绍了李广田的序文和孙剑冰的《阿诗玛试论》。

现代文学集第 19 卷诗·民谣集》，平凡社 1962 年 11 月（东京）。

1963

成敦：《辽宁省音乐、戏剧界座谈歌剧〈阿诗玛〉》，《戏剧报》1963 年第 1 期。

1964

张紫晨：《〈阿诗玛〉在日本》，《民间文学》1964 年第 3 期。

1976

黎炳成作曲，金云作词：《撒尼社员送公粮——民族管弦乐曲》，上海人民出版社 1976 年版。

1977

何少林作词：《撒尼人民心向红太阳》，人民音乐出版社 1977 年版。

1978

陈荒煤：《阿诗玛，你在哪里？》，《人民日报》1978 年 9 月 3 日第 6 版。

刘绮：《撒尼人民与长诗〈阿诗玛〉——谈谈我参加整理〈阿诗玛〉的体会》，《思想战线》1978 年第 1 期。

子弦：《"山林中的花"——评撒尼民间叙事长诗〈阿诗玛〉》，《思想战线》1978 年第 2 期。

黄铁：《〈阿诗玛〉——"我们民族的歌"》，首发于 1978 年兰州举行的中国少数民族文学作品选讲教材编写及学术讨论会，赵德光主编《阿诗玛研究论文集》，云南民族出版社 2002 年版。

1979

李子贤：《满腔的热情 科学的态度——李广田同志与民族民间文学》，《思想战线》1979年第1期。

杜荣春：《阿诗玛重返银幕（唱词）》，《电影评介》1979年第1期。

赵兰英：《人民关心着她——访著名演员杨丽坤》，《电影评介》1979年第1期。

边善基：《认清"彻底"论者的真面目》，《电影新作》1979年第2期。

朱一立：《云南民间音乐故事：撒尼竹笛的由来》，《音乐爱好者》1979年。

1980

公刘：《被遗忘的平反——〈阿诗玛〉琐忆》（1980年），赵德光主编《阿诗玛研究论文集》，云南民族出版社2002年版。

岳文志：《为蒙冤辞世者的辩白——从〈阿诗玛〉的重新整理说起》①（1980年），赵德光主编《阿诗玛研究论文集》，云南民族出版社2002年版。

李明：《世界民间文学宝库中的明珠——试谈〈阿诗玛〉的人物形象和艺术特色》，《西南民族大学学报》1980年第2期。

傅光宇：《阿诗玛原始成分简探》，《云南民间文艺源流新探》，云南民族出版社1980年版。

杨知勇：《对民族民间文学几个问题的看法》，《华夏人文地理》1980年第2期。

祖绍先：《洪水镜头的奥秘》，《电影评介》1980年第11期。

---

① 该文还以"毕明"的署名发表在《思想战线》1980年第5期上。

1981

郭方明、庄忆、张明光：《石林风景区总体规划浅谈》，《建筑学报》1981年第12期。

1982

罗希吾戈（彝族）：《对〈阿诗玛〉翻译和整理的几点浅见》，《山茶》1982年第2期。

1983

马学良：《彝文〈阿诗玛〉译注序》，《西南民族学院学报》1983年第3期。

1984

彝族学者昂自明翻译，吴承柏校对：《阿诗玛——撒尼民间叙事诗》（古彝文翻译本），收录于《牵心的歌绳》，云南民族出版社1984年版。

易柯、易加义、张保庚：《〈阿诗玛叙事诗〉创作札记》，《音乐探索》1984年第4期。

雷国维：《李广田老师二三事》，《山东文学》1984年第2期。

1985

李缵绪：《谈谈叙事长诗〈阿诗玛〉的几个问题》（1985年），赵德光主编《阿诗玛研究论文集》，云南民族出版社2002年版。

马学良、罗希吾戈（彝族）、金国库（彝族），范慧君整理：《阿诗玛》（彝文、国际音标、直译、音译四行对照），中国民间文艺出版社1985年版。

斯热歌：《阿诗玛乡亲的生意经——云贵高原风景区旅游纪实》，《中国民族》1985年第11期。

赵志久：《银屏男子汉"阿黑哥"近影——记长影演员包斯尔》，《电影评介》1985年第5期。

1986

路南彝族自治县概况编写组：《路南彝族自治县概况》，云南民族出版社1986年版。

李缵绪主编：《阿诗玛原始资料集》[①]，中国民间文艺出版社1986年版。

李光彦：《彝族文学浅谈》，《楚雄师范学院学报》1986年第2期。

杨丽珍：《建国以来少数民族民间叙事长诗研究综述》，《云南民族大学学报》1986年第4期。

1987

李园生：《长篇叙事诗〈阿诗玛〉的艺术特色》，《徐州师范大学学报》1987年第2期。

昂自明：《〈阿诗玛〉的诗学》，何耀华主编《西南民族研究彝族专集》，云南人民出版社1987年版。

1988

彝族学者黄建明、昂自明、普卫华翻译：《阿诗玛》，收录于《普帕米》，云南民族出版社1988年版。

段尔煜、黄建明：《〈阿诗玛〉中的地名、人名评考》，《华夏地理》1988年第3期。

丽人：《喜见〈阿诗玛〉重放异彩》，《电影新作》1988年第3期。

［日］君岛久子：《长篇叙事诗〈阿诗玛〉的形成——关于阿诗玛与

[①] 早在1962年，李缵绪在编辑《云南民族文学资料》时，曾把《阿诗玛》的原始资料编为第一集，作为内部资料发行，但是印数有限，在国内的流传范围很小。

阿黑的关系》，川田顺造·野村纯一编《口头传承之比较研究4》，弘文堂1988年3月（东京）。

1989

路南彝族自治县委员会文史资料编撰组：《路南文史资料选辑》，云南省地震局印刷厂1989年版。

傅光宇：《阿诗玛的故乡阿着底究竟在哪里?》，《华夏地理》1989年第3期。

王明贵：《〈阿诗玛〉三论》，《贵州彝学》1989年创刊号。

1990

［日］君岛久子、白庚胜：《长篇叙事诗〈阿诗玛〉的形成》，《云南社会科学》1990年第2期。

傅光宇：《〈阿诗玛〉难题较量探析》，《民族文学研究》1990年第3期。

1991

胡耀池：《认真继承 勇于革新》，《民族艺术研究》1991年第1期。

张福：《彝族撒尼泼支系宗教述略》，《云南师范大学学报》1991年第2期。

张维：《李广田的民族民间文学整理观及实践》，《思想战线》1991年第6期。

薛春华、高磊：《阿诗玛艺术团晋京演出载誉归来》，《民族艺术研究》1991年第6期。

路文：《让阿诗玛故乡的民族文化之花开得更加绚丽》，《民族艺术研究》1991年第6期。

《路南阿诗玛艺术团赴京演出花絮》，《民族艺术研究》1991年第6期。

苍山：《寻找金花阿诗玛》，《南风窗》1991年Z1期。

1992

钱康宁：《撒尼民间音乐的传承方式与婚恋习俗》，《民族艺术研究》1992年第5期。

徐演：《挺风冒险闯新路——写在舞剧〈阿诗玛〉上演之前》，《民族艺术研究》1992年第1期。

许言一：《对舞剧〈阿诗玛〉结构之我见》，《民族艺术研究》1992年第2期。

隆荫培：《论彝族舞剧〈阿诗玛〉的成就、不足及其他》，《民族艺术》1992年第3期。

濮予：《〈今日中国少数民族〉"阿诗玛杯"全国摄影大赛颁奖大会在京举行》，《中国民族》1992年第2期。

1993

兆先：《系统整合的舞剧美——评舞剧〈阿诗玛〉》，《民族艺术研究》1993年第4期。

何予：《色彩缤纷的乐章——浅析民族舞剧〈阿诗玛〉的配乐》，《民族艺术研究》1993年第4期。

张克勤：《论民族舞剧〈阿诗玛〉的色块结构》，《民族艺术研究》1993年第4期。

金重：《圭山的女神——论舞剧〈阿诗玛〉》，《民族艺术研究》1993年第4期。

赵惠和：《永不消失的回声——舞剧〈阿诗玛〉创作札记》，《民族艺术研究》1993年第4期。

蒋祖慧：《质朴·纯真·精美——为民族舞剧〈阿诗玛〉的成功喝彩》，《民族艺术研究》1993年第4期。

黄田：《音乐中的"哥德巴赫猜想"——舞剧〈阿诗玛〉的音乐创作》，《民族艺术研究》1993年第4期。

闵广森：《舞剧"阿诗玛"舞美设计的一点体会》，《民族艺术研究》1993年第4期。

阿月：《舞剧〈阿诗玛〉艺术档案》，《民族艺术研究》1993年第4期。

云南省歌舞团：《〈阿诗玛〉编、创、导人员风采》，《民族艺术研究》1993年第4期。

1994

张廷玉：《舞剧〈阿诗玛〉管窥》，《民族艺术研究》1994年第1期。

王倩予：《论阿诗玛的悲剧》，《民族文学研究》1994年第4期。

钱康宁、曹永庆：《寻找阿诗玛》，《云岭歌声》1994年第5期。

1995

苏天祥：《舞剧〈阿诗玛〉获舞蹈经典作品奖的感想》，《民族艺术研究》1995年第1期。

茅慧：《红土地上一独秀——舞剧"阿诗玛"点评》，《民族艺术研究》1995年第2期。

1996

昆明市路南彝族自治县志编撰委员会编：《路南彝族自治县志》，云南民族出版社1996年版。

路南彝族自治县民族宗教事务局：《路南彝族密枝节仪式歌译疏》，云南民族出版社1996年版。

智艾：《石林风景区旅游环境容量研究》，《云南环境科学》1996年第4期。

毛芳芳：《撒尼"密枝山"与森林生态效益》，《云南林业》1996年第5期。

1997

宋林华等：《石林，自然遗产中的珍宝》，中国环境科学出版社 1997 年版。

昂志兴：《加速发展石林旅游业的探索》，《创造》1997 年第 2 期。

高磊：《彝族撒尼敬酒歌》，《云岭歌声》1997 年第 4 期。

武立金：《寻访阿诗玛》，《旅游》1997 年第 9 期。

1998

何新华：《撒尼人的"男人节"》，《民族大家》1998 年第 4 期。

1999

彝族学者黄建明、普卫华，日本学者西协隆夫等翻译：《阿诗玛》（彝文、国际音标、汉文、英文、日文），中国文学出版社 1999 年版。

石林彝族自治县民族宗教事务局编：《彝族撒尼祭祀词译疏》，云南民族出版社 1999 年版。

何江波、蔡志琼：《撒尼人思想文化观念管窥——亩箐撒尼人思想文化观的形成与发展》，《保山师专学报》1999 年第 2 期。

李丰生、于立群：《石林景区开发研究》，《桂林旅游高等专科学校学报》1999 年第 2 期。

何耀华：《云南石林彝族自治县经济发展史略》，《贵州民族研究》1999 年第 4 期。

应观：《忧伤的"阿诗玛"》，《大众电影》1999 年第 9 期。

王富昌：《关于加快石林旅游产业结构调整的思考》，《经济问题探索》1999 年第 9 期。

槐伟：《关于发展石林旅游业的一些思考》，《经济问题探索》1999 年第 10 期。

毕平：《对石林旅游业经济效益的再思考》，《经济问题探索》1999 年第 11 期。

胡永宽：《发展石林旅游产业的思考》，《经济问题探索》1999 年第 12 期。

2000

何耀华主编：《石林彝族传统文化与社会经济变迁》，云南教育出版社 2000 年版。

天逸：《阿诗玛——永不泯灭的回声》，《电影艺术》2000 年第 1 期。

许琦、天逸：《〈阿诗玛〉摄影谈》，《电影艺术》2000 年第 1 期。

徐桑楚、狄翟：《魂系〈阿诗玛〉》，《电影艺术》2000 年第 1 期。

昂自明：《彝族撒尼人祭"密枝"的原始功利目的探源——对祭祀辞和仪式的诠释》，《云南民族学院学报》2000 年第 3 期。

晓竹：《李广田与〈阿诗玛〉》，《云南档案》2000 年第 6 期。

张友双、杨若平：《重建石林名牌旅游产品的思路》，《创造》2000 年第 7 期。

2001

晓鹿：《阿黑哥，您在哪里?》，《大众电影》2001 年第 1 期。

黄建民：《19 世纪国外学者介绍的彝族无名叙事诗应为〈阿诗玛〉》，《民族文学研究》2001 年第 2 期。

谢国先：《阿诗玛新论》，《云南艺术学院学报》2001 年第 3 期。

江凌、吴萌：《国际旅游节石林阿诗玛唱主角》，《中国民族》2001 年第 4 期。

孔祥卿：《撒尼彝语 60 年的音变》，《民族语文》2001 年第 4 期。

［日］武内刚：《围绕彝族撒尼人的民族集团间关系》，《名城大学人文纪要》第 66 集 36 卷 3 号，名城大学人文研究会 2001 年版。

2002

赵德光主编：《阿诗玛研究论文集》，云南民族出版社 2002 年版。

李缵绪选编：《阿诗玛原始资料汇编》，云南民族出版社 2002 年版。

［法］维亚尔：《保禄·维亚尔文集》，黄建明等译，云南教育出版社 2002 年版。

［日］梅谷记子、邓庆真翻译①：《阿诗玛》（日文），奈良女子大学日本亚洲语言文化共同研究室（奈良）2002 年 8 月。

余晓夕：《对舞蹈与音乐关系的新透视——兼论民族舞剧〈阿诗玛〉的舞蹈新思维》，《云南艺术学院学报》2002 年第 1 期。

朱竞梅：《云南石林县旅游扶贫的启示》，《西部大开发》2002 年第 1 期。

黄建明：《〈阿诗玛〉与〈嫩娥少薇〉之比较》，《民族文学研究》2002 年第 2 期。

谢国先：《试论阿诗玛与阿黑的关系》，《西北民族研究》2002 年第 2 期。

杨若平、李燕萍：《石林民族文化旅游资源开发探析》，《桂林旅游高等专科学校学报》2002 年第 2 期。

袁国友：《石林县民族文化旅游资源开发的基本思路与构想》，《学术探索》2002 年第 2 期。

王筱春、赵世林：《论石林旅游业的可持续发展》，《云南民族学院学报》2002 年第 3 期。

高焕彬、杨若平：《建设石林生态旅游城市初探》，《生态经济》2002 年第 5 期。

李荣荣、毛颖：《石林小箐村刺绣工艺调查报告》，《民族艺术研究》2002 年第 6 期。

刘映宏：《云南石林旅游文化开发利用初探》，《经济问题探索》2002 年第 10 期。

---

① 翻译者均为女性。

沙马拉毅：《论彝族民间长诗》，《西南民族学院学报》2002年第12期。

张彦鑫：《阿着底在哪儿》，《旅游纵览》2002年第12期。

［日］西协隆夫：《傅光宇教授的〈阿诗玛〉论》，《比较文学汇报》第22卷第1、2、3合并号，比较民俗学会2002年2月（冲绳）。

［韩］崔来沃：《中国彝族〈阿诗玛〉神话和韩国〈春香传〉的比较》，东方文学比较研究会，第113次定期论文发表，2002年。

2003

赵德光主编：《阿诗玛文献汇编》，云南民族出版社2003年版。

赵德光主编：《21世纪初石林彝族自治县村寨调查：月湖、宜政、松子园村》，云南民族出版社2003年版。

王贤友：《彝族撒尼人的宗教信仰——以〈普兹楠兹——彝族祭祀词〉为中心》，《宗教学研究》2003年第1期。

徐庆全：《〈阿诗玛，你在哪里？〉一文的风波》，《湘潮》2003年第1期。

胡志毅：《区域旅游发展协调度分析——以云南省石林县为例》，《重庆师范学院学报》2003年第3期。

李兆林：《石林旅游对农村发展影响的初步研究》，《中国岩溶》2003年第3期。

赵德光：《民族文化重构的三重变奏理论初探——兼论石林阿诗玛文化的重构问题》，《云南民族大学学报》2003年第4期。

杨知勇：《阿诗玛的诞生——搜集整理〈阿诗玛〉五十年来的回顾》，《今日民族》2003年第5期。

徐坚、丁宏青：《塑造人性化的城市开放空间——云南石林县阿诗玛东路美化、亮化改造工程侧记》，《工业建筑》2003年第5期。

木基元、普卫华：《让阿诗玛更加靓丽——从丽江的启示谈二次创业中的石林文化品牌》，《云南大学西南边疆少数民族研究中心会议论文集》，云龙学术会议 2003 年 6 月。

[日] 武内刚：《"汉化"与"民族化"——中国云南省石林彝族自治县的事例》，《名城大学人文纪要》第 72 集 38 卷 3 号，名城大学人文研究会 2003 年版。

2004

黄建明：《阿诗玛论析》，云南民族出版社 2004 年版。

黄建民主编：《外国人心目中的阿诗玛故乡》，中国旅游出版社 2004 年版。

赵德光主编：《阿诗玛文艺作品汇编》，云南民族出版社 2004 年版。

赵德光主编：《石林经济文化探索》，云南民族出版社 2004 年版。

赵德光：《现代化进程中云南石林阿诗玛文化的转型与重构研究》，博士学位论文，中央民族大学，2004 年。

赵芳：《撒尼三弦：伴奏生活在民间》，《今日民族》2004 年第 1 期。

秦丽辉：《〈娥并与桑洛〉和〈阿诗玛〉篇法比较》，《云南民族大学学报》2004 年第 2 期。

罗钊：《石林彝族撒尼人"祭祀词"语词程式分析》，《昆明师范高等专科学校学报》2004 年第 2 期。

王明贵：《出色的科学版本——〈阿诗玛文化丛书〉评介》，《民族文学研究》2004 年第 4 期。

谢新吾：《"阿诗玛"患难中遇贵人——著名彝族电影演员杨丽坤在郴州住院的日子里》，《民族论坛》2004 年第 5 期。

熊黎明：《〈阿诗玛〉叙事话语的变化对民间文化研究的反思》，《云南社会科学》2004 年第 6 期。

刘澍：《杨丽坤：请问丽人魂归何处》，《大众电影》2004 年第 19 期。

朱法飞：《神奇的撒尼"密枝节"》，《中国特产报》2004 年 8 月 2 日。

肖荣华：《有趣的撒尼人"斗牛"》，《云南政协报》2004年12月11日。

杨知勇：《阿诗玛的诞生——搜集整理〈阿诗玛〉五十年来的回顾》，《中央民族大学中国少数民族研究中心会议论文集》，阿诗玛国际学术研讨会，中国云南石林2004年8月22日。本次学术会议收录的论文，基本涵盖了目前"阿诗玛文化"研究的基本格局，其代表性篇目如下：

题　目	作者
多元文化传播论与阿诗玛——以影视文化为中心考察《阿诗玛》影片	刘京宰
《阿诗玛》社会功能论	毕宏志
展示阿诗玛美好形象促进石林开放发展——关于"阿诗玛"与石林宣传的思考	薛春华
彝族撒尼民间叙事长诗《阿诗玛》的历史人类学研究	刘世生
阿诗玛故乡在曲靖——从曲靖阿诗玛雕塑落成二十二周年说起	毕志峰
从《阿诗玛》看彝族撒尼妇女服饰的变迁	张海英
《阿诗玛》在中国文学发展史上的地位和影响	郭思九
论《阿诗玛》人物形象的塑造	左玉堂
论《阿诗玛》的艺术成就	多思
中国《阿诗玛》和韩国《春香传》比较研究	李廷珍
"阿诗玛文化"的意义和活用	樱井龙彦
阿诗玛从哪里来？撒尼人、彝族文化和世界主义	司佩姬
阿诗玛石林旅游与族群性——兼谈彝族精英之民族意识	李永祥

续 表

题 目	作者
《阿诗玛》与《指路经》——文化的创造性传承与媒体	藤川信夫;樊秀丽
阿诗玛文化是石林旅游发展之魂	赵德光
《阿诗玛》与《甘嫫阿妞》"多形性程式"在两部彝族叙事长诗中的呈现	马克·本德尔;付卫
试论长诗《阿诗玛》的民俗学意义	王向方
论《阿诗玛》的社会历史背景	陶学良
从《阿诗玛》到彝族"Rap":以彝族为例论中国媒体中的少数民族	安雅·森茨;朱易
阿诗玛:符号与象征	王明贵;王继超
论《阿诗玛》的民族文化旅游资源价值	黄兴
浅谈彝族撒尼剧《阿诗玛》	金仁祥
让阿诗玛更加靓丽——从丽江的启示谈二次创业中的石林文化品牌	木基元;普卫华
撒尼民间叙事长诗《阿诗玛》语词程式研究	罗钊
《阿诗玛》——文化人类学的一颗明珠	马绍云
超越·创新——文学传播学视阈中的《阿诗玛》	龙珊
试论《阿诗玛》中的地名词释义	毕志光
长诗《阿诗玛》十五问对答	李锦春
论打造石林特色阿诗玛文化产业品牌	徐跃高
关于《阿诗玛》产生年代的思考	李德君

续　表

题　目	作者
文化表象的自我塑造与地域振兴——从《远野物语》和《桃太郎传说》到电影《阿诗玛》	张玉玲
从《阿诗玛》看到的民族集团关系	武内刚
论阿诗玛文化的国际走向	毕然
《阿诗玛》在日本	清水享
《阿诗玛》之我见	乌谷
《阿诗玛》的魅力	金重
浅析《阿诗玛》文化产品的开发	方跃章
《阿诗玛》中的若干典故考释	王继超;王明贵
50年后再忆《阿诗玛》长诗的搜集整理	刘绮
阿诗玛与阿黑关系探析	李红昌;钱润光
自然与人文的最佳融合效应——"阿诗玛文化"现象透视	窦光华
以舞剧形式塑造阿诗玛形象探索	徐演
试论"阿诗玛"融入石崖的文化内涵	梁红
记录长诗《阿诗玛》引起的随想	杨放
阿诗玛传统服饰的变迁	李艳兰
从文坛走向神坛的"阿诗玛"	黄建明
再论《阿诗玛》在日本	西协隆夫
《莲花夫人》和《阿诗玛》传说的比较研究	金方南
撒尼人的斗牛	昂继忠

2005

赵德光：《阿诗玛文化重构论》，中国社会科学出版社2005年版。

杨家丽：《石林县彝族撒尼学生的母语（彝语）对英语学习的影响研究》，硕士学位论文，云南师范大学，2005年。

戴波、吕汇慧、周鸿：《喀斯特地区撒尼密枝林原生态文化的生态价值研究》，《中央民族大学学报》2005年第2期。

申志远、魏春桥：《"悲惨的"〈阿诗玛〉》，《大众电影》2005年第2期。

毕光云：《石林彝族大三弦》，《云岭歌声》2005年第2期。

罗钊：《〈阿诗玛〉语词程式研究》，《云南民族大学学报》2005年第3期。

肖青：《石林阿着底村彝族刺绣工艺调查报告》，《民族艺术研究》2005年第3期。

余菡、陈锦凤、刘新：《石林世界地质公园旅游资源评价与旅游产品规划设计》，《国土资源科技管理》2005年第6期。

吴少雄、王保兴、郭祀远、李琳、殷建忠：《云南撒尼族乳饼的研制》，《中国乳品工业》2005年第7期。

李光庆：《电影〈阿诗玛〉对云南民族文化资源的发掘和重塑》，《台声》2005年第9期。

舒玉梅：《彝族撒尼人原始宗教中的生态伦理观——以石林圭山海宜老寨为例》，《云南地理环境研究》2005年第S1期。

胡志毅：《旅游业对石林县区域经济的影响与对策分析》，《云南地理环境研究》2005年第S1期。

郭绍龙：《浪漫的撒尼偷婚习俗》，《云南科技报》2005年1月20日。

邹沐春：《云南石林整合撒尼刺绣大军》，《西部时报》2005年7月12日。

2006

赵德光主编：《阿诗玛国际学术研讨会论文集》，云南民族出版社

2006年版。

赵德光、黄建明主编：《石林撒尼人》，民族出版社2006年版。

石林彝族自治县志编纂委员会编：《石林彝族自治县志》，云南民族出版社2006年版。

解珺然：《阿细跳月与撒尼大三弦舞》，硕士学位论文，中央音乐学院，2006年。

《彝族山歌与"阿诗玛"》，《民族音乐》2006年第1期。

李永祥：《阿诗玛、石林旅游与族群性——兼谈彝族精英之族群性》，《民间文化论坛》2006年第1期。

杨多立：《石林大旅游时代的文化理念探析》，《云南民族大学学报》2006年第1期。

李岫：《阿诗玛，你在哪里》，《新文学史料》2006年第2期。

仲林：《民族志视野中的叙事表演与口头传统——对〈阿诗玛〉三类文本的解读与反思》，《民间文化论坛》2006年第2期。

袁成亮：《电影〈阿诗玛〉诞生记》，《百年潮》2006年第3期。

马遵平、李玉辉、俞筱押：《石林风景区土地利用现状格局初步研究》，《国土与自然资源研究》2006年第3期。

李琳、王玲：《云南少数民族村寨日志选登：石林圭山大糯黑村》，《民族艺术研究》2006年第5期。

肖青：《民族村寨文化的复兴历程——以云南石林月湖村撒尼文化变迁为例》，《思想战线》2006年第6期。

李艳华：《论当代撒尼人的族群认同变迁——对云南省石林县一个彝汉杂居村落的个案分析》，《云南社会科学》2006年第6期。

何永彬、王筱春：《生态型旅游资源开发的环境影响评价研究——以石林为例》，《云南师范大学学报》2006年第6期。

李艳华：《论族群认同对多族群杂居地区村民自治的影响——以云南省石林县一个彝汉杂居村落为例》，《云南行政学院学报》2006年第6期。

《世界喀斯特的精华中国阿诗玛的故乡——云南·石林发展大旅游，实现发展新跨越》，《红旗文稿》2006年第7期。

黄荣平：《探索石林旅游经济与金融的组合创新——对石林旅游业发展的方略研究》，《时代金融》2006年第8期。

周鸿、吕汇慧：《乡村旅游地生态文化传统与生态环境建设的互动效应——以云南石林县彝族阿着底村为例》，《生态学杂志》2006年第9期。

黄荣平、张爱敏：《从石林旅游业看旅游经济与环境保护的协调发展》，《时代金融》2006年第10期。

静波：《"阿诗玛"在郴州的日子里（上下）》，《当代护士》2006年第10、12期。

徐庆全：《电影〈阿诗玛〉的解禁》，《中国新闻周刊》2006年第40期。

张雪刚、韩福云：《石林县打造阿诗玛景观大道》，《云南日报》2006年1月5日。

杨小林：《石林县高起点建设撒尼古城》，《云南经济日报》2006年5月25日。

2007

黄铁等：《阿诗玛》，云南人民出版社2007年版。

杨德安：《中国经典文化故事系列——阿诗玛》，广东教育出版社2007年版。

龙珊：《文学传播学视阈中的〈阿诗玛〉》，《云南师范大学学报》2007年第1期。

黄惠芳、梁永宁、任顺娟：《石林世界地质公园旅游发展的SWOT分析及对策》，《云南地质》2007年第1期。

包忠聪、岳彩荣、何超、袁华：《基于RS和GIS的石林风景名胜区景观格局空间变化研究》，《林业调查规划》2007年第1期。

牟泽雄、杨华轲：《〈阿诗玛〉版本论》，《楚雄师范学院学报》2007年第2期。

郭思九：《论彝族叙事诗〈阿诗玛〉的艺术成就》，《民族艺术研究》2007年第2期。

郭海波：《隐身荧幕后的阿诗玛——我和恩师杜丽华》，《民族音乐》2007年第4期。

梁多俊、庞燕：《多姿多彩的阿诗玛文化》，《中国民族》2007年第6期。

阎岩、陈建勤、张剑：《石林旅游业的二次创业——谈石林民族旅游资源的深入开发研究》，《江苏商论》2007年第7期。

罗曲、曾明、李平凡、杨甫旺、王明贵：《彝族传统文学与彝区休闲旅游——以〈阿诗玛〉为例》，《西南民族大学学报》2007年第8期。

唐玲、林淑卿：《试论电影〈阿诗玛〉的协调性》，《商业文化》2007年第9期。

郑仕华：《石林风景区主要利益相关者及其关系分析》，《技术与市场》2007年第10期。

常静：《彝族叙事长诗〈阿诗玛〉的风格学》，语言与文化研究编委会专题资料汇编，《语言与文化研究（第一辑）》，知识产权出版社2007年版。

黄小驹：《"阿诗玛"是唱出来的》，《中国文化报》2007年4月7日。

刘萍、徐兴：《阿诗玛戴上世遗桂冠》，《中国环境报》2007年6月29日。

明江：《少数民族电影：渴望重拾〈阿诗玛〉的辉煌》，《文艺报》2007年5月10日。

周均虎：《〈阿诗玛〉非物质文化遗产亟待保护》，《云南政协报》2007年10月13日。

2008

陈学礼：《传统知识发掘》，云南大学出版社2008年版。

刘世生选编：《汉夷杂区社会研究》，民族出版社2008年版。

李文祥：《阿诗玛民族文化旅游生态村蓑衣山》，云南美术出版社2008年版。

杨世文：《撒尼村落形态和民居建筑研究》，硕士学位论文，西南林学院，2008年。

施蛰存：《路南游踪》，云南人民出版社2008年版。

肖青：《口头叙事与村名之争：一个村寨历史记忆的建构——以云南石林彝族撒尼村寨月湖村为例》，《广西民族研究》2008年第1期。

黄荣平：《发展民族文化产业与金融支持研究——基于发展石林民族文化产业的实证分析》，《时代金融》2008年第1期。

解珺然：《阿细跳月与撒尼大三弦舞（上）（下）——两个彝族支系音乐、舞蹈及文化语境的比较研究》，《中央音乐学院学报》2008年第1、2期。

黄继元：《民族生态文化村旅游扶贫开发模式研究——以石林县大糯黑阿诗玛民族生态文化村规划为例》，《昆明大学学报》2008年第2期。

沈茜：《从民间叙事长诗〈阿诗玛〉看古代彝族婚俗》，《贵州大学学报》2008年第2期。

覃盟琳、吴承照、周振宇：《基于CPSR规划模型的风景区环境生态规划研究——以云南乃古石林景区详细规划为例》，《中国园林》2008年第2期。

李忠：《石林世界地质公园地质遗迹深层次保护开发》，《云南地质》2008年第2期。

郑仕华：《云南石林风景区利益相关方存在的问题及对策》，《金华职业技术学院学报》2008年第3期。

周涛、陈有君、李慧媛：《石林景区湖泊湖滨带土地利用景观格局研究》,《太原师范学院学报》2008年第4期。

秦萍:《大型民族舞剧〈阿诗玛〉》,《舞蹈》2008年第7期。

张淑云、李禾:《民族旅游经济与其发展环境的关系研究——以石林彝族自治县为例》,《经济研究导刊》2008年第11期。

马雪荣:《北影有意打造阿诗玛文化项目》,《昆明日报》2008年4月23日。

陈果:《翡翠业最大利润增值将留云南》,《昆明日报》2008年11月21日。

2009

肖青:《民族村寨文化的现代建构》,云南大学出版社2009年版。

石林彝族自治县史志办编:《云南石林旧志集成》,云南民族出版社2009年版。

王玲主编:《枕石撒尼：石林县圭山乡大糯黑村彝族撒尼支系村民日志》,中国社会科学出版社2009年版。

李德君、文日焕:《彝族撒尼人民间文学作品采集实录（1963—1964）》,中央民族大学出版社2009年版。

石林彝族自治县民族宗教事务局:《彝族撒尼丧葬经译疏：丧家经》,云南人民出版社2009年版。

魏来、梁永宁:《旅游景区数字化建设研究——以云南石林为例》,《数字与缩微影像》2009年第1期。

番丽玲:《从传统的游戏到表演——石林彝族摔跤文化的变迁》,《体育世界》2009年第2期。

龚丽娟:《民族艺术自由理想的典范生发——影片〈刘三姐〉与〈阿诗玛〉的生态批评》,《广西民族大学学报》2009年第3期。

谢宗添、姜书纳、苏晓毅:《撒尼民居建筑材料的更新》,《山东林业科技》2009年第3期。

鄢志武、马祥山、吴丽：《旅游景区三维全景虚拟展示研究——以云南石林世界地质公园为例》，《理论月刊》2009年第4期。

帅军霞：《边远民族地区社区居民参与旅游业初探——以石林县阿着底村为例》，《和田师范专科学校学报》2009年第4期。

徐庆全：《陈荒煤呼唤："阿诗玛，你在哪里"》，《电影文学》2009年第5期。

古静、王金亮、王维艳：《云南石林旅游风景区游客环境意识评估研究》，《环境科学导刊》2009年第5期。

张正周：《石林县生态景观调查与评价》，《中国城市林业》2009年第5期。

谢溶：《论〈阿诗玛〉的阐释历史与审美重构》，《作家杂志》2009年第6期。

车震宇、郑溪、陈俊松：《地方特色在旅游型民族村落规划中的应用和体现——以石林五棵树新村为例》，《华中建筑》2009年第7期。

张利平：《月村社会变迁与传统文化保护——一个撒尼人村落的人类学考察》，《才智》2009年第32期。

2010

刘世生主编：《石林阿诗玛文化发展史》，云南民族出版社2010年版。

雒宏伟：《〈阿诗玛〉再解读》，《湖北职业技术学院学报》2010年第1期。

唐雪琼、朱竑：《旅游发展对云南世居父权制少数民族妇女社会性别观念的影响——基于撒尼、傣和哈尼三民族案例的比较研究》，《人文地理》2010年第1期。

肖育文：《寻找阿诗玛的故乡——阿着底》，《西部论丛》2010年第1期。

巴胜超：《密枝节祭祀中女性的缺席与在场》，《云南社会科学》2010

年第 3 期。

黄继元：《乡村旅游开发与非物质文化遗产传承与保护研究——以云南省石林县大糯黑村为例》，《云南社会科学》2010 年第 3 期。

昂波维尔：《石林彝族音乐的艺术特征》，《民族音乐》2010 年第 3 期。

李艳红（莫尔娘）：《浅析彝族撒尼大三弦的音乐魅力》，《民族音乐》2010 年第 4 期。

段锦、李玉辉：《云南石林世界遗产地生态资产评估与补偿研究》，《资源科学》2010 年第 4 期。

彭尔瑞、王穗、张建生、王波、郝莉莎、杨志雷、余建新：《石林县耕地数量和质量分析》，《云南农业大学学报》2010 年第 4 期。

昂波维尔：《对石林彝族歌舞发展的思考》，《民族音乐》2010 年第 4 期。

杨绍军：《叙事长诗〈阿诗玛〉重要争论问题研究综述》，《楚雄师范学院学报》2010 年第 5 期。

瞿天凤：《彝族撒尼人刺绣的色彩基调及其内涵》，《南宁职业技术学院学报》2010 年第 5 期。

曹崎明、马继明：《〈阿诗玛〉异文的叙事者分析》，《社科纵横》2010 年第 5 期。

高林：《对第二次开发石林旅游风景名胜区的探讨》，《内蒙古林业调查设计》2010 年第 5 期。

曹崎明：《从叙事时间看〈阿诗玛〉异文的口传特征》，《文学教育》2010 年第 7 期。

曹崎明、黄庆伟：《〈阿诗玛〉异文变异的叙事手法》，《语文学刊》2010 年第 9 期。

张舒平、杨宏铭、赵小平：《对少数民族地区金融支持情况的思考——以石林彝族自治县为例》，《时代金融》2010 年第 9 期。

雷懿：《浅谈"十七年"舞台艺术片的特点——以影片〈五朵金花〉

〈阿诗玛〉〈刘三姐〉为例》,《青年作家》2010年第10期。

郝天石:《新中国成立后音乐歌舞片的艺术风格——以〈刘三姐〉、〈阿诗玛〉为例》,《戏剧文学》2010年第11期。

柏斌:《上海世博会接待用花揭晓:"阿诗玛"成为美丽使者》,《中国绿色时报》2010年4月27日。

昂自明:《从仪式词看古代社会撒尼人的心理需求》,《首届中国少数民族古籍文献国际学术研讨会论文集》,民族出版社2010年版。

2011
李纳:《路南城撒尼人》,云南人民出版社2011年版。

巴胜超:《阿诗玛@传媒:一个民族符号的文化变迁》,博士学位论文,四川大学,2011年。

瞿天凤:《石林彝族撒尼人刺绣象征文化研究》,博士学位论文,云南大学,2011年。

王清清:《从"糯黑村"到"糯黑石头寨"的文化建构解析》,硕士学位论文,云南大学,2011年。

付琼卫:《云南彝族(撒尼人)传统刺绣图案在纺织品中的运用与研究》,硕士学位论文,云南艺术学院,2011年。

王臻:《彝族撒尼人经济生活变迁研究》,硕士学位论文,云南大学,2011年。

公亮:《云南石林撒尼人传统服饰现状研究》,硕士学位论文,北京服装学院,2011年。

黄毅:《论搜集整理对〈阿诗玛〉传承的影响》,《民族文学研究》2011年第1期。

王友富、王清清、于庆霞:《撒尼人的自我认同与他者"叙事"现象研究——以石林"大糯黑村"为个案》,《黑龙江民族丛刊》2011年第1期。

黄毅:《解放初期撒尼社会传承的〈阿诗玛〉的特点》,《昆明学院学报》2011年第2期。

杨丽琼:《旅游发展对云南世居少数民族妇女地位和社会角色变迁影响研究——基于撒尼、白和摩梭三民族案例的对比分析》,《三峡大学学报》2011年第2期。

王友富、王清清:《民族地区的地方性水知识与水资源可持续发展研究——以云南石林彝族自治县撒尼人为例》,《青海民族研究》2011年第2期。

张剑源:《撒尼山乡彝人的法律生活》,《中国农业大学学报》2011年第2期。

黄金、刘映宏、陶艳燕:《云南石林世界自然遗产地保护进程中的主要问题与对策》,《旅游纵览》2011年第2期。

陈绍光:《仙人洞村撒尼人的"男人节"》,《云南林业》2011年第3期。

巴胜超:《语际书写与民族文化的互动传播——以古彝文〈阿诗玛〉为例》,《云南社会科学》2011年第4期。

瞿天凤:《彝族撒尼人刺绣色彩象征意义研究》,《思想战线》2011年第4期。

方新:《彝族撒尼人传统唱法的艺术特征》,《云南艺术学院学报》2011年第4期。

严然、吴丹:《石林彝族刺绣的社会功能与价值初探》,《阿坝师范高等专科学校学报》2011年第4期。

王黎光:《音乐的文化追究——寻访电影〈阿诗玛〉的生态音源》,《北京电影学院学报》2011年第5期。

查文静:《糯黑阿诗玛文化课堂——彝族撒尼文化传承的新平台》,《学园》2011年第5期。

范钦蓉、王坤茜、赵龙:《撒尼族文化元素在产品设计中的运用》,

《陕西科技大学学报》2011年第5期。

唐雪琼、和亚珺、黄和兰：《旅游发展对少数民族妇女家庭地位变迁的影响研究——基于云南石林五棵树村和月湖村的对比分析》，《云南地理环境研究》2011年第5期。

李文明：《简论如何提升景区的文化内涵——以云南石林风景名胜区为例》，《旅游纵览》2011年第5期。

巴胜超：《口语文化中阿诗玛的传承与传播》，《民族文学研究》2011年第6期。

张姣妹、高俊、陈梅：《彝族撒尼人》，《今日民族》2011年第6期。

王海滨：《石林县旅游发展的SWOT分析及对策》，《文山学院学报》2011年第6期。

王宏印、崔晓霞：《论戴乃迭英译〈阿诗玛〉的可贵探索》，《西南民族大学学报》2011年第12期。

杜云路、杨庆、皮银姣、马丽：《云南石林乡村旅游规划研究》，《安徽农业科学》2011年第13期。

郑欣：《昆明旅游度假区经营模式初探——以石林长湖旅游度假区为例》，《商场现代化》2011年第20期。

王海滨：《社区生态旅游村价值研究——以石林县阿着底村为例》，《价值工程》2011年第23期。

曹云雯：《多维传播语境中的"阿诗玛"形象分析论纲》，《中国少数民族地区信息传播与社会发展论丛（2011年刊）》，第三届中国少数民族地区信息传播与社会发展论坛，中国云南昆明2011年10月15日。

杨福泉：《"阿诗玛"不仅是遗产》，《中国文化报》2011年3月1日。

杨福泉：《放大阿诗玛文化的影响力》，《云南日报》2011年3月25日。

2012

黄铁、王仲清：《阿诗玛》（经典60：优秀连环画纪念集7），上海人民美术出版社 2012 年版。

神话故事大王编委会编:《阿诗玛的故事》,云南教育出版社 2012 年版。

崔晓霞:《民族叙事话语再现——〈阿诗玛〉英译研究》,博士学位论文,南开大学,2012 年。

孟纹波:《彝族火把节研究——以石林彝族撒尼族群为个案》,博士学位论文,北京体育大学,2012 年。

吴桂琴:《"阿诗玛"与撒尼文化——石林小圭山村山鹰文艺队文化再现的视觉人类学分析》,硕士学位论文,云南大学,2012 年。

王贵:《爱情叙事诗〈阿诗玛〉与〈召树屯〉之比较》,硕士学位论文,中央民族大学,2012 年。

李静怡:《云南石林阿诗玛文化法律保护的实证研究》,硕士学位论文,中南民族大学,2012 年。

杨柳:《云南石林彝族撒尼人传统刺绣艺术的保护与发展》,《云南艺术学院学报》2012 年第 1 期。

王瑞龙、李静怡:《非物质文化遗产知识产权保护的实证分析——以云南石林彝族自治县为例》,《中南民族大学学报》2012 年第 1 期。

李森:《〈阿诗玛〉:从民间传说到电影经典》,《民族艺术研究》2012 年第 2 期。

黄毅:《论口传〈阿诗玛〉的理想生境》,《昆明学院学报》2012 年第 2 期。

陈果、刘瑞璞:《彝族撒尼人服饰的密符与美学境界》,《中国服饰》2012 年第 2 期。

缪祥彦:《旅游市场背景下石林彝族刺绣工艺的变迁》,《云南艺术学院学报》2012 年第 2 期。

曹崎明:《叙事断裂与〈阿诗玛〉悲剧的成因》,《社科纵横》2012 年第 3 期。

杨柳：《云南石林彝族（撒尼人）传统刺绣图案的研究与应用》，《云南行政学院学报》2012年第3期。

张阳、刘扬：《云南石林大糯黑乡村景观元素浅析》，《广西城镇建设》2012年第3期。

于维墨、陈玲玲、陈沙沙、孙克勤：《世界自然遗产价值及旅游开发探析——以云南石林为例》，《资源与产业》2012年第3期。

曹崎明：《论〈阿诗玛〉异文叙事的人物角色与行动元》，《文学界》2012年第4期。

吴燕怡：《民族村寨民间风俗变迁中的政策影响——以石林撒尼村寨为例》，《思想战线》2012年第4期。

林文艺：《英文版〈中国文学〉译介的少数民族形象分析——以阿诗玛和阿凡提为例》，《民族文学研究》2012年第5期。

曹崎明：《石林撒尼彝语语序分析》，《文学教育》2012年第5期。

陈有君、李玉辉、周涛：《云南大石林风景区景观格局变化研究》，《林业调查规划》2012年第5期。

段凌宇：《民族民间文艺改造与新中国文艺秩序建构——以〈阿诗玛〉的整理为例》，《文学评论》2012年第6期。

安海燕：《〈阿诗玛〉的口头程式特征探析》，《剑南文学》2012年第7期。

史艳兰：《云南石林景点导游作为景观的旅游建构》，《旅游学刊》2012年第7期。

莫色木加：《论阿诗玛悲剧的成因——女性主义视角下的彝族叙事长诗〈阿诗玛〉》，《毕节学院学报》2012年第9期。

肖青、李宇峰：《乡土传统再造中的仪式秩序与空间认同——对云南省石林县月湖村"祭山神"仪式的人类学分析》，《学术探索》2012年第10期。

赵敏鉴、朱鸿：《市场化生产经营模式对民族民间艺术传统形态的影响——以云南石林撒尼刺绣的旅游开发为例》,《科技和产业》2012年第11期。

杨芳梅:《评价理论视阈下的〈阿诗玛〉英译本级差资源翻译探析》,《中国英汉语比较研究会第十次全国学术研讨会暨2012英汉语比较与翻译研究国际学术研讨会会议日程和摘要汇编》,《中国英汉语比较研究会第十次全国学术研讨会暨2012英汉语比较与翻译研究国际学术研讨会》,武汉大学,2012年9月22日。

傅碧东、王剑:《石林将建撒尼民族文化城"留客"》,《昆明日报》2012年6月21日。

2013

巴胜超:《象征的显影:彝族撒尼人阿诗玛文化的传媒人类学研究》,北京大学出版社2013年版。

周培武:《艺术·生·死——杨丽坤传》,云南人民出版社2013年版。

崔晓霞:《〈阿诗玛〉英译研究》,民族出版社2013年版。

龚丽娟:《民族艺术经典的生发:以〈刘三姐〉与〈阿诗玛〉为例》,人民出版社2013年版。

王向方编著:《石林撒尼口语400句》,民族出版社2013年版。

黄毅:《〈阿诗玛〉的当代重构研究》,学位论文,云南大学博士,2013年。

汤国荣:《旅游对乡村聚落景观影响的居民感知研究——以普者黑彝族撒尼仙人洞村为例》,硕士学位论文,上海师范大学,2013年。

张沛荣:《石林撒尼服饰研究》,硕士学位论文,昆明理工大学,2013年。

高层:《云南彝族(撒尼)刺绣现状实证研究》,硕士学位论文,云南师范大学,2013年。

蔡华、昂凌:《云南石林彝族撒尼人的天主教信仰——以海邑中寨村为个案》,《西南民族大学学报》2013年第1期。

李晓虹：《关于郭沫若〈撒尼彝语研究〉的检讨·结语》，《郭沫若学刊》2013 年第 1 期。

徐杰、吴承照、王莫迪：《非物质文化遗产主题式开发的实践与思索——以石林民俗文化主题园为例》，《中国园林》2013 年第 1 期。

周倩旎：《石林撒尼传统音乐在当今村寨的传承——以老挖村为例》，《云南艺术学院学报》2013 年第 3 期。

师云蕊：《物质性与文化适应：撒尼文艺队的"叙事"困顿》，《大众文艺》2013 年第 3 期。

李翠玲：《少数民族工业化过程中的时间冲突——以一个云南彝族撒尼村寨为例》，《北方民族大学学报》2013 年第 4 期。

杨粤文：《对石林旅游转型期发展乡村旅游经济的思考》，《旅游纵览》2013 年第 4 期。

杨绍军：《论〈阿诗玛〉的传奇性》，《楚雄师范学院学报》2013 年第 5 期。

黄毅：《论新中国成立初期撒尼人意识形态的变迁》，《昆明学院学报》2013 年第 5 期。

孙子呷呷：《论彝族民间叙事长诗〈阿诗玛〉的悲剧意蕴》，《西南民族大学学报》2013 年第 8 期。

王先灿：《论〈阿诗玛〉研究综述》，《玉溪师范学院学报》2013 年第 9 期。

《〈唱响阿诗玛〉音乐情景舞蹈·昆明市》，《今日民族》2013 年第 9 期。

张龙：《流动的木牌——糯黑撒尼彝族村民自治制度初探》，《学理论》2013 年第 9 期。

刘朦：《阿诗玛口传叙事诗在石林景观中的当代呈现》，《玉溪师范学院学报》2013 年第 11 期。

马光逵、王菁、王忠朝：《王玉芳：活在当代的"阿诗玛"》，《今日民族》2013 年第 12 期。

王海滨：《撒尼彝文文献民间收藏现状调查与研究》，《毕节学院学报》2013 年第 12 期。

刘映宏、黄金：《对生态旅游开发与旅游可持续发展的探讨——以云南石林风景区旅游开发为例》，《旅游纵览》2013 年第 12 期。

金卫民、杨宏铭、赵小平：《对石林县旅游业融资情况的调研——以石林风景名胜区管理局为例》，《时代金融》2013 年第 35 期。

2014

周良沛：《阿诗玛在哪里》，云南人民出版社 2014 年版。

闻婷、沈丽颖：《流光溢彩的中华民俗文化：阿诗玛传说》，吉林出版集团有限责任公司 2014 年版。

张平：《云南石林彝族特殊的文化符号——撒尼人摔跤》，硕士学位论文，云南民族大学，2014 年。

黄铁、杨知勇、刘绮、公刘：《彝族民间叙事诗〈阿诗玛〉整理出版》，《中国口头文学遗产数字化工程全记录》，中国文史出版社 2014 年版。

肖李：《彝族叙事长诗〈阿诗玛〉及其传承的教育功能》，《红河学院学报》2014 年第 1 期。

唐虹：《民族艺术研究的别样路径——评龚丽娟的〈民族艺术经典的生发：以刘三姐与阿诗玛为例〉》，《广西广播电视大学学报》2014 年第 1 期。

高磊：《石林彝族撒尼民间乐器》，《民族音乐》2014 年第 1 期。

晏瑞琴：《彝族自治县农村中小学开设传统体育项目的可行性研究——以云南省石林县为例》，《教育教学论坛》2014 年第 1 期。

巴胜超：《厨房里的阿诗玛：彝族撒尼人食物体系的符号化表述》，《百色学院学报》2014 年第 2 期。

缪祥彦、姚洁：《石林彝族刺绣变迁的问题与对策》，《云南艺术学院学报》2014年第2期。

任新民、吴莹：《消失与保留：城镇化进程中石林撒尼人文化特征的思考》，《云南社会科学》2014年第3期。

杨芳梅：《意识形态在〈阿诗玛〉译文中的操纵途径探析》，《曲靖师范学院学报》2014年第4期。

祁欣：《云南省丘北县仙人洞村打造中国首个撒尼文博聚落》，《建筑与文化》2014年第3期。

陈学礼：《从"拖"到拖：石林县彝族恋爱方式中时空区隔的维系和失范》，《云南社会科学》2014年第4期。

祁欣：《中国撒尼民俗文博聚落云南丘北普者黑仙人洞村经济发展方略》（一）（二），《建筑与文化》2014年第4、5期。

陈昱岢：《1949年以来云南彝族阿细和撒尼文化的发展及原因——从山翩和阿诗玛的不同命运谈起》，《云南社会科学》2014年第5期。

王笑笑、李沄璋、曹毅：《云南普者黑撒尼传统聚落空间布局特征研究》，《建筑与文化》2014年第5期。

殷晓璐：《"抢婚"民俗传承与搭救的主题展开——新中国民间文艺进程中的〈阿诗玛〉》，《现代中文学刊》2014年第6期。

袁生：《世界民间文学宝库中的明珠：彝族〈阿诗玛〉》，《地方文化研究》2014年第6期。

朱洋洋、李纶：《论石林撒尼刺绣工艺的保护与发展》，《名作欣赏》2014年第6期。

黄琼英、李睿祺：《彝族叙事长诗〈阿诗玛〉的翻译类型研究》，《中国英汉语比较研究会第11次全国学术研讨会暨2014年英汉语比较与翻译研究国际研讨会摘要集》，《中国英汉语比较研究会第11次全国学术研讨会暨2014英汉语比较与翻译研究国际学术研讨会》，清华大学，2014年8月25日。

郑铭磊、赵娟：《撒尼人刺绣图案的艺术特征》，《大舞台》2014年第11期。

蒋庆江：《云南省石林县彝族传统体育文化的研究——以摔跤为例》，《运动》2014年第11期。

许丽梅：《石林彝族民间舞蹈在小学教育中的传承研究》，《曲靖师范学院学报》2014年第S1期。

2015

王玲编著：《云南少数民族农村的社会文化变迁：对石林圭山大糯黑村彝族撒尼支系的调查与思考》，中国社会科学出版社2015年版。

杨克伟、金悦：《永远的阿诗玛：杨丽坤》，云南人民出版社2015年版。

［法］保禄·维亚尔：《我与撒尼人》，燕汉生译，云南人民出版社2015年版。

昂自明：《彝族撒尼人仪式文学研究》，云南人民出版社2015年版。

李涛、王冰主编：《云南智库专家走基层：石林全面深化改革发展研究》，云南人民出版社2015年版。

高磊主编：《石林之歌》，云南民族出版社2015年版。

杨文艺：《"民族经典"的构建与传播及其当代启示——〈阿诗玛〉60年命运沉浮》，《长春理工大学学报》2015年第1期。

陈月青：《石林农民画在其社会生活中的作用》，《民族艺林》2015年第2期。

巴胜超：《"文化旅游情境中阿诗玛传统文化的创新发展研究"项目简介》，《民族艺术》2015年第3期。

李琼惠：《议石林县文旅一体化发展的思路和对策》，《旅游纵览》2015年第5期。

李银兵、葛已强：《云南路南彝族撒尼人密枝节仪式文化探析》，《贵州工程应用技术学院学报》2015年第6期。

杨波：《阿诗玛民族文化助推石林旅游经济发展探究》，《经济论坛》2015年第11期。

周倩旎：《石林县撒尼传统音乐类型》，《新丝路》2015年第11期。

于平：《石头的传说挚爱的歌——大型音乐剧〈阿诗玛〉观后》，《艺术评论》2015年第12期。

惹几阿吕：《彝族民间叙事长诗〈阿诗玛〉与〈甘嫫阿妞〉之比较》，《戏剧之家》2015年第13期。

2016

黄铁、杨智勇、刘绮、公刘编著：《彝族民歌：阿诗玛》，中国国际广播出版社2016年版。

巴胜超、杨文何主编：《阿诗玛文化遗产传承人口述史》，云南人民出版社2016年版。

毕志光：《我所知道的阿诗玛——一个民间研究者的手记》，云南民族出版社2016年版。

王鑫：《纠纷与秩序：对石林县纠纷解决的法人类学研究》，法律出版社2016年版。

蔡珺：《彝族撒尼人服饰文化的变迁研究》，昆明理工大学硕士学位论文，2016年。

刘操：《男人的节日：彝族撒尼人"密枝节"影像记录》，硕士学位论文，昆明理工大学，2016年。

田聪：《纪录片〈阿诗玛"回响"〉的创作阐述》，硕士学位论文，昆明理工大学，2016年。

周丹：《云南民族舞剧〈阿诗玛〉创作探究》，硕士学位论文，云南艺术学院，2016年。

甘述玲：《〈阿诗玛〉彝文抄本整理与研究》，硕士学位论文，中央民族大学，2016 年。

代艳昀：《仪式观视角下撒尼民歌的传播活动与文化认同》，硕士学位论文，西北大学，2016 年。

王海滨：《石林彝族撒尼人祭"密枝"仪式结构与文化意义》，《贵州民族研究》2016 年第 1 期。

赵蕤：《彝族撒尼民间叙事长诗〈阿诗玛〉在日本的译介与研究》，《当代文坛》2016 年第 2 期。

段芝玲：《石林民族文化与旅游一体化发展探究》，《经济师》2016 年第 2 期。

覃方铭、叶文、马月伟：《基于 DPSIR—TOPSIS 模型的石林旅游可持续发展评价》，《西部林业科学》2016 年第 3 期。

普丽春、肖李：《彝族叙事长诗〈阿诗玛〉教育传承现状调查研究》，《民族教育研究》2016 年第 4 期。

黄琼英：《基于语料库的〈阿诗玛〉比喻修辞英译研究》，《曲靖师范学院学报》2016 年第 5 期。

任丽、周红杰、王智慧、向伟华、杨兆麟：《云南石林彝族刺绣在普洱茶包装设计中的运用》，《中国包装工业》2016 年第 6 期。

钟彦清、罗明春：《基于网络文本分析云南石林旅游形象感知》，《新西部》2016 年第 6 期。

冯佳：《语言生态学视域下的少数民族母语磨蚀——以云南石林大紫处村为例》，《学术探索》2016 年第 7 期。

周倩旎：《石林撒尼人的音乐瑰宝——撒尼口传叙事长诗〈阿诗玛〉和"撒尼大三弦舞"》，《新丝路》2016 年第 11 期。

刘映宏：《加快石林县全域旅游发展的调研报告》，《旅游纵览》2016 年第 12 期。

柴洁：《竹笛协奏曲〈阿诗玛叙事诗〉音乐本体分析》，《戏剧之家》2016 年第 13 期。

李灵枝、李纶：《经典音乐歌舞电影〈阿诗玛〉剧本产生历程》，《名作欣赏》2016年第18期。

黄琼英：《〈阿诗玛〉英译本夸张修辞翻译研究》，《海外英语》2016年第18期。

蔡文静：《〈阿诗玛〉中的马克思主义美学》，《文教资料》2016年第30期。

周敏娴：《杨学进：用音乐剧记住那个美丽的"阿诗玛"》，《文汇报》2016年6月22日。

成蹊：《古老传说绽放新姿——云南省原创音乐剧〈阿诗玛〉公益演出获好评》，《中国文化报》2016年1月7日。

窦雪莹、吉史格哈：《从变异学视角看〈阿诗玛〉的"文本旅行"》，《外语教育与翻译发展创新研究（第五卷）》，四川师范大学电子出版社2016年版。

赵蕤：《彝族民间叙事诗〈阿诗玛〉对外译介中的问题及策略——以日译本为中心》，《外语教育与翻译发展创新研究（第五卷）》，四川师范大学电子出版社2016年版。

莫衍邹腊：《石林撒尼文化"生根发芽"在校园》，《昆明日报》2016年9月5日。

2017

黄毅：《社会变迁与文化重构：以〈阿诗玛〉为个案》，知识产权出版社2017年版。

罗杨：《中国民间故事丛书·云南昆明：石林卷》，知识产权出版社2017年版。

谭婷：《〈阿诗玛〉音乐剧改编研究》，硕士学位论文，中央民族大学，2017年。

王瑜波：《云南民族风格二胡协奏曲音乐研究——以〈望夫云〉〈阿诗

玛〉为例》，硕士学位论文，吉林大学，2017年。

赵冬晓：《指尖上的阿诗玛：彝族（撒尼）刺绣的影像记录》，硕士学位论文，昆明理工大学，2017年。

吴兴帜、巴胜超、唐婷婷：《非物质文化遗产符号化演绎的反思——以彝族撒尼人〈阿诗玛〉遗产为例》，《广西师范学院学报》2017年第1期。

秦雪冰、王东宇：《影视文化传播中女性形象的突破——以电影〈阿诗玛〉为例》，《新闻前哨》2017年第1期。

罗雨、巴胜超：《文化旅游背景下少数民族节庆品牌化发展研究——以中国石林国际阿诗玛文化节为例》，《昆明理工大学学报》（社会科学版）2017年增刊第1期。

巴胜超、马媛媛、杜迪：《大糯黑村"阿诗玛文化"遗产旅游》，《广西民族师范学院学报》2017年第2期。

巴胜超：《口述影音的采录与使用："阿诗玛"传承人与"初民"展览馆的实践》，《民族艺术》2017年第2期。

何怡：《〈阿诗玛〉比喻修辞法译研究》，《曲靖师范学院学报》2017年第2期。

普美兰：《旅游转型期石林发展乡村旅游经济研究》，《旅游纵览》2017年第2期。

赵蕤：《彝族叙事长诗〈阿诗玛〉日本传播分析及对文化"走出去"的启示研究》，《西南民族大学学报》2017年第3期。

刘一帆：《浅谈"十七年"民族影片音乐的特点——观电影〈五朵金花〉〈阿诗玛〉〈刘三姐〉有感》，《戏剧之家》2017年第3期。

王振平、姜丽晶：《戴乃迭的文化身份与〈阿诗玛〉的翻译》，《浙江树人大学学报》2017年第4期。

何怡：《反复辞格在〈阿诗玛〉中的应用及翻译研究——以〈阿诗玛〉法译本为例》，《红河学院学报》2017年第4期。

王海滨：《撒尼彝语结构助词研究》，《曲靖师范学院学报》2017年第4期。

刘薇：《〈阿诗玛〉汉译本语词程式比较》，《民族翻译》2017年第4期。

肖青、李淼：《民族文化经典的"再地方化"——"阿诗玛"回归乡土的个案》，《新闻与传播研究》2017年第5期。

保继红：《充分发挥旅游品牌在石林旅游经济发展中的作用研究》，《旅游纵览》2017年第5期。

段会梅：《云南石林撒尼刺绣图案文化内涵研究》，《大众文艺》2017年第8期。

徐庆全：《电影阿诗玛背后的故事》，《档案记忆》2017年第11期。

蔡丽、李晶源：《传统民居建筑文化旅游的数字化开发策略分析——以云南撒尼族民居建筑文化为例》，《名作欣赏》2017年第18期。

莫衍邹腊：《"宅"出来的彝家新生活——从撒尼民宿兴起看石林旅游转型之变》，《昆明日报》2017年8月23日。

2018

巴胜超等：《寻找阿诗玛：人类学写作的四种文本》，民族出版社2018年版。

何怡：《〈阿诗玛〉拟人修辞法译研究》，《吉林省教育学院学报》2018年第1期。

黎文、王红、杨凡佳、李燕宁、李国春：《电影版阿诗玛故事的情节改编及其爱情叙事》，《云南农业大学学报》（社会科学版）2018年第1期。

黄琰：《基于英国民谣诗歌传统风格的少数民族诗歌翻译——以〈阿诗玛〉为例》，《贵州民族研究》2018年第2期。

海力波：《血缘与姻缘的永恒张力：〈阿诗玛〉中隐含的深层主题》，《民族文学研究》2018年第2期。

赵蕤：《日本"再话文学"视阈下的彝族叙事长诗〈阿诗玛〉译介研究——兼论日本"再话文学"》，《民族文学研究》2018年第2期。

巴胜超、罗雨：《活在民间的"阿诗玛"——云南叙事长诗〈阿诗玛〉国家级"非遗"传承人王玉芳访谈录》，《文化遗产》2018年第2期。

罗乐：《彝族叙事长诗〈阿诗玛〉学术研究与翻译传播综述》，《英语广场》2018年第4期。

向月婷：《彝族撒尼文化的英译研究——以撒尼诗歌〈阿诗玛〉为例》，《贵州民族研究》2018年第4期。

巴胜超：《情景式口述史：基于〈阿诗玛文化遗产传承人口述史〉的方法论》，《民族艺术》2018年第5期。

寻找阿诗玛的颠倒梦想

（后记）

年三十有余，晨起习惯念《心经》六遍，其中有：菩提萨埵，依般若波罗蜜多故，心无罣碍；无罣碍故，无有恐怖，远离颠倒梦想，究竟涅槃。大意为：菩萨境界，即大智慧到达彼岸之解脱境界，因为全然解脱，不再有挂碍牵绊，亦无恐怖畏惧，故而远离了颠倒梦想的凡夫境地，最终达到涅槃之境。十年来（2008—2018）的治学之路，田野、写作多与"阿诗玛"相关，似乎留下一种专注于"寻找阿诗玛"之印象，而回望初心，"寻找阿诗玛"却是我的"颠倒梦想"。

2008年冬天，我在四川大学文学与新闻学院文学与人类学研究所读博，导师彭兆荣教授从厦门大学来成都看我，因为之前我们并不认识，到车站接彭老师之前，为了便于相认，我拿了一本"黄皮书"——叶舒宪、彭兆荣、纳日碧力戈合著的《人类学关键词》[①]。冬天的成都，阴冷，五桂桥汽车站的人流中，一瘸一拐（打篮球崴到脚）的彭老师，提着行李箱，看到了在人群中挥着《人类学关键词》的我，微笑着，很温暖。

这是我多年来难忘的一幕。彭老师视学生为自己的孩子，我们都称他"师父"。师父时任厦门大学人类学系主任、人类学研究所所长，也在四川大学文学与新闻学院任兼职博导。当晚，文学与人类学研究所所长徐新建

[①] 叶舒宪、彭兆荣、纳日碧力戈：《人类学关键词》，广西师范大学出版社2004年版。

老师、师父和我，三人绕着川大望江校园，边走边聊。

读博之前，我醉心于纪录片，特别是独立影像的研读、拍摄。对人类学的了解，仅止于观摩云之南纪录影像展①时所看到的人类学电影（大多是偏远村寨的故事）。与师父汇报了自己毕业论文想研究的选题：青春题材电影研究或独立影像创作研究。师父说自己对传媒、影像领域并不熟悉，建议我从传媒研究与人类学的交叉领域进行思考，并找一个具体的案例进行研究。

当晚，失眠。脑袋中尽是传媒、人类学两个词语在碰撞、交叠。于是开始补人类学的课，除了习读师父为我开列的书目，还去旁听相关的人类学课程，其中就有李春霞教授的《媒体人类学》一课。对于从自认为"时尚"的影视文化研究，转向"山里"的文化人类学，刚开始我并不情愿，和春霞师姐在春天的九眼桥散步，她劝导说，转向人类学，正好与我所在的云南省的民族学、人类学研究氛围相契合，在师姐的鼓励下，开始研读 A Brief History of Media Anthropology②、《媒介化世界里人类学家与传播学家的际会：文化多样性与媒体人类学》③等中外著述，开始了"传媒人类学"的探索。

"传媒人类学"，即"Media Anthropology"或"the Anthropology of Media"，在中文语境中被译为"传媒人类学""媒体人类学"或"媒介人类学"。而以人类学民族志方法研究人类传播现象的"Ethnography of Communication"，则译为"民族志传播学""传播人种学"。当研究中出现诸多名称和主张时，追根溯源、理顺谱系最为重要，在理论的研读中，我

---

① 云之南纪录影像展起始于2003年，是一项集观摩、竞赛与研讨为一体的纪录影像活动，每2年一届，迄今已历时5届。云之南是目前国内创办最早、规模最大、影响最广泛的公益性纪录电影双年展。

② Susan L. Allen, "A Brief History of Media Anthropology", Susan L. Allen edited, *Media Anthropology: Information GlobalCitizens*, Westport, Connecticut, London, 1994.

③ 李春霞、彭兆荣：《媒介化世界里人类学家与传播学家的际会：文化多样性与媒体人类学》，《思想战线》2008年第6期。

逐渐完成了《文本—技术—语境：传媒人类学（Media Anthropology）的谱系》《"传媒人类学"辨析》的撰写。对某种理论的研究，除了理论探讨，结合实际案例进行分析，才能使理论落到实地，在《网络日志：一种自我反射式民族志文本的可能》《媒介与体验：媒介理论中的体验阐释》《语际书写与民族文化的互动传播：以古彝文〈阿诗玛〉为例》《口语文化中阿诗玛的传承与传播》等文中，我开始以具体的案例对传媒人类学进行讨论。

在博士论文《阿诗玛@传媒：一个民族符号的文化变迁》中，我以"阿诗玛"的案例，以传播学与人类学之交叉视域，完成了阿诗玛文化的传媒人类学研究。2013年8月，我的博士论文修改后以《象征的显影：彝族撒尼人阿诗玛文化的传媒人类学研究》之名出版。遗憾的是，图书出版前5个月，在田野调研中遇到的叙事长诗《阿诗玛》国家级非物质文化遗产传承人毕华玉，于2013年3月26日不幸去世。

从2014年开始，我们陆续到石林各村寨进行"阿诗玛文化传承"的主题调研，在调研过程中，我们发现："阿诗玛文化传承人"缺乏基本的口述史记录，普遍存在"有传承人，无传承人口述史"的情况。一个非常紧迫的问题摆在面前：如果不对"阿诗玛"传承人进行口述影音记录，我们就只能对着墓碑访谈了。于是我们开始了"阿诗玛文化遗产传承人"的口述问答记录。经过2014、2015、2016年持续不间断的寻访和记录，我们获得了多次访谈"阿诗玛文化遗产传承人"的口述材料，2016年12月《阿诗玛文化遗产传承人口述史》出版。

地方文化精英对《阿诗玛文化遗产传承人口述史》的认可，是我学术研究过程中的一种幸福。除了口述资料的文字文本，在口述史的制作过程中，我们还以影像的方式对阿诗玛文化遗产传承人的日常生活进行记录，目前完成了《阿诗玛·回响》《行走的乐舞：彝族撒尼民间歌舞影像记录》《男人的节日：彝族撒尼人"密枝节"影像记录》《指尖上的阿诗玛》四部纪录片。在2017年年底举办的石林纪实影像展映交流活动中，以上纪录片被石林彝族自治县永久收藏,丰富了石林的地方影像志资料。

在当地知识精英和村民的认同和鼓励下,我们继续调研、拍摄、整理、写作。三年(2014—2016)的时间,积累的田野日志,陆续发表的研究论文,相关主题的调研报告,照片、影像和录音,一大堆,繁杂但很珍贵,如何将这些杂乱无章的材料,整合为有序的学术成果?一开始,我想把三年共计30多万字的田野日志整合出版,有点向马林诺夫斯基《一本严格意义上的日记》[①]致敬的意味。

但再次对比这些调研材料,明显感觉到:不同文本对同一个调研对象所呈现、阐释的多样化特点,而且同一作者在不同文本的写作中,对同一个调研对象亦有不同的情感处理和理性思考,"人类学写作"的问题便自然浮现出来:

> 相对于"科学的"民族志文本,人类学写作,该"动情"还是"不动情"?作为作者的人类学者,"我是我"还是"我非我"?人类学者的写作,情感的温度是"冰点"还是"沸点",几度合适?

种种问题,我以"人类学写作的温度"为引,从"动情/不动情""我/非我""冰点/沸点"三组词语,讨论在"人类学写作"中,民族志文本"两种温度交织,四种文本互动"的写作理念。"两种温度交织,四种文本互动"写作理念的探索、实践,就是《寻找阿诗玛:人类学写作的四种文本》一书的核心内容。在《寻找阿诗玛》的学术之旅中,我们把"阿诗玛文化"调研所形成的四种文本——田野日志、调研报告、研究论文和影音文本——集结成册,"我"书写"田野日志""调研报告"和"研究论文",用"影像"记录沿途的所见所闻。在文字与影像的交织中,"我"是"我","我"亦"非我"。

[①] [英]马林诺夫斯基:《一本严格意义上的日记》,卞思梅、何源远、余昕译,广西师范大学出版社2015年版。